Doce
ilusão

© 2021 por Amadeu Ribeiro
© iStock.com/D-Keine

Coordenadora editorial: Tânia Lins
Coordenador de comunicação: Marcio Lipari
Capa e projeto gráfico: Equipe Vida & Consciência
Preparação: Janaina Calaça
Revisão: Equipe Vida & Consciência

1ª edição — 1ª impressão
3.000 exemplares — agosto 2021
Tiragem total: 3.000 exemplares

**CIP-BRASIL — CATALOGAÇÃO NA PUBLICAÇÃO
(SINDICATO NACIONAL DOS EDITORES DE LIVROS, RJ)**

R367d
    Ribeiro, Amadeu
       Doce ilusão / Amadeu Ribeiro. - 1. ed., reimpr. - São Paulo :
Vida &Consciência, 2021.
       288 p. ; 23 cm.

       ISBN 978-65-8859-917-4

       1. Romance brasileiro. I. Título.

21-71706
                  CDD: 869.3
                  CDU: 82-31(81)

Todos os direitos reservados. Nenhuma parte desta edição pode ser
utilizada ou reproduzida, por qualquer forma ou meio, seja ele mecâ-
nico ou eletrônico, fotocópia, gravação etc., tampouco apropriada ou
estocada em sistema de banco de dados, sem a expressa autorização
da editora (Lei nº 5.988, de 14/12/1973).

Este livro adota as regras do novo acordo ortográfico (2009).

Vida & Consciência Editora e Distribuidora Ltda.
Rua das Oiticicas, 75 — São Paulo — SP — Brasil
CEP 04346-090
editora@vidaeconsciencia.com.br
www.vidaeconsciencia.com.br

Doce
ilusão

A M A D E U   R I B E I R O

VOLUME 5

Prólogo

Regiane amava sua família e sempre fizera tudo o que estava ao seu alcance para agradar Elivelton, seu marido, ou para ver os gêmeos Kaíque e Patrick felizes. Criada e educada por pais extremamente tradicionais, mesmo em pleno século 21, ela ainda acreditava no papel da esposa submissa ao marido, cuja função primordial era cuidar da casa e da cozinha, para receber bem o homem com quem se casara após um dia cansativo de trabalho. Também cabia a ela dar banho nos filhos, levá-los e buscá-los na escola, quando o serviço de transporte escolar que pagava estava indisponível.

Aquela deveria ser mais uma noite típica em família, mas Regiane sabia que não seria assim. Algo estava prestes a acontecer, algo grandioso, resplandecente e transformador. Para ela, uma nova era teria início em poucos minutos, e bom seria se pudesse compartilhar aquele maravilhoso segredo com Elivelton e seus filhos.

Regiane arrumara a mesa para o jantar com o esmero habitual. Uma toalha branca, muito bem passada e com detalhes de crochê nas bordas, fora estendida sobre o tampo retangular de vidro fumê. Sobre ela, Regiane dispôs os pratos de porcelana com motivos florais, que combinavam com um jogo de chá que ela raramente utilizava. Ao lado deles, os talheres e os guardanapos dobrados. Ela ensinara aos filhos a comerem usando garfo e faca desde que eles tinham três anos de idade, e, agora, aos cinco, os gêmeos exibiam uma destreza que a surpreendia e a orgulhava. Jamais haviam se machucado com os talheres nem faziam brincadeiras de mau gosto. O momento da refeição era sagrado, ela lhes dizia.

Conferiu os copos de vidro posicionados estrategicamente diante dos pratos e dos talheres. Uma boa esposa precisava, no mínimo, saber preparar uma mesa. Esse fora outro dos muitos ensinamentos de sua mãe sobre como conduzir bem uma família. Prova disso era que o casamento de seus pais já durava quase quarenta anos, e eles já estavam pensando em comemorar as bodas de esmeralda. Maria Regina, a mãe de Regiane, costumava falar que uma mulher deveria agradar ao marido de várias maneiras, começando por exibir seus dotes culinários e seu capricho na organização de qualquer coisa a que se propusesse fazer.

Ela assara um frango com batatas, fizera arroz à parmegiana, uma salada de folhas mistas e outra de maionese. Na geladeira, pusera o delicioso bolo de sorvete que ela preparara durante a tarde. Muitos diriam que Regiane fizera algo especial ou muita comida para apenas quatro pessoas, mas ela era assim mesmo: dedicava-se de corpo e alma a tudo o que fazia. Às vezes, Elivelton brincava dizendo que ela era como Rei Midas, que transformava em ouro tudo o que tocava.

Eles começaram a comer, e tudo transcorria normalmente. Os meninos comentaram sobre a nova musiquinha que a professora ensinara naquele dia. A canção falava sobre bons modos, mas de repente os dois começaram a discutir, pois entraram em conflito sobre o fim da letra da música. Rindo, Elivelton voltou-se para Regiane:

— Viu só? Isso porque eles aprenderam uma lição sobre bons modos.

Elivelton notou que Regiane encarava fixamente um determinado ponto na parede. Intrigado, olhou na mesma direção, mas, como não viu nada que lhe chamasse a atenção, voltou a olhá-la novamente. Havia um sorriso disfarçado nos lábios da esposa, como alguém que se distrai de repente e deixa a mente devanear até alcançar alguma lembrança engraçada.

— Está tudo bem com você, meu amor? — Elivelton segurou a mão da esposa sobre a mesa. Os quase sete anos de casamento fizeram-no conhecê-la muito bem ou, pelo menos, ele acreditava nisso.

— Não poderia estar melhor — ela piscou e relanceou o olhar para ele, e seu sorriso ampliou-se. — A vida é maravilhosa, não acha? Tudo é perfeito. Eu sou luz. Você é luz. Nossos filhos são luz.

— Ah, claro — ele concordou, um tanto intrigado. O que dera nela afinal?

— Existe tanta perfeição neste mundo, e às vezes eu me surpreendo com isso — Regiane focou o olhar nos filhos. — Amo vocês dois.

— Também amamos você, mamãe — os dois responderam em uníssono, antes de voltarem a discutir sobre a música que a professora lhes ensinara.

— Assim vou ficar com ciúmes — Elivelton apertou a mão de Regiane com carinho e fez uma careta hilária. — Olha como estou ficando esquisito.

— Parece um buldogue! — exclamou Patrick, achando graça da fisionomia do pai.

— Eu o amo também, bobinho — Regiane mostrou um sorriso largo. Seu olhar deteve-se no relógio da parede. Faltavam cinco minutos para as vinte e uma horas. — Acho que esqueci algo lá em cima. Terminem de comer. Volto daqui a pouco.

— O que você esqueceu que não pode esperar até terminarmos de comer? — quis saber Elivelton, mas, como não obteve resposta, aproveitou para apartar a confusão entre os meninos, que se inflamara tanto por conta da discussão sobre a música a ponto de estarem quase se estapeando. Ele ralhou: — Aposto que a professora de vocês ficaria triste se notasse que não aprenderam nada sobre a música que ela lhes ensinou.

Elivelton ergueu o olhar novamente e viu a esposa desaparecendo nas escadas que levavam ao piso superior, onde ficavam os dois quartos. Havia alguns dias notara que Regiane andava um tanto esquisita, falando coisas que não faziam muito sentido. Teria uma conversa séria com ela ainda naquela noite.

No piso superior, Regiane passou direto pelas portas dos dormitórios e do banheiro, seguindo até uma portinhola estreita, que estava trancada com um cadeado. Ela tirou uma chave do bolso e pousou o cadeado no chão. Atrás da porta, havia uma escada em caracol que levava à laje da casa. Elivelton construíra aquele acesso para quando precisasse mexer na caixa d'água, na antena de transmissão de sinal da TV por assinatura ou para consertar alguma infiltração que, porventura, se formasse ali.

Desde que passaram a morar naquela casa, Regiane subira no telhado apenas uma vez. Olhou para o alto e viu um céu escuro, e somente algumas estrelas apareciam entre as nesgas de nuvens. Estrelas brilhavam, cintilavam, iluminavam as pessoas na Terra. À época da escola, aprendera que as estrelas eram astros luminosos que possuíam luz própria, assim como ela. Assim como muitos outros. A humanidade se revolucionaria, quando a grande verdade fosse revelada. Quando soubera desse esplêndido segredo, sua vida nunca mais fora a mesma. Toda a escuridão que a habitava dera espaço para a paz, o poder, a fé e, principalmente, para a luz.

Regiane olhou para o relógio de pulso. Vinte e uma horas. O momento tão aguardado finalmente chegara. Sua transição para o plano prometido, que muitos desconheciam até então, aconteceria. Ela se transformaria naquilo que realmente era, tal qual uma lagarta que evolui até se tornar uma borboleta.

Caminhou devagar na direção da borda da laje, com o rosto voltado para o alto, trazendo no semblante uma expressão congelada de alegria incontida. Tirou as sandálias e seguiu o restante do percurso descalça.

Ao chegar à borda, parou e olhou para baixo. Estava três níveis acima da calçada. No térreo ficava a garagem da casa; no primeiro andar, a cozinha e a sala de jantar; e, no segundo, os quartos. Sabia que aquela altura seria suficiente.

Regiane sorriu, e seu sorriso ampliou-se até se transformar em uma gargalhada tão forte que sacudia o corpo. Lágrimas de alegria escorriam de seus olhos. A emoção era tanta que ela tremia. Como pudera ter vivido seus trinta e seis anos sem conhecer aquela maravilha, aquele presente, aquela bênção? E, agora, finalmente veria de perto o que, até então, conhecera somente na teoria.

E foi com um largo sorriso nos lábios que Regiane inclinou o corpo para frente e lançou-se para o vazio.

***

O que levava um homem a tornar-se um empresário bem-sucedido? Franco Mendonça sabia a resposta. Trabalhava desde os quatorze anos de idade e agora, aos quarenta e nove, saboreava um pouco dos frutos que colhera ao longo de tantos anos de sacrifício, dedicação, estudo e muito foco.

Ingressara naquela concessionária como *office boy* e fora o orgulho de sua mãe quando conseguiu seu primeiro registro em carteira. Depois, mostrando garra e afinco para trabalhar, começou a migrar para cargos cada vez melhores e mais bem remunerados. Orgulhava-se também de ter passado por uma única empresa em toda a sua vida, na qual atualmente era sócio majoritário. Hoje em dia, era ele quem entrevistava os jovens que se candidatavam ao cargo de *office boy*. Era ele quem tinha o poder de contratar ou demitir funcionários e quem negociava com as grandes fabricantes de automóveis para expor seus veículos novos e seminovos no pátio principal da empresa. O garotinho tímido que chegara lá aos quatorze anos abrira três filiais da concessionária em cidades vizinhas, e seu nome era bastante conhecido.

Nasceu em Ribeirão Preto e decidira inaugurar sua nova filial na cidade vizinha porque acreditava no rápido desenvolvimento econômico do município. E ele só investia no que sinalizava progresso evidente.

Estava hospedado no melhor hotel do local. Com ele, trouxera Yumi, uma japonesa com quem se relacionava quando queria algo divertido. A jovem de vinte anos jamais lhe negava sexo, ao contrário de sua esposa, que ficara em sua cidade. A mulher reclamava de tudo, vivia cansada e repleta de dores. A cada dia, parecia que uma doença nova surgia na esposa, e Franco achava que ela gostava de colecioná-las.

Ele contemplou a banheira cheia, pontilhada com os sais aromáticos que ele jogara havia pouco. Aquele banho não seria um banho qualquer. Certamente, não seria. Tinha a ver com a segunda razão pela qual estava na cidade.

Ele despiu-se. Não tinha um corpo musculoso ou atlético, porque reconhecia que era negligente com seus cuidados físicos, mas não chegava a estar gordo ou muito fora de forma. Desde que conheceu a grande verdade e descobriu que, por dentro, ele era apenas luz, muitas coisas deixaram de ter importância em sua vida.

Franco sabia que Yumi estava amuada, porque não a convidara para banhar-se com ele, mas isso não tinha muita importância. A renovação aconteceria dali a pouco ou — ele consultou as horas no visor do celular — dentro de dois minutos para ser mais preciso. Vinte e uma horas, o horário escolhido para sua libertação.

Nu, Franco mergulhou na água morna, que liberava uma leve fragrância de jasmim, e permitiu que apenas a cabeça ficasse de fora. Ao lado de seu celular, estava a pistola automática com silenciador, que nada mais era do que seu passaporte para um mundo transcendental, um local que muitos chamariam de paraíso, mas era ainda melhor que isso.

Seus dedos molhados fecharam-se em torno do metal frio da arma, e seus olhos estavam fixos no visor do celular. Quando o horário marcado chegou, ele sorriu. Um sorriso tão pleno, encantador, pacífico. Um sorriso que não escondia sua intensa felicidade interior.

Houve um estouro abafado. Instantes depois, a água da banheira, até então perfumada, tornou-se vermelha e espessa, liberando o inconfundível odor de sangue.

***

Mesmo morando na rua, José nunca se considerara um homem pobre. Quando seus pais eram vivos, diziam a ele que saúde e honestidade eram as maiores riquezas de um ser humano. Ele nunca roubara nada de ninguém, era sincero no que dizia, honesto no que fazia e raramente necessitava ir ao posto de saúde, porque tinha uma saúde de ferro. Nena, sua esposa, que também compartilhava com ele as ruas junto com uma pequena comunidade de desabrigados localizada em uma praça, dizia que o marido nunca morreria por alguma doença, porque simplesmente não adoecia. Era saudável mesmo se alimentando apenas com marmitas que alguns moradores mais generosos lhes serviam ou com a deliciosa comida que uma igreja evangélica da região lhes oferecia todas as noites, chovesse ou fizesse sol.

A cidade era quente e abafada, e conseguiam abrigo facilmente em momentos de chuva. Ganhavam roupas e sapatos das pessoas, e, quando alguém ficava doente (com exceção de José), era fácil conseguir uma consulta médica ou retirar medicamentos gratuitos no posto de saúde que havia nas proximidades.

José era muito querido por todos. Para conseguir algum dinheiro, ele fazia de tudo, mas sua principal atividade era recolher latinhas e papelão nas ruas e vender o material num depósito de um velho amigo. Não gostava de ficar parado nem se considerava digno simplesmente pedindo esmolas nos semáforos.

Às vezes, uma assistente social aparecia por lá para conversar com eles. Na primeira vez em que ela apareceu, Nena contou-lhe o motivo de viverem a céu aberto: ela perdera o emprego de diarista e nunca mais conseguira se estabelecer financeiramente. Fora despejada da pensão em que vivia, de forma que seus poucos pertences foram parar na sarjeta. Viera do interior do Pernambuco e não tinha parentes ou amigos na cidade onde pudesse alojar-se temporariamente. Aos poucos, habituara-se àquela situação e aprendera a lidar com os perigos de morar em um mundo aberto, mas também ganhara experiência para tratar com todos os tipos de pessoas. Quando conheceu José, que também já vivia em situação de rua, os dois se apaixonaram. Ele também não tinha familiares vivos, exceto um tio que morava em alguma cidade no estado do Acre, com o qual ele nem sequer tinha contato.

Viver na rua não era uma rotina cômoda, tampouco confortável, e José estava ciente disso, porém, tudo era uma questão de costume. A prefeitura do município disponibilizava dois albergues, mas lá havia regras demais: horário para dormir e despertar, horário para tomar banho, horário para se alimentar e atividades lúdicas e físicas que ele detestava. As ruas eram uma terra sem lei, com surpresas e ameaças, incertezas e dúvidas. Era vivendo sem um teto sobre a cabeça que conhecera o melhor e o pior lado das pessoas.

Isso, contudo, estava prestes a terminar, porque José sabia que uma mudança em sua vida estava próxima. Uma mudança radical, abençoada e iluminada. Naquela noite, às vinte e uma horas, nada mais seria como antes, e ele finalmente se libertaria de tudo. Bom seria se pudesse embarcar com Nena naquela nova jornada, mas haviam lhe dito que ainda não era o momento para ela. Era preciso aguardar até o reencontro. Tudo era uma questão de espera e resiliência.

José aproveitou-se de um instante de distração da companheira para afastar-se dali sem ser visto. Ela fora até a perua da igreja para retirar gratuitamente as marmitas com o jantar daquela noite e, quando voltasse, já não o encontraria. Quisera ele poder dizer tudo o que sabia a Nena. Ela também ficaria deslumbrada quando conhecesse a grande verdade, assim como ele ficara desde que fora apresentado a algo tão fascinante.

Usava calça e camiseta, que estavam rasgadas, porém limpas. Não se lembrava ao certo de quem as doara, mas haviam servido nele com perfeição. Nos pés, calçava chinelos simples e um tanto desgastados. Às vezes, ficava dois ou três dias sem tomar banho, mas ninguém se importava muito com isso. E, quando realmente necessitava de uma ducha, via-se obrigado a procurar o albergue e suportar a chatice daquele povo.

O relógio na torre da catedral marcava dez minutos para as vinte e uma horas. José apressou-se e caminhou com passadas rápidas até seu destino. Não podia se atrasar, ou sua passagem para um mundo de plenitude infinita não seria realizada com sucesso. Também haviam lhe dito isso.

Ele finalmente se deteve no acostamento da movimentada Rodovia Anhanguera, que seguia sentido Ribeirão Preto. Caminhões imensos, com cargas que pareciam pesar toneladas, passavam por ali na velocidade máxima permitida. José parecia não enxergá-los, pois seu olhar estava vidrado. Ele sorria, mas o fazia porque pensava na luz que havia dentro dele. Todos eram luz.

De onde estava, ainda era possível observar a torre da catedral. O ruído intenso da estrada impediu-o de ouvir as nove badaladas dos sinos da igreja, mas não era necessário. Os ponteiros marcavam o horário exato. Esperava que Nena o perdoasse por não ter lhe revelado o segredo, contudo, a hora dela também chegaria. Ela finalmente o compreenderia.

O sorriso nos lábios de José tornou-se ainda maior. Uma carreta vinha em sua direção, os faróis brilhantes como estrelas. Ele apenas fechou os olhos, descalçou os chinelos e, sem hesitar, atirou-se na frente do veículo.

Capítulo 1

Aquele verão parecia prestes a cometer um homicídio. Com temperaturas na faixa dos trinta e seis graus e sensação térmica de quarenta e um, o calor estava simplesmente insuportável, mesmo para aqueles que apreciavam o clima mais quente.

Com sua imensa barriga de sete meses de gestação, Miah Fiorentino abanava-se com um leque, mesmo sob o ar-condicionado programado para a mínima temperatura, mesmo que fossem onze horas da noite. Estava suada, pegajosa e sentindo-se esquisita. Seu marido amava o calor, mas ela estava começando a ter certeza de que amava muito mais o inverno, ainda que naquela região do Estado de São Paulo a temperatura fosse naturalmente mais elevada em qualquer época do ano.

O marido em questão saiu da cozinha trazendo dois copos com um líquido rosado e algumas pedras de gelo. Usava apenas uma bermuda com estampa de praia e calçava chinelos que também retratavam o mar. Estava sem camisa, revelando o peitoral musculoso e a barriga com vários gominhos definidos, que sempre faziam Miah suspirar de admiração e prazer. Ele mostrou um sorriso belíssimo ao lhe entregar um dos copos, e seus olhos azuis muito escuros brilharam intensamente.

— Você sabe que não sou tão fã de suco de melancia quanto você — Miah fez uma careta para a bebida, ingeriu um gole e deu de ombros. — Prefiro comer a fruta.

— Com certeza é melhor do que refrigerante ou esses sucos artificiais, que mais parecem açúcar colorido com um sabor que tenta imitar as frutas. — Nicolas sentou-se ao lado de Miah e bebeu seu refresco, exibindo uma expressão de satisfação. — Além disso, a ideia de ser *fitness* durante toda a gravidez partiu de você.

— Eu me lembro disso. Quando proferi tal blasfêmia, provavelmente estava sob o efeito de narcóticos alucinógenos, desses que seriam capazes de me fazer beijar sua mãe várias vezes seguidas.

Nicolas riu alto, inclinou o corpo e beijou Miah nos lábios. Se naquele momento alguém lhe perguntasse se ele era um homem feliz, a resposta surgiria sem nenhuma hesitação. Tinha finalmente uma vida estabilizada com a mulher que amava, um filho a caminho e amigos que ele aprendera a gostar de verdade. Mesmo que sua profissão o levasse aos cantos mais sombrios que os seres humanos eram capazes de chegar, ele considerava-se um homem que alcançara suas principais metas. Tanto ele quanto Miah haviam percorrido uma trilha longa, áspera, escura e perigosa, porém, haviam sobrevivido juntos a todos os desafios que encontraram durante esse caminho.

Para eles, nada havia sido fácil. Quando Nicolas foi transferido do Rio de Janeiro, sua cidade natal, para aquele município próximo a Ribeirão Preto, que crescia e se desenvolvia tão rapidamente quanto a cidade vizinha, embora o número de munícipes ainda fosse bem menor, nunca poderia imaginar que sua vida mudaria tão drasticamente. Seria ali que conheceria a jornalista mais enigmática de que já tivera notícias e pela qual se apaixonaria tão perdidamente. Aquela mulher bonita e misteriosa era a razão pela qual Nicolas considerava-se tão feliz.

Como nada na vida deles parecia ser considerado comum, o início da gravidez também foi marcado por fatos intrigantes e desagradáveis. Meses antes, enquanto Nicolas investigava o intrincado assassinato da filha do prefeito da cidade, Miah tivera sonhos e visões desagradáveis com o bebê que esperava. Graças a Deus, após a conclusão do caso, ela nunca mais vivenciara pesadelos semelhantes. Desde então, a gestação tornou-se tranquila, sem fortes emoções ou sobressaltos, mesmo ela guardando para si a sensação de que não gostava daquela criança que se formava em seu interior nem que gostaria de conhecê-la após o parto.

Marian Bartole, a cunhada a quem Miah considerava uma irmã e um anjo em sua vida, já lhe dissera que essas sensações certamente tinham origem em vidas passadas. O próprio Nicolas fora atormentado por meses a fio com sonhos perturbadores, nos quais ele se via como um inquisidor cruel chamado Sebastian, que dizimava sem dó nem piedade pessoas inocentes que encontrava em sua missão de caça a uma jovem lendária chamada Angelique, que angariava fama de bruxa e que agora estava reencarnada como a própria Miah.

— No que está pensando, meu amor? — astuto, Nicolas estudava os olhos cor de mel da esposa. — Sei quando sua mente está longe daqui.

— Estava pensando em como será nosso filho. Aliás, ainda não sabemos qual é o sexo do bebê, já que você prefere que seja uma surpresa.

— Você já me disse que tem certeza de que se trata de um menino, pois sonhou com um homem estranho dizendo que seria nosso bebê.

— Bota estranho nisso! — Miah riu e bebeu mais um pouco do suco. Em seguida, pegou o leque novamente e voltou a se abanar. — A criatura mais parecia ter saído de um filme de ficção científica. Poucas coisas me impressionam hoje em dia, mas esse foi um fato marcante, do qual nunca me esquecerei. Ainda bem que esses pesadelos pararam. Merecemos um pouco de paz, não acha?

— Nós merecemos mais do que paz. — Nicolas olhou para cima. — Merecemos um ar-condicionado mais eficiente e diversos ventiladores espalhados pelo apartamento. O calor está de matar.

— Mas não merecemos a conta de energia elétrica que chegará logo mais — concluiu Miah com uma gargalhada alta.

Ainda rindo, Nicolas acariciou os cabelos negros e curtos da esposa, repicados em fios de vários tamanhos. Ela adorava aquele corte moderno e jovial, que lhe caía muito bem e emoldurava seu rosto arredondado e muito bonito. Miah sempre fora magra, mas agora, faltando dois meses para o aguardado parto, engordara um pouco. Seus seios haviam ficado maiores, e a barriga, bastante protuberante.

— É tão bom tirar uma folga em plena quinta-feira. — Miah fechou os olhos. — Ainda mais quando nós dois conseguimos conciliar a folga no mesmo dia. Estar em sua companhia é bom demais, meu amor.

— Não vale roubar minhas frases. — Nicolas sorveu o último gole do suco, pousou o copo vazio no chão, levantou-se e tomou a esposa pela mão. — Quando estamos de folga, temos mais tempo para fazermos umas coisinhas gostosinhas, que, às vezes, terminam em bebezinhos. Adivinha do que estou falando?

— Como você é besta! — rindo, Miah deixou-se guiar até o quarto. — Uma vez, fiz uma matéria na qual entrevistei várias mulheres no fim da gestação, que diziam que seus maridos não faziam mais sexo com elas. A maioria acreditava que os parceiros perdiam o interesse sexual por elas justamente porque engordavam muito ou simplesmente porque a barriga grande os atrapalhava. Hipóteses plausíveis ou desculpas esfarrapadas?

— Pensando bem, acho melhor eu organizar uma papelada que tenho pendente. — Nicolas soltou a mão dela. — Vamos deixar esse momento íntimo para outro dia?

— Creio que amanhã estará estampada a seguinte chamada em todos os jornais da cidade: "Esposa grávida assassina o mais famoso investigador da cidade". E, logo abaixo, uma indagação: "Quem investigará o assassinato do homem que investigava assassinatos?".

— Isso ficou confuso! — Nicolas riu de novo.

— Chamarão Duarte para substituí-lo, eu serei presa outra vez, meu parto talvez seja realizado no pátio da penitenciária, durante meu banho de sol, e nosso bebê nascerá já fichado. Além disso, sua mãe, enfurecida como um javali protegendo sua ninhada, buscará todos os meios para se vingar de mim até conseguir dar cabo da viúva assassina. Portanto, caso queira evitar toda essa previsão, acho melhor prosseguir com sua proposta inicial.

Miah ria muito enquanto falava, e Nicolas já estava gargalhando. Ele a conduzia lentamente na direção da cama de casal, mas parou de repente ao observar a linda gata branca de olhos azuis, que estava placidamente deitada na cama e o fitava com indisfarçável rancor.

— Xô, bicho feio! — Nicolas tentou enxotá-la com a mão. — Saia de cima da nossa cama.

Érica nem se moveu e lançou para Miah um olhar como se dissesse: "Esse homem é louco".

— Deixe-a ficar, amor. Érica não gosta que você invada seu espaço — Miah afagou a cabeça da gata, que começou a ronronar.

— Eu tinha a impressão de que este era nosso quarto e de que esta era nossa cama. Quando foi que tudo mudou?

— Não seja implicante. A cama é grande o suficiente para nós três. Ou quatro, se contarmos com o bebê — dando tudo como resolvido, Miah sentou-se na cama e convidou o marido para fazer o mesmo.

— Não sei se conseguirei fazer amor com você com essa gata miando e nos observando. — Nicolas franziu a testa. — Não acha que seria no mínimo esquisito?

— Olha aí! Um novo pretexto criado por homens, que querem rejeitar suas esposas e companheiras grávidas. Não fazem sexo com elas por causa de uma gatinha doce e ingênua.

Para irritá-lo, Érica foi até os travesseiros e deitou-se sobre eles, esticando-se o máximo que podia, como se tentasse impedir Nicolas de fazer o mesmo.

— Miah, um dia essa gata e eu vamos nos engalfinhar e sair rolando por aí.

15

Quando Miah ia responder, o celular de Nicolas tocou. Ele atendeu, e tanto sua voz quanto sua expressão facial tornaram-se automaticamente mais duras.

— Como está, Elias?

Ele ouviu o delegado falar alguma coisa e mordeu os lábios.

— Tudo bem. Estou a caminho. Chegarei em, no máximo, vinte minutos.

— O que houve? Quem tirou a vida de quem?

— Nossa brincadeira íntima ficará para outro momento — Nicolas foi até o guarda-roupa e pegou uma camisa branca. Miah ajudou-a a fechar os botões. — Aparentemente, três pessoas suicidaram-se nessa noite.

— Que horror! Além de ser muita coincidência, não acha?

— Parece que todos os fatores iniciais apontam para isso. Viaturas foram enviadas aos três locais onde as mortes ocorreram. Ele me pediu para encontrá-lo em um dos endereços.

— Também irei para lá. — Miah já estava de pé.

— Não vai não, senhora. Hoje é seu dia de folga. Não a quero andando sozinha, principalmente à noite. Já tivemos provas suficientes de que nossa cidade esconde assassinos frios e assustadores.

— É sua folga também — contrapôs Miah. Ela olhou para o visor do celular e mostrou-o ao marido. — Veja isso aqui. Faltam vinte minutos para meia-noite, portanto, nossa folga está prestes a terminar. Pegarei um táxi até os estúdios da TV da Cidade e tentarei entrar com um plantão ao vivo para angariar a audiência dos telespectadores que ainda estiverem acordados.

Nicolas sabia que poderia insistir para ela ficar em casa até cair de exaustão, mas nada impediria Miah de cumprir sua função. Por fim, ele deu de ombros e beijou-a nos lábios com carinho.

— Tome cuidado! — ele pediu, envolvendo o rosto da esposa com as mãos.

— Você também. Assim que souber dos endereços, por favor, me mande uma mensagem. Vou acordar Ed para botarmos para quebrar — ela acrescentou, referindo-se ao seu amigo e colega de trabalho, que atuava como operador de câmera.

Pouco depois, os dois se separaram para cumprir seu dever.

Capítulo 2

A distância, Nicolas enxergou as luzes vermelhas e azuis dos giro-flex das viaturas, que estavam estacionadas próximas ao local do ocorri-do. Desceu do carro, cumprimentou alguns policiais fardados, observou o corpo coberto por um saco preto e a pequena poça de sangue na calçada.

Mike, o policial que a cada dia parecia mais musculoso, aproxi-mou-se de Nicolas, trazendo no semblante uma expressão da derrota.

— Bartole, não sei o que é pior: deparar-se com um corpo, cuja cabeça está aberta e mostrando tudo o que há em seu interior, ou saber que uma criança de cinco anos também teve essa visão. Junte-se a isso o fato de que a vítima em questão era a mãe dessa criança.

— O que sabemos até agora? — interessou-se Nicolas.

— O marido, que não para de chorar e está visivelmente traumatiza-do, disse que estavam jantando, quando a esposa se levantou da mesa, subiu na direção dos quartos e não retornou. Um dos meninos ouviu um baque na calçada e foi espiar pela janela. Imagine o que aconteceu em seguida. O nome da vítima é Regiane Siqueira. Ela tinha trinta e seis anos.

— Num primeiro momento, você consideraria o marido como um suspeito? Ele pode ter empurrado a mulher?

— Se ele a matou, então, estamos diante do melhor ator de que já tive notícias. Ou o cara é bom demais na arte da interpretação ou é mais inocente do que eu era na manhã em que nasci.

Nicolas assentiu e voltou-se para o corpo.

— O doutor Elias pediu que a cobríssemos, mas antes disso que tirássemos algumas fotos. Garanto que você não terá umas imagens bonitas. — Adiantou-se Mike. — Ele também quis que eu o aguardasse aqui para que conversássemos com o marido. Logo depois, seguiu para os outros endereços, onde ocorreram as outras duas mortes.

— Senhor Bartole, a equipe da perícia acabou de chegar — informou outro policial, cuja gigantesca barriga colocava em dúvida sua capacidade de correr agilmente atrás de um bandido.

— Obrigado. Mike, venha comigo. Vamos ver o que conseguimos descobrir por aqui.

A porta da casa estava aberta. Na sala, duas policiais conversavam com Elivelton, que continuava em prantos. Uma delas, ao ver Nicolas entrar, informou-o de que os meninos haviam sido levados para a casa da avó para evitar mais danos psicológicos.

— Podem nos deixar a sós, por favor? — solicitou Nicolas.

Quando as duas policiais saíram, ele cumprimentou Elivelton.

— Meu nome é Nicolas Bartole. Sou investigador e trabalho com a corporação policial de nossa cidade.

— Já ouvi falar do senhor — Elivelton, um homem moreno, magro e que usava aparelho ortodôntico ergueu os óculos para enxugar as lágrimas que insistiam em escorrer. — Acompanhei pela televisão a investigação da morte da filha do prefeito realizada pelo senhor — os ombros dele curvaram-se, como se alguém tivesse adicionado um peso sobre eles. — Sei também que investiga homicídios, então, se está aqui, é porque acredita que eu tenha matado Regiane.

— Temos algumas questões mais importantes do que acusações e suspeitas. Precisamos compreender tudo o que aconteceu, e gostaria que o senhor nos contasse. Sei que o momento é péssimo, mas estamos aqui para tentar ajudá-lo.

— Sei disso — Elivelton sentou-se no sofá e apoiou as costas no encosto. — Não consigo compreender por que ela fez isso. Se nem eu mesmo consigo encontrar explicações para a morte dela, obviamente vou me tornar um suspeito, não é mesmo?

— Por que o senhor não nos conta um pouco sobre sua vida com ela e sobre seu comportamento nos últimos tempos? — pediu Mike.

Nicolas sentou-se ao lado de Elivelton:

— O senhor pode chamar um advogado para acompanhar nossa conversa, caso se sinta mais confortável.

— Não vejo necessidade de fazer isso, já que vocês acabaram de me falar que desejam me ajudar — Elivelton pousou os óculos sobre a coxa e tentou secar o rosto molhado de lágrimas. Seus olhos estavam vermelhos e inchados. — Em dois meses, nós completaríamos sete anos de casados. Modéstia à parte, nosso relacionamento era perfeito. Temos dois filhos gêmeos, Kaíque e Patrick, que são nossa razão de viver. Eles têm cinco anos de idade. Foi Kaíque quem a encontrou...

18

Ele parou de falar e teve outra crise de choro. Nicolas aguardou respeitosamente que ele conseguisse se recompor.

— Peço, encarecidamente, que vocês não interroguem meus filhos, principalmente Kaíque. Ele viu a mãe naquela situação e...

— Jamais faríamos isso. O senhor dizia que seu casamento era perfeito. Nunca houve nada que arranhasse toda essa perfeição?

— Bem, Regiane foi criada por uma família extremamente tradicional. Os pais dela, ainda vivos, parecem ter parado na década de 1930. A mulher deve obedecer fielmente ao marido, não trabalhar fora, cuidar bem da casa e dos filhos. Regiane era assim, e eu juro que sempre a incentivei a procurar um emprego. Nunca quis prendê-la, e ela se sentia bem assim. Para me ajudar na renda, fazia doces e salgados sob encomenda, costurava roupas para os vizinhos, bordava toalhas e panos de pratos... Meu Deus, eu não acredito que já estou me referindo a Regiane usando o verbo no passado.

— Sei o quanto isso é pesado e horrível, porém, é uma realidade com a qual o senhor aprenderá a lidar de hoje em diante — Nicolas percorreu o olhar pela sala. Todos os móveis eram novos, ou muito bem conservados. Não havia nada fora do lugar. A casa estava limpa e exalava um leve aroma de jasmim. — Em toda relação há discussões, desentendimentos e brigas, que podem acontecer em diferentes níveis de intensidade. Isso certamente acontecia entre vocês.

— Nunca tivemos uma briga muito séria, exceto durante um período de quase um ano, logo após o nascimento dos gêmeos, em que Regiane desenvolveu uma depressão pós-parto muito forte. Foi a pior época de nossa vida. Ela não se considerava apta para criar duas crianças de uma vez, dizia que seria uma péssima mãe, se culpava por tudo o que fazia de errado e mal saía de casa. Para completar, seu leite secou completamente três meses após o parto. Ela precisou passar por uma longa terapia com uma psicóloga de nossa confiança, com quem conversamos até hoje.

— Regiane voltou a fazer outros tipos de tratamento com essa psicóloga? — interveio Mike, que acompanhava o diálogo de pé.

— Ela sarou da depressão, se é que existe o termo "sarar", quando se trata de algo tão complexo, emocionalmente falando. Mesmo assim, a psicóloga conversa com ela de tempos em tempos, apenas para verificar se está tudo bem. Andréia é fantástica.

— Eu gostaria que me passasse o contato dela, se possível — pediu Nicolas.

— Claro, vou providenciar isso — de repente, uma ideia surgiu na mente de Elivelton, que olhou atentamente para Nicolas. — O senhor acredita que ela estava passando por uma nova fase depressiva e mantinha isso escondido de mim?

— É uma possibilidade. Ela demonstrou algum comportamento diferente nos últimos tempos?

— Sim, principalmente durante o jantar, momentos antes de saltar da laje de nossa casa.

— Pode nos contar um pouco sobre isso?

— Ela não fazia nada de diferente. Continuava dedicando-se à casa e aos nossos filhos com amor e carinho. Desde que se recuperou da depressão pós-parto, provou sua capacidade maternal de ser a melhor mãe do mundo. Criou os meninos de um modo maravilhoso, ensinando-lhes valores e crenças positivas, no entanto, eu sentia que havia alguma coisa desencaixada, sabe... Regiane me dizia que tudo estava bem, mas era como se ela não estivesse sendo totalmente sincera. Sou professor, dou aula em duas escolas, portanto, saio muito cedo e só retorno à noite. Ela permanece em casa o dia todo e sai apenas para fazer compras ou para visitar algumas amigas que moram no bairro.

— Desculpe se a pergunta lhe soar ofensiva, porém, o senhor considerou a possibilidade de que ela tivesse um amante? — inquiriu Nicolas.

Elivelton assentiu sem hesitar.

— Essa foi a dúvida que me atormentou por algum tempo, ou melhor, desde que eu comecei a desconfiar de que ela estivesse me escondendo algo. Isso começou exatamente há uns três meses, mas, nas últimas semanas, notei que essa não era a verdade. Havia outra coisa acontecendo com ela, algo mais esquisito, digamos assim. Eu a flagrei algumas vezes conversando sozinha, sorrindo para as paredes e falando palavras desconexas. Quando a interrogava, ela demorava um pouco a voltar a si, como se estivesse saindo de uma espécie de transe — Elivelton desviou o olhar de Nicolas para Mike. — Acreditem... ela estava estranha.

— E o que ela dizia? — quis saber Mike.

— Uma vez, eu a escutei conversando com as panelas, enquanto preparava o jantar. A princípio, julguei que ela estivesse cantando. Eu me aproximei devagar, sem que ela percebesse, e a ouvi falando algo sobre uma grande verdade. Quando ela notou que eu estava ali, mostrou um sorriso esquisito, tão forçado que me assustou um pouco. Depois, ela piscou os olhos e pareceu voltar a si. Negou ter dito as palavras que eu a ouvi falar.

— E como ela estava hoje, durante o jantar?

— Nem consigo acreditar que ela esteja morta. — Novas lágrimas verteram dos olhos do jovem viúvo. — Há poucas horas, nós estávamos jantando naquela mesa — ele indicou o móvel com um dedo trêmulo. — Os meninos comentavam sobre uma canção que haviam aprendido na

20

escola. Achamos engraçado e irônico, porque a musiquinha falava sobre bons modos, e eles começaram a discutir sobre ela e quase brigaram. Quando voltei a olhá-la, Regiane estava novamente com aquele olhar parado e com um sorriso estranho plantado nos lábios. Ela disse alguma coisa sobre a vida ser maravilhosa e perfeita e sobre a luz.

— Sobre a luz? — Nicolas fitava Elivelton fixamente.

— Sim. Disse que ela, eu e as crianças éramos luz. Pelo menos foi o que eu entendi. Depois, disse que o mundo era perfeito e que amava os meninos. Eu me lembro de ter brincado com ela dizendo que estava com ciúmes, até que ela admitiu que me amava também. Então, minha esposa olhou para o relógio que está naquela parede e falou que precisava buscar algo que havia esquecido lá em cima. Eu me lembro de que eram quase vinte e uma horas. Minutos depois, escutamos um barulho na calçada, e eu pedi que Kaíque fosse dar uma olhada. Jamais me perdoarei por esse erro.

— Não tinha como adivinhar o que havia acontecido. Não deve se culpar.

— Mas, ainda assim, sei que me culparei por muitos anos.

— Havia algo que ela precisasse fazer na laje? — questionou Nicolas.

— Não, tanto que a porta de acesso que leva até lá fica trancada com um cadeado — explicou Elivelton.

— Ela não pode ter simplesmente escorregado? Pode ser que tudo tenha sido um acidente — informou Nicolas, embora ele mesmo não acreditasse nessa hipótese.

— É isso que estou imaginando, porque Regiane não teria motivos para tirar a própria vida. Como lhe disse, nossa vida era perfeita. Nem mesmo na época em que esteve deprimida, ela tentou se suicidar. Ela não pode ter feito isso.

— Compreendo. O policial Mike e eu podemos subir até a laje? O senhor poderia nos acompanhar?

— Claro. Vamos lá — Elivelton ergueu-se pesadamente do sofá, como se chumbo líquido corresse em suas veias, e seguiu na direção das escadas, que levavam a um corredor cujo piso brilhava de tão encerado. — Aquela porta nos fundos é a que leva à laje de casa. Ela está aberta. Podem subir.

Nicolas agradeceu e seguiu com Mike na direção indicada. Elivelton permaneceu parado no mesmo lugar, entrando em uma nova onda convulsiva de choro.

A escada em caracol levou-os à laje da casa. Não havia nada de interessante ali, exceto uma antena de TV e uma caixa d'água. Nicolas tentou imaginar o que se passava na mente de Regiane, enquanto ela caminhava em direção à beirada e ao encontro da morte. Teria ela percorrido aqueles poucos metros por livre e espontânea vontade? Ou teria sido forçada por alguém, que desejava vê-la morta? Caso a primeiro opção fosse a correta, o que teria levado uma mãe de família a se matar, quando tudo na vida dela, aparentemente, corria bem?

Antes mesmo de Nicolas pedir, Mike já havia identificado o par de sandálias que estava próximo à caixa d'água. O policial guardou ambas em um saco plástico.

— Não consigo notar nada de anormal nesses calçados, Bartole.

— Eu também não. De qualquer forma, enviaremos as sandálias para o laboratório especializado. Pode haver substâncias microscópicas impregnadas nelas, que nos sejam úteis.

Mike assentiu com a cabeça e caminhou ao lado de Nicolas, que parara na beirada para olhar a rua lá embaixo.

— Foi uma queda feia! — Mike mordeu os lábios. — Pela maneira como o corpo estava quando o doutor Elias e eu chegamos, acredito que ela caiu de frente, pois seu rosto estava amassado contra a calçada. Foi a cena mais feia que vi neste ano.

— Ou seja, é possível que ela tenha sido empurrada.

— Sim. Ao que tudo indica, não havia nenhuma pessoa estranha na casa, além do marido e dos filhos. Ele me pareceu muito sincero em tudo o que nos disse — Mike também olhou para baixo e viu os policiais conversando e observando o corpo coberto. — Mas também sei que há pessoas com uma capacidade incrível de atuação.

— Exatamente. Num primeiro momento, eu diria que Elivelton é inocente, mas precisamos investigar melhor. Se não houve homicídio e Regiane realmente se suicidou, eu gostaria de conhecer as razões que a levaram a isso.

— As coisas seriam mais fáceis se outras duas pessoas não estivessem mortas também, não acha?

— Vamos ver se conseguimos descobrir algo com as outras duas vítimas — Nicolas voltou-se para retornar pelo caminho que vieram. — Não me agrada nem um pouco a ideia de termos três suicídios na mesma noite.

— Pelo menos aqui, não encontramos indícios que apontem para um assassinato.— Precisamos descobrir se o casamento de Regiane e Elivelton era tão perfeito quanto ele nos disse. Lembre-se, Mike, de que, assim como as pessoas sabem atuar muito bem e mentir de maneira admirável, elas são extremamente criativas na horrenda tarefa de cometer assassinatos.

Capítulo 3

Considerado o hotel mais requintado do município, com padrão cinco estrelas, o Star oferecia luxo e conforto já a partir da calçada. Nicolas estacionou seu carro atrás de uma viatura policial e seguiu na direção do imenso saguão, cujo piso de lajotas douradas fazia os hóspedes terem a impressão de pisar em placas de ouro. Foi uma dádiva sair da noite abafada para adentrar em um recinto refrigerado pelo ar-condicionado.

Atrás do lustroso balcão da recepção havia um rapaz uniformizado, de rosto jovial, que o fazia parecer um adolescente, e um homem de cabelos grisalhos, magro e muito alto, que olhou para Nicolas e Mike com indisfarçável irritação.

— Mais de vocês chegaram? Querem entupir meu hotel com tantos policiais?

— Seu hotel? — Nicolas olhou-o com ironia. — Você é o proprietário?

— Sou o gerente geral. O delegado e alguns policiais já estão no quarto onde o hóspede se matou. Achei que isso já fosse suficiente. Não quero alarde por aqui, ou sujarão a imagem do hotel.

— Um suicídio em seu hotel é o suficiente para sujar qualquer coisa, não acha?

— Vocês chamam muito a atenção de todos, apesar do horário avançado — o homem magricelo ficou ainda mais irritado. — As pessoas não gostam da polícia! Meus hóspedes querem sossego e conforto, pois pagam muito bem por isso. Seria muito pedir para vocês aguardarem na calçada e só entrarem em sistema de revezamento, quando seus colegas saírem?

— Seria muito pedir para o senhor ficar calado e aguardar o momento em que eu o interrogarei? — Nicolas mostrou sua identificação policial, mesmo que não fosse necessário. — Quero o número do quarto e o andar. Agora!

O gerente suspirou, como se tentasse engolir a onda de raiva:

— Terceiro andar, quarto 303. Podem subir por aquele elevador.

Nicolas permaneceu parado, encarando fixamente o gerente nos olhos e notou a palidez tomando conta do rosto do homem, que desviou o olhar para o recepcionista. Quando resolveu se afastar na direção do elevador, ouviu Mike comentar:

— Bartole, você assusta as pessoas quando faz essa cara de mau.

— A intenção é essa. Quem nos garante que esse gerente não tenha algo a ver com o ocorrido? Conduzirei o interrogatório com ele à moda da casa.

— Coitado do sujeito! — Mike apertou o botão número três dentro do elevador. — Mudando de assunto, você jantou?

— Miah e eu estávamos de folga hoje. Pedimos massa pelo *delivery* do Caseiros — Nicolas fitou Mike e sorriu. — É sério que você já está pensando em comida?

— A comida é quem pensa em mim, e, quando isso acontece, meu estômago ronca e meu cérebro me ordena a abastecê-lo. Entende essa dinâmica que ocorre em meu organismo?

— Não muito bem. O que sei é que essa dinâmica acontece toda hora, pois você vive faminto. Aposto que, durante a noite, acorda várias vezes para assaltar a geladeira.

O elevador abriu as portas no terceiro andar, e eles saíram para um corredor acarpetado. A porta de número 303, que estava aberta, ficava de frente para as escadas de emergência. Nicolas avistou Elias, Moira e outros dois policiais fardados conversando diante da porta do banheiro. Ao vê-lo, o delegado aproximou-se. Era bem mais baixo que Nicolas, tinha cabelos escuros pontilhados por vários fios brancos e um nariz tão grande que parecia ser artificial.

— O que temos aqui? — quis saber Nicolas após cumprimentá-lo.

— Uma imagem digna de um filme de terror — Elias esfregou os olhos cansados, que haviam presenciado a morte de perto inúmeras vezes. — A vítima, identificada como Franco Mendonça, era um empresário bem-sucedido, dono de uma rede de concessionárias. De acordo com a amante, que está hospedada com ele neste quarto, Franco permanecia na cidade para a inauguração de mais uma de suas lojas, o que estava previsto para acontecer amanhã.

— Onde ela está?

— O gerente ranzinza nos disponibilizou um quarto vago para acomodá-la, de forma que pudéssemos conversar com a moça longe da cena do crime. Ela está chorando muito e há momentos em que diz coisas sem coerência.

— Conversarei com ela daqui a pouco — Nicolas olhou para Mike e fez um sinal para que ele o seguisse. — Respire fundo, parceiro.

A porta do banheiro ficava quase ao lado da porta de entrada do dormitório. Um policial bateu continência para Nicolas, enquanto Moira saía do banheiro com o rosto muito pálido. Com alguns fios loiros desprendendo-se de seu boné cinza e um semblante mais duro que diamante, ela apenas murmurou para Nicolas:

— Cuidado, Bartole, pois há sangue por todos os lados.

De fato, era verdade. O banheiro era amplo, e o vaso sanitário e o lavabo tinham tons dourados. Toalhas brancas e muito felpudas estavam penduradas em argolas também douradas e nelas havia respingos de sangue. No piso do banheiro, manchas vermelhas acumulavam-se em pequenas poças.

A banheira era enorme e nela cabiam confortavelmente duas pessoas deitadas. Estava cheia de água, que se tornara avermelhada. Na parede, perto de um suporte para sabonete e produtos para cabelo, havia mais respingos de sangue. A arma que tirara a vida de Franco estava caída ao lado do braço do empresário. Um pouco mais atrás, o celular topo de linha jazia no chão.

— Arre égua! — ele ouviu a exclamação de Mike às suas costas, assim que o policial entrou.

Nicolas olhou com mais atenção para Franco. Um estrago fora feito em seu crânio. Ele atirara na têmpora, e a bala saíra pelo outro lado da cabeça. Apesar dos músculos retorcidos e do sangue que envolvia sua cabeça, Nicolas quase poderia jurar que havia um esboço de sorriso em seus lábios. Como o odor férrico de sangue o estava incomodando, ele saiu do banheiro e encontrou sua equipe no corredor do pavimento.

— Aparentemente, foi suicídio — adiantou-se Elias. — Yumi, a amante, contou que ouviu um estalo esquisito, chamou-o repetidas vezes e, como ele não atendeu, foi conferir o que estava acontecendo. Acordou o hotel inteiro com seus gritos, e o gerente chamou a polícia.

— Em um primeiro momento, o que você achou dela? — Nicolas colocou as mãos nos bolsos da calça. — Obviamente, ela poderia tê-lo matado e simulado a cena para que parecesse suicídio.

— Com certeza, e isso a torna uma suspeita em potencial. Ela chorou muito, mas se mostrou colaborativa conosco. Talvez você consiga arrancar dela mais informações.

— Antes de ir embora, também quero gostaria de conversar com o gerente, não apenas para perturbá-lo. Quero tentar descobrir se Franco recebeu visitas e saber se poderemos ter acesso às imagens das câmeras de segurança, desde o momento em que ele fez o *check-in* no hotel.

— Bem pensado, Bartole — concordou Elias. — Interrogue a amante, enquanto Moira e eu conversaremos com os hóspedes dos quartos vizinhos. Podem ter ouvido alguma discussão entre os dois. Quem sabe isso nos ajude.

— Em qual quarto Yumi está?

— No 207, no piso inferior.

— Boa sorte para nós — Nicolas fez um aceno com a cabeça para Mike, que se apressou para acompanhar os passos largos do investigador.

— Acho que já sei o que vamos encontrar, Bartole — comentou Mike.

Nicolas empurrou a porta que dava acesso às escadas de saída de emergência e desceu rapidamente os degraus.

— E o que encontraremos?

— Uma situação parecida com a que vimos na casa de Regiane. Uma pessoa chorosa, assustada, demonstrando inocência diante do ocorrido.

Como Nicolas também esperava por aquilo, apenas concordou em silêncio.

Ele cumprimentou os policiais que estavam com Yumi e pediu que os deixassem sozinhos. A garota tinha cerca de vinte anos, cabelos pretos, muito lisos e tão longos que chegavam à cintura. Uma franja reta ocultava suas sobrancelhas. Seus olhos rasgados, com cor de café, fitaram Nicolas e Mike com curiosidade e certo espanto. Ela segurava um lenço branco e assoou o nariz nele. Estava sentada na borda da cama, e suas mãos tremiam muito.

— Boa noite, Yumi! Meu nome é Nicolas Bartole e sou investigador de polícia — ele puxou uma cadeira para sentar-se diante dela. — Apesar da situação triste que aconteceu, poderíamos conversar um pouco?

Ela balançou a cabeça concordando. Uma camisola fina e quase transparente era a única peça que vestia.

— Você e Franco chegaram hoje à cidade e ao hotel?

Um novo menear de cabeça em assentimento.

— De onde vocês vieram? Estavam aqui a passeio?

— Somos de Ribeirão Preto. Amanhã, aconteceria a inauguração de mais uma filial da concessionária. Franco tinha algumas, sabe...

— Franco era casado?

Yumi remexeu-se desconfortável. Mais uma vez, fez um gesto positivo com a cabeça.

— Há quanto tempo vocês mantinham esse relacionamento?

— Seis meses — ela respondeu num fio de voz. — Eu não o matei.

— Por favor, responda apenas o que lhe for perguntado. Conte-nos um pouco de sua história com Franco. Como o conheceu?

— Sou a secretária dele. Eu já sabia que ele tinha relacionamentos extraconjugais, pois sou eu quem organiza sua agenda. Então, houve um dia em que ele me convidou para almoçar. No restaurante, Franco me pediu que falasse sobre qualquer assunto, menos sobre trabalho. Descobrimos que tínhamos muitas coisas em comum. Houve um segundo convite, desta vez para jantar. Naquela mesma noite, terminamos na cama. Desde então, acho que sou a única namorada dele.

— Namorada? — Nicolas ergueu as sobrancelhas.

— Não gosto de ser chamada de amante, pois dá a impressão de que quero ferrar com o casamento dele, entende? Branca gasta todo o dinheiro que Franco lhe dá com roupas, sapatos e joias.

— Ela desconfiava de que Franco tinha uma amante... namorada? — corrigiu-se Nicolas.

— Acho que sim. Ele me falava pouco sobre seu casamento — Yumi soprou o ar com força, fazendo sua franja dançar. — Antes que me pergunte, eu não o amava, mas gostava muito da companhia dele. Eu nunca o mataria...

— Sim, você já me disse isso — Nicolas desviou o olhar para Mike, que tomava nota da conversa em uma caderneta, e voltou a fixar-se em Yumi. — Franco lhe contou algo sobre alguma desavença recente com a esposa?

— Não.

— Você sabia que ele havia trazido uma arma na bagagem?

— Não. Eu até estranhei o fato de ele ter ido tomar banho sozinho. Disse que precisava daquele momento consigo. Depois disso, ouvi o barulho do tiro. Então, quando fui procurá-lo, após chamá-lo e não obter resposta, vi todo aquele sangue...

Yumi recomeçou a chorar. Nicolas esperou que ela se recompusesse, o que demorou quase cinco minutos.

— Diga-nos uma coisa, Yumi... Por que Franco se mataria, quando estava prestes a inaugurar mais uma de suas lojas nesta cidade?

— Também estou procurando respostas, senhor.

— Ele disse ou fez algo que você julgou estranho? Franco estava diferente de alguma forma? Nas palavras, no comportamento, durante o sono?

Yumi pareceu refletir sobre o questionamento. De repente, fez que sim com a cabeça rapidamente.

— O senhor acredita em hipnose?

— Hipnose? — repetiu Nicolas.

— É a única explicação que encontro — Yumi enxugou mais algumas lágrimas insistentes. — Ele estava neste hotel comigo, mas, ao mesmo tempo, parecia estar em outro lugar. Acha que estou sendo clara?

— Ele falou alguma coisa que lhe pareceu sem sentido? — a pergunta veio de Mike.

Yumi ergueu a cabeça para encarar o imenso policial.

— Momentos antes de atirar na própria cabeça, ele me falou que um dia a gente se encontraria de novo. Ainda não consigo acreditar em uma tragédia desse tamanho.

— Onde vocês se reencontrariam? — pressionou Nicolas.

— Ele não disse. Simplesmente sorriu, algo que não era comum em Franco. Eu já tinha percebido que ele estava estranho há algumas semanas. Esquecia-se de compromissos, não comparecia a reuniões importantes ou deixava de assinar cheques com prazos determinados de pagamento. Leandro, o supervisor de uma das concessionárias de Ribeirão, me telefonou na semana passada para perguntar se Franco estava fazendo uso de algum entorpecente, pois o tinha visto dançando em meio aos veículos estacionados no pátio. Podem confirmar isso com ele, se quiserem.

Com aquelas informações na mente, Nicolas lembrou-se de algo importante:

— Os peritos determinarão o horário aproximado da morte de Franco. Você poderia me adiantar, me contando que horas isso ocorreu?

— Foi às vinte e uma horas em ponto. Sei disso, porque estava conversando com uma amiga pelo celular, e ela brincou comigo dizendo que estava indo dormir cedo, porque, no dia seguinte, teria de acordar às quatro da manhã para trabalhar. Foi quando ouvi um estalo vindo do banheiro. O som do disparo só não foi maior, porque havia um silenciador acoplado à pistola, não é mesmo?

— Precisaremos do contato de sua amiga, assim como o do supervisor que o viu dançando — Nicolas tornou a olhar para Mike, que apenas fez um gesto rápido com a cabeça. — Se lembra de ter ouvido mais alguma coisa? Algo que tenha chamado sua atenção?

— Instantes antes de ir ao banheiro, ele me falou que muitas coisas mudariam na vida dele a partir daquele dia. Que mudanças boas estavam a caminho. Eu tive certeza de que ele estava se referindo à inauguração da filial, que ocorreria amanhã. Foi quando ele me falou algo que não compreendi direito...

Nicolas quase podia adivinhar o que ouviria, porém, aguardou que ela continuasse:

— Ele disse que a humanidade mudaria completamente, quando uma verdade grande fosse revelada a todos... — Yumi hesitou um pouco e mexeu nos longos cabelos. — Sim, acho que foi exatamente isso o que ele disse. Também comentou que dentro dele habitava a luz e que eu também era feita de luz. Não entendi nada. Os olhos dele pareciam paralisados. Franco olhava para mim, mas sem realmente me enxergar ali. Foi por isso que eu disse que ele parecia hipnotizado. Ele fez isso consigo mesmo, senhor Nicolas. Eu não o matei — acrescentou mais uma vez.

— Não é comum um homem saudável, que aparentemente tinha uma vida estável, uma esposa e uma amante, simplesmente atirar na própria cabeça sem qualquer explicação prévia. Concorda comigo, Yumi?

Mais uma vez, ela balançou a cabeça em consentimento.

— Vocês receberam alguém desde que se hospedaram aqui?

— Ninguém.

— Percebeu se ele atendeu a alguma ligação que o tenha deixado chateado?

— Não houve telefonemas — garantiu Yumi.

— Ele comeu ou bebeu algo diferente? — perguntou Nicolas.

— Apenas a comida servida pelo hotel. Pedi um refrigerante, e ele, um uísque, cuja garrafa também foi fornecida pelo hotel.

— Você o questionou quando ele fez menção à luz e à grande verdade?

— Não, pois nem compreendi direito o que ele disse.

Nicolas decidiu finalizar o interrogatório. Não obteria mais informações importantes dali para frente.

— Os policiais lhe darão algumas orientações sobre os próximos passos. O corpo de Franco será encaminhado para autópsia, e você será informada de tudo. A esposa já está ciente?

— Não. Quando eu telefonar para ela e lhe contar sobre o ocorrido, Branca saberá que Franco estava comigo e que tínhamos um caso.

— Isso já não terá tanta importância, não acha? — satisfeito, Nicolas levantou-se, enquanto Mike fechava a caderneta. — Apenas nos forneça o telefone de sua amiga e do supervisor da concessionária, e poderemos encerrar por aqui.

Instantes depois, de posse dos telefones solicitados, Nicolas e Mike saíram do quarto, deixando Yumi aos cuidados dos policiais que estavam em sua companhia anteriormente.

29

Capítulo 4

Assim que saíram do quarto no qual interrogaram Yumi, Nicolas e Mike avistaram Elias e Moira, que estavam descendo as escadas. O grupo parou diante dos elevadores.

— Os peritos chegaram e já precisaram o horário da morte — informou Elias.

— Vinte e uma horas — adiantou-se Nicolas indicando o elevador.

— Yumi lhe passou essa informação?

— Sim, contudo, há algo mais impressionante do que isso. Os dois suicídios parecem estar interligados. Não me espantarei se descobrir que o terceiro também está — percebendo que Elias o interromperia, Nicolas emendou: — Vamos até o próximo local onde a última vítima se encontra. Depois, conversaremos sobre nossas impressões, Elias.

— Está bem. Ainda não tivemos tempo de pararmos para você fazer o relatório oral de sua visita à casa da mulher que saltou da laje.

— O que exatamente sabemos sobre o último óbito? — Nicolas coçou o queixo e apertou o botão do elevador.

— Um homem em situação de rua foi atropelado por um caminhão, em plena Rodovia Anhanguera — Moira revelou sem nenhuma emoção na voz. — O impacto o jogou vários metros à frente, danificando boa parte da cabine do veículo. O motorista está em estado de choque e pouco conseguiu colaborar com os policiais que estão no plantão, afirmando apenas que o desconhecido saltou diante seu caminhão.

— Querem apostar que ele morreu às vinte e uma horas? — instigou Nicolas, assim que o elevador parou no andar e abriu suas portas.

— E que ele suicidou-se?

— Com o que estamos lidando, afinal? Suicídio coletivo? — Elias apertou a ponta do imenso nariz, entrando no elevador com os demais. — As pessoas não escolhem o melhor horário para se matarem, Bartole.

— Esses três parecem ter escolhido. Além disso, há outra questão bastante intrigante. As duas testemunhas, ou seja, o marido da primeira vítima e a amante da segunda, perceberam algo estranho no comportamento recente dessas pessoas. Citaram algo sobre "a grande verdade" e "luz interior". Sabem algo a respeito disso?

— Nunca ouvi falar em doideira maior — afirmou Elias. — Seria alguma doutrina religiosa? — ele voltou-se para Moira.

— Não sei do que se trata, mas posso fazer algumas pesquisas — prontificou-se a policial com cara de poucos amigos.

— Elias, vamos juntos ao local onde o terceiro corpo foi encontrado? — pediu Nicolas.

— Claro — Elias olhou para a porta, quando o elevador chegou ao térreo. O homem magro, que se declarara gerente geral, continuava atrás do balcão da recepção com ambas as mãos sobre o tampo de mármore dourado e com um brilho desafiador no olhar. — Quando vai conversar com o sujeito, Bartole?

— Agora mesmo. — Com movimentos tranquilos, Nicolas encostou-se no balcão. — Há alguma uma sala onde possamos conversar mais à vontade ou prefere que seja aqui mesmo?

— Não tenho nada a ver com o que houve lá em cima — como se fosse uma nuvem de tempestade, a testa do gerente ficou repleta de gotículas de suor. — E, se quiserem mesmo me acuar, vou entrar em contato com meu advogado. — Um sorriso mordaz surgiu nos lábios dele. — Posso dificultar bastante as coisas para vocês.

Nicolas apoiou um dos cotovelos no balcão, deixando o sujeito ainda mais irritado. Ele recuou alguns passos até encostar-se na parede atrás de si, como se Nicolas estivesse infectado com um vírus letal.

— Chamar seu advogado para acompanhar nossa conversa é um direito que o senhor tem, assim como é direito meu levá-lo à delegacia para que a conversa ocorra em um ambiente apropriado. E, como o senhor é um homem muito inteligente, sabe que acaba de dizer uma grande bobagem ao mencionar que tentará dificultar o trabalho da polícia. Consegue imaginar o quanto sua fala foi comprometedora e como ela pode se voltar contra você? E, então, senhor gerente geral, por qual caminho pretende seguir?

31

Tal qual uma tempestade, as gotículas de suor transformaram-se em pequenos filetes grossos, que escorreram pelo rosto do homem. Nicolas juraria que ele estava arfando ao responder:

— Podemos conversar em minha sala... sem advogados, por enquanto.

Desta vez, foi Nicolas quem mostrou um sorriso mordaz. Fez um aceno para Elias, que lhe pediu para aguardar alguns instantes, enquanto murmurava algo pelo rádio comunicador. Enquanto isso, Nicolas apanhou o celular e conferiu a mensagem de Miah que ele acabara de receber.

Já descobriu o que houve? Estou ávida por notícias. Minha equipe está de prontidão, pronta para sair em campo.

Nicolas sorriu e respondeu digitando:

Hotel Star. A vítima atirou contra a própria cabeça, e o corpo permanece no quarto. Procure o gerente geral para lhe dar mais informações. Com certeza, ele vai amar.

— Estava repassando algumas instruções aos policiais, que estão com o corpo do homem que saltou na frente do caminhão — informou Elias ao se aproximar. — Ele não tinha documentos consigo, mas acredito que o identificaremos rapidamente.

— Muito bem. Vamos finalizar por aqui — Nicolas olhou para o gerente, que se mostrava mais agitado do que um ratinho cercado por um gato. — O doutor Elias acompanhará nossa conversa.

— Minha sala fica bem ali — ele seguiu por um corredor estreito, passou por uma área onde estavam estacionados vários carrinhos para bagagem e mostrou uma sala no final do saguão. Entrou na frente, acendeu a luz e colocou-se atrás da mesa, como se fosse entrincheirar-se.

Nicolas recitou todos os direitos e deveres do interrogado e questionou:

— Qual é seu nome e há quanto tempo trabalha neste hotel?

— Meu nome é Vitório. Faço parte do time de funcionários há doze anos e há três ocupo o cargo mais importante daqui — seu peito estufou-se de orgulho. — Admito, entretanto, que jamais lidei com qualquer situação parecida. Nunca houve algo assim nas dependências do nosso ilustre recinto. Como devem ter percebido, não estamos nos referindo a um hotel meia-boca, mas ao mais requintado e luxuoso...

32

— Um homem está morto lá em cima — cortou Nicolas com rispidez. — Nenhum luxo ou requinte impede a morte de uma pessoa. Para que possamos encerrar nossas investigações o mais depressa possível, precisamos de sua colaboração. Uma cópia do conteúdo de todas as câmeras de segurança do seu hotel a partir do momento em que Franco Mendonça e sua acompanhante deram entrada aqui deverá ser entregue na delegacia com a urgência que o caso requer. E, quando digo urgente, preciso que isso esteja na mesa do delegado até às seis da manhã.

— Seis? — Perplexo, Vitório olhou para o relógio de pulso. — Já passa das três. Não conseguirei fazer esse levantamento em tão pouco tempo. Os técnicos estão dormindo agora. Eu...

— Acorde-os. Se for preciso, faça valer a autoridade de seu cargo tão importante — prosseguiu Nicolas com evidente sarcasmo. — Também quero que me informe se Franco e Yumi receberam alguma visita no quarto ou atenderam alguém na recepção. Caso alguma ligação tenha sido transferida para o quarto, quero estar a par disso. Preciso também de uma cópia do pedido que eles realizaram à cozinha ou de qualquer registro de consumo durante a hospedagem.

— Sei. E espera que tudo isso esteja com vocês em menos de três horas? — Vitório estalou os dedos das mãos. — Basta eu fazer isso, e um gênio mágico realizará um desejo. Tenho muito a fazer, meus amigos.

Elias preparou-se para argumentar, mas Nicolas foi mais rápido e direto:

— Não somos seus amigos nem pretendemos ser. Caso ainda não tenha notado, também estamos trabalhando. A vítima está com a cabeça estourada e parcialmente mergulhada em uma banheira cheia d'água. Foi essa a visão que nós e nossa equipe acabamos de presenciar, em plena madrugada, quando todos nós poderíamos estar dormindo confortavelmente em nossas casas. E o senhor acha que somos obrigados a aturar suas gracinhas, seu deboche? Por ora, priorize as solicitações da polícia e deixe suas tarefas de lado.

— Mas...

— Sem "mas" — Nicolas interrompeu-o de novo. — Faça o que lhe pedi e entregue tudo no prazo determinado. Não queira gastar nosso tempo exigindo mandado ou coisa parecida, porque aí, sim, vou começar a desconfiar de que o senhor tem algo a ver com o ocorrido naquele quarto. Fui claro, senhor Vitório? Ou quer que eu estale os dedos e convoque o gênio?

Ele apenas agitou a cabeça para cima e para baixo. Seu rosto estava tão molhado quanto estaria se o tivesse colocado sob o jato de

33

uma torneira. O olhar desafiador de momentos antes cedera lugar a uma inquietação e a um assombro crescente.

Quando saíram da sala, Elias ralhou:

— Bartole! Já lhe disse que detesto quando você não me deixa falar! Eu também teria sido duro com ele, esteja certo disso.

— Não tenho a menor dúvida, caro delegado! — Nicolas sorriu. — No próximo interrogatório que fizermos, a condução do diálogo será inteiramente sua.

— Acho bom, senão perderei minha moral de delegado tirano — devolveu Elias de forma bem-humorada.

Logo depois, eles juntaram-se a Mike e Moira e seguiram em dois veículos até o local em que ocorrera o último suicídio.

***

O carro de Nicolas parecia um forno industrial em pleno funcionamento. Era impressionante como podia estar tão quente, mesmo àquela hora da madrugada. Assim que deu partida, ele ligou o ar-condicionado na potência máxima, o que fez Mike soltar um longo e exagerado suspiro de alívio.

— Eu deveria ter nascido na Sibéria! Poderia fazer bonecos de neve, esquiar, curtir aquela paisagem branquinha — Mike virou o rosto para Nicolas, que parecia concentrado enquanto dirigia. — Aposto que está fazendo mais de 30 graus, mesmo a esta hora.

— Estou acostumado com o calor. Nasci e vivi quase toda a minha vida no Rio de Janeiro, que é uma cidade naturalmente quente.

— Ah, mas lá há praias maravilhosas. E o que temos aqui, nesta cidadezinha fuleira? Nenhuma praia, nenhuma cachoeira, nenhuma lagoa gostosa onde possamos nos refrescar... — Mike curvou o corpo para frente, de forma que seu rosto ficasse bem diante da saída do ar refrigerado. — O único clube aquático disponível vive mais cheio do que aquele prostíbulo lá do centro, quando as garotas fazem promoções nos fins de semana para angariar mais clientes.

— Parece que você está por dentro das promoções, hein? — Nicolas riu. — Minha irmã está sabendo disso, amiguinho?

— Cara, me respeite! E eu lá sou homem de frequentar prostíbulos? — Mike fez cara feia, mas deu de ombros. — Bem... confesso que, em meus tempos de solteiro, talvez eu tenha feito uma ou duas visitas ocasionais ao espaço, mas foi apenas para me certificar, como policial, que não havia nada de ilícito por ali.

— Com certeza, você não estava fardado durante essas visitas.

— Puxa vida, Bartole! Assim você me complica. Se Ariadne me ouvir falando essas coisas, além de terminar o namoro comigo, me dará um pontapé tão forte no traseiro que vou aterrissar na Lua.

Ainda sorrindo, Nicolas fez uma curva para a direita, seguindo a viatura na qual estavam Elias e Moira.

— Mike, falando sério agora, o que você achou desses dois suicídios esquisitos e do que ouvimos das duas testemunhas?

— Podemos investigar melhor e descobrir se Elivelton e Yumi se conhecem ou se já têm alguma ligação. Podemos fazer a mesma coisa com relação às vítimas. Se Regiane e Franco se conheciam, o caso poderá se tornar um pouco mais nítido para nós.

— Você está se saindo melhor do que eu pensava — Nicolas bateu o dedo indicador no volante, antes de continuar: — A fome o está inspirando.

— Nem me fale isso, Bartole, pois, se eu não colocar algo substancioso goela adentro, o próximo suicídio será o meu — Mike colocou as mãos sobre a barriga e olhou para baixo. — Estômago, não ronque tão alto ou vai me constranger.

Nicolas, que ouvira o ruído havia pouco e chegara a pensar que o barulho estivesse relacionado a alguma falha mecânica de seu carro, limitou-se a respirar fundo:

— Por enquanto, temos dois suspeitos, caso essas pessoas tenham sido assassinadas. Elivelton pode ter empurrado a esposa da laje, e Yumi pode ter atirado na cabeça do amante, entretanto, essa teoria está óbvia demais. Ambos, Elivelton e Yumi, realmente podem ter se conhecido e tramado os crimes juntos, mas as cenas estavam perfeitas demais, e eles me pareceram muito sinceros em seus relatos. Além disso, que tipo de pai permitiria que o próprio filho de cinco anos presenciasse a cena do corpo todo quebrado da mãe?

— De acordo com o doutor Elias, a terceira vítima vivia em situação de rua. O que ele teria a ver com uma dona de casa e um empresário?

— E o que os três teriam a ver com a tal luz e a grande verdade? — ao lembrar-se de um detalhe, Nicolas pegou o celular e conectou-o ao sistema Bluetooth do veículo. — É hora de acordarmos algumas pessoas.

Nicolas telefonou para a amiga de Yumi, que logo se mostrou empolgada com a possibilidade de colaborar com a polícia. Ela ratificou a informação de que realmente conversara com Yumi e que a amiga desligara o telefone ao ouvir um barulho estranho vindo do banheiro, às vinte e uma horas em ponto. Disse que estaria à disposição da polícia, se precisassem de seu depoimento, e garantiu que ser despertada antes

35

das quatro da manhã por um investigador fora a coisa mais excitante que lhe acontecera naquele ano.

Já o supervisor da concessionária não se mostrou tão contente, mas, após ser pressionado por Nicolas, resolveu falar e confirmou ter visto o patrão dançando e rodopiando no pátio dos veículos. Disse que Franco estava com os braços abertos, ria muito, olhava para o teto e falava algo sobre ser banhado pela luz sagrada.

— Assim como eu, os funcionários que presenciaram essa cena ficaram muito espantados. O senhor Franco sempre foi um homem sério, formal, polido, e jamais se permitiria fazer tal cena. Eu o conhecia havia anos e sei que ele não estava normal.

— Você acha que ele estava alcoolizado ou sob efeito de entorpecentes?

— Jamais. Ele não se envolvia com esse tipo de coisas. O pior é que havia clientes na loja quando isso ocorreu. Imagine o nível do nosso constrangimento. Depois de algum tempo, ele pareceu se recompor e, aparentemente, retornou à normalidade. Mas eu sabia que aquele não era o doutor Mendonça que conhecíamos. Ele nunca se exporia ao ridículo daquele jeito.

— Poderíamos dizer que ele parecia hipnotizado — concluiu Nicolas.

— Isso mesmo. Não há palavra melhor para descrever o que eu vi.

Quando Nicolas desligou, Mike não se conteve:

— Bartole, esse caso está começando a me dar medo. Nós já lidamos com vários tipos de doidos, mas essa situação está ganhando.

— Talvez a loucura se acentue um pouco mais agora — Nicolas freou atrás da viatura, no acostamento da rodovia. — Deve ser aqui. Vamos ver o que nos espera e que novas pistas conseguiremos para começar a montar esse complexo quebra-cabeça.

Capítulo 5

De acordo com o que Moira adiantara, o motorista que atropelara José pouco conseguiu contribuir com o trabalho da polícia. Tremendo como se estivesse com mais de quarenta graus de febre, ele repetia as mesmas palavras a todo instante. Dizia que estava dirigindo na faixa liberada para caminhões, quando um homem surgiu do matagal ao lado do acostamento e pulou na frente do veículo. Seus reflexos rápidos fizeram-no pisar no freio com toda a força, mas sua gigantesca carreta, que trazia engradados de refrigerante, não conseguiu parar de imediato. O homem foi arremessado para frente como se tivesse sido catapultado. O motorista contou a Nicolas e a Elias que estacionou o caminhão, desceu rapidamente do veículo e aproximou-se do desconhecido, mas, antes mesmo de tocá-lo, soube que nada mais poderia ser feito para salvá-lo. Assim, só lhe restou chamar a polícia.

— O senhor se lembra do horário em que o acidente aconteceu? — indagou Nicolas ao motorista traumatizado, já deduzindo a resposta.

— Sim. Eu estava acompanhando uma partida de futebol pelo rádio. Os times estavam no intervalo, entre o primeiro e o segundo tempo. Se não estou enganado, deveria ser umas vinte e uma horas, ou bem perto disso.

— A vítima não portava nenhum documento, doutor — explicou um dos primeiros policiais que chegaram ao local, olhando com firmeza para Elias. — Estava descalça, e suas roupas não aparentam boas condições.

Assim como as roupas, o corpo também não estava muito melhor. Nicolas contemplou o homem barbudo, que deveria ter entre quarenta e cinquenta anos. Era magro, moreno, tinha barba e cabelos escuros e encaracolados. Seu rosto estava coberto de sangue, e a posição de um dos braços indicava que o membro se quebrara com o impacto do atropelamento. Quando a doutora Ema Linhares, médica legista do município, o examinasse melhor, provavelmente constataria muitos outros ossos fragmentados.

Elias pediu que o corpo fosse ensacado, ordenou que liberassem o motorista, que provavelmente não teria mais condições de dirigir nos próximos dias, e retornou até onde Nicolas estava.

— Acha que este caso está ligado aos outros dois suicídios?

— Tenho quase certeza, mas só confirmarei quando conversarmos com alguém que nos forneça informações mais precisas sobre esse homem — Nicolas virou-se ao perceber som de passos aproximando-se.

— Senhor... — dois policiais chegaram correndo. — Próximo daqui, há uma comunidade a céu aberto. Várias pessoas que vivem em uma praça, entendem? Eles nos procuraram para informar que um homem chamado José está desaparecido há algumas horas. A esposa dele está desesperada.

— Parece que encontramos o que queríamos, Elias — Nicolas já estava caminhando. — Vamos até lá.

Os homens percorreram a pé o trajeto de cerca de quatrocentos metros. Mike e Moira seguiram com eles e logo chegaram a uma praça, onde várias pessoas habitavam barracas ou pequenos compartimentos criados com caixas de papelão, que funcionavam como casinhas. Carrinhos destinados ao recolhimento de latinhas de alumínio, metal ou papelão estavam espalhados por todos os lugares, e alguns cães estavam presos a eles por coleiras ou correntes. Havia pessoas dormindo sobre os bancos da praça e um pequeno grupo cozinhando algo em uma panela, que estava em cima de uma fogueira improvisada. Mais à frente, outro grupo de umas dez pessoas consolavam uma mulher, que chorava muito. Foi justamente esse grupo que atraiu a atenção de Nicolas.

— Boa noite! — mesmo que não fosse necessário, uma vez que estava acompanhado por policiais fardados, Nicolas mostrou sua identificação. Elias fez o mesmo. — Sou o investigador Nicolas Bartole e gostaria de conversar com alguém que conheça o homem que está desaparecido.

— Aconteceu alguma coisa de ruim com ele? — uma mulher bonita, embora malcuidada, deu um passo para frente. Seu rosto queimado de sol estava banhado de lágrimas. Usava um colar, cujas contas imitavam pérolas. — Sou Nena, a companheira de José. O que houve?

Nicolas sempre odiava momentos como aquele, em que se via obrigado a dar uma notícia trágica, que marcava para sempre o coração de quem a recebia. Ele tentou detalhar fisicamente o que observara no corpo da terceira vítima. Falou sobre as roupas que a vítima estava usando e contou um pouco sobre sua fisionomia. A mulher levou as mãos à boca, enquanto seus olhos se enchiam de lágrimas.

— Meu Deus! Só pode ser o meu José.

— Ele foi encontrado morto na Rodovia Anhanguera... Foi atropelado. Sinto muito.

— Oh, meu Deus! — Nena virou o corpo para uma mulher e a abraçou com força, em prantos.

— Sabemos que vocês são da polícia e que não mentiriam para nós — um homem negro, com apenas três dentes na boca e cabelos que não viam água há vários meses, ergueu o dedo em riste. — Porém, José não tinha nada para fazer pelos lados da rodovia. Nena estava esperando por ele, para que jantassem a marmita que o pessoal da igreja nos trouxe. Como ele demorou muito, ela ficou preocupada e, logo depois, entrou em desespero.

— Podemos conversar um pouquinho, senhora? — Nicolas olhou para Nena. — Gostaríamos que nos ajudasse a entender o que realmente aconteceu e o que pode ter feito José andar até a estrada.

Uma mulher, que usava um vestido rasgado em vários lugares, embora tivesse uma estampa muito bonita, aproximou-se com um banquinho de plástico e o ofereceu a Nena. Ela sentou-se, até porque não tinha ideia de quanto tempo mais suas pernas a sustentariam de pé.

— Vai ficar tudo bem — tentando acalmar os amigos, apesar de ela mesma não conseguir parar de chorar, Nena uniu as palmas das mãos. — Eu consigo conversar sozinha com eles.

O grupo afastou-se o suficiente para não ouvir a conversa, mas manteve-se perto o bastante para acompanhar os policiais com o olhar. Não permitiriam que eles torturassem a pobre Nena com perguntas irritantes naquele momento tão difícil.

Nena sentou-se no banco de plástico e ergueu o rosto para Nicolas.

— Não consigo entender o porquê de José ter ido à rodovia. O que ele foi fazer lá? Sabia que comeríamos o jantar, e ele detestava comida fria.

— Sinto muito se a notícia pode se tornar ainda pior, mas acreditamos que não foi um acidente — Nicolas olhou para Elias, que confirmou com a cabeça. — Ao que tudo indica, José tirou a própria vida.

— O quê?! — Nena arregalou os olhos e sacudiu a cabeça para os lados, como se tivesse ouvido o maior absurdo de sua vida. — Ele jamais faria isso. Pode perguntar para qualquer pessoa que vive aqui. José era um homem feliz e muito saudável, que amava viver. Ele sempre recriminou as pessoas que se matam e dizia que Deus não aprova esse tipo de coisa.

39

— Vocês têm filhos ou parentes próximos? — perguntou Elias.

— Não. Minha família está em Pernambuco, e José tem apenas um tio, que mora em alguma cidade no Acre. Eles não tinham contato. Na verdade, nem éramos casados de verdade. Como éramos companheiros há muitos anos, achávamos mais bonito dizer que éramos marido e mulher — Nena colocou o rosto entre as mãos. — José... não pode ser... Volte para mim.

— A senhora notou algo de estranho em José nos últimos dias? — indo direto ao ponto, Nicolas pressionou: — Talvez a senhora tenha ouvido seu marido falar algo sobre a grande verdade ou a luz.

Bartole percebeu que acertara o alvo em cheio. Nena tornou a erguer o rosto para ele.

— Sim, ele falou alguma coisa sobre isso. Acho que ontem ou hoje de manhã... estou tão confusa.

— O que ele disse, exatamente?

— Que a vida era muito mais que isso que conhecemos. Que existem coisas que as pessoas só descobrem quando chega a hora certa. Perguntou se eu não conseguia enxergar todo o brilho que havia dentro dele. Um brilho que vinha de uma fonte de luz sei lá de onde. Ele falou também que o mundo se tornaria melhor quando a grande verdade fosse revelada a todos.

— Por acaso sabe onde ele possa ter aprendido essas coisas? — Nicolas cruzou os braços e olhou para Mike, que mais uma vez tomou nota do relato. — Estava frequentando algum local, como uma igreja, um culto, uma reunião, um curso talvez, ou algo do tipo?

— Que eu saiba, não. Pelo menos, ele nunca me contou nada sobre algo assim. Eu não conseguia estar com José o tempo todo, pois ele rodava a cidade inteira com seu carrinho para recolher latinhas e papelão. Ele nunca pedia esmolas e era contra quem fazia isso, e, então, se ele foi a um desses lugares, eu realmente não sei, pois não estava com ele.

— Ele mencionou algum nome? Alguém que possa ter conhecido recentemente?

— Não — Nena mexeu no colar de pérolas falsas, que encontrara no lixo. — Nós éramos muito sinceros um com o outro. Ele nunca me escondia nada.

"Mas parece que desta vez escondeu", pensou Nicolas. Em voz alta, insistiu:

— Faça um esforço e tente se lembrar de alguma coisa estranha que tenha acontecido com ele nos últimos dias. Algo que a senhora tenha visto e que tenha lhe chamado a atenção.

— Ele andava muito feliz, mais do que o normal, mas era uma alegria diferente, meio forçada. Não estava acontecendo nada de novo por aqui. Pensei até que ele estivesse guardando alguma surpresa bacana para mim, só que isso nunca me foi revelado.

— Você nos disse que recebem alimentos de uma igreja — interveio Elias. — Alguma pessoa desconhecida lhes forneceu comida ou bebida por esses dias?

— Não. Geralmente, alguns moradores aqui de perto nos trazem a comida que sobra de seus almoços e jantares. Nunca tentaram nos fazer mal — Nena deu de ombros. — Por que José se jogaria na frente de um carro?

— Uma carreta — corrigiu Nicolas. — Um carro, mesmo em grande velocidade, poderia machucá-lo muito, mas haveria alguma chance de ele sobreviver. Acredito que ele tenha procurado um veículo maior para que não houvesse escapatória. Não podia haver erros, entende? José queria fazer aquilo.

— Não pode ser. Já falei que ele nunca se mataria.

Uma ideia clareou a mente de Nicolas.

— Vocês ganhavam bebidas alcoólicas de alguém?

— Às vezes, alguém nos dá uma latinha de cerveja, uma sobra de uma garrafa de pinga e até licor. De vez em quando, o senhor Sadraque, lá da lanchonete, nos dá uma garrafa de uísque do bom, quando José lhe faz algum serviço, como retirar entulhos de lá ou ajudar com algum trabalho pesado.

— Quando esse senhor Sadraque lhes deu a última garrafa de uísque?

— Anteontem. Nós a guardamos com muito cuidado e a mantivemos escondida, para que não fosse roubada.

— Você ainda tem a garrafa?

— Infelizmente, não — Nena secou mais algumas lágrimas. — Mas o que isso tem a ver com o atropelamento?

Nicolas não respondeu. Sua mente já estava funcionando a todo vapor.

— Pode nos explicar como chegamos à lanchonete desse senhor?

Nena forneceu as informações necessárias, enquanto Mike as anotava rapidamente.

— Não havia nada na bebida, se é isso que vocês estão pensando. Eu sempre a tomei... — de repente, Nena parou de falar. Ela parecia estar pensando em algo. — Eu não bebi dessa vez.

— Por quê não?

— José me disse que deveríamos guardar a garrafa para um momento especial, mas, quando descobri, ele havia tomado tudo sozinho. Nós brigamos porque eu o chamei de egoísta, mas ele riu e disse que logo conseguiria outra. Não entendo por que ele fez isso, aliás, não estou entendendo mais nada sobre José.

— Vocês dormiam juntos, certo? — sondou Elias.

— Sim, naquela barraca azul ali — Nena apontou para uma barraca armada, no estilo das utilizadas em acampamentos. — Ela é impermeável e não molha dentro quando chove. Ganhamos de um casal muito bondoso, que mora na rua de trás.

— Ele vinha dormindo tranquilamente ou tinha sono agitado?

— Parecia normal, apesar de sempre dormir e acordar com um sorriso na boca. José era um homem feliz, mas, ultimamente, estava exageradamente feliz.

Com essas informações na mente, Elias e Nicolas retornaram aos seus veículos. Haviam dito a Nena que o corpo de José seria liberado após a finalização do trabalho da doutora Ema e que, por ora, ela não poderia vê-lo. Elias forneceu um cartão com o contato da delegacia, para o caso de ela precisar de alguma coisa.

O dia já estava clareando, quando o grupo retornou à delegacia. Os primeiros sinais de uma noite em claro já começavam a se tornar visíveis. Mike bocejava a cada dois minutos, e Moira piscava os olhos com força para mantê-los abertos.

— Pedi que todos nós viéssemos para cá a fim de discutirmos nossas impressões sobre os três casos, antes de irmos para casa e tirarmos uma ou duas horas de sono — iniciou Elias.

— Uma ou duas horas? — espantou-se Mike. — Que miséria! Isso não dá para nada.

— E você acha que tem tempo para tirar uma soneca de muitas horas, como se fosse a Bela Adormecida, Mike? — Nicolas ignorou a careta que o amigo fez e olhou para Elias. — Três pessoas de diferentes classes sociais tiraram a vida na mesma noite, no mesmo horário. As mortes ocorreram em locais diferentes, em situações distintas, mas, aparentemente, todas elas estão ligadas ao mesmo fato: as vítimas se comportaram de forma incomum nos dias que antecederam seu óbito. Todas sinalizaram algo sobre luz e uma grande verdade, fatos que ainda desconhecemos.

— E, até o momento, não há sinais de que essas pessoas tenham sido assassinadas — ressaltou Elias.

— Sabemos que as pessoas pareciam hipnotizadas, vidradas em algo que apenas elas viam — continuou Nicolas. — Acho que o ponto de partida é descobrir se Regiane, Franco e José conheceram alguém em comum. Precisamos também verificar se eles possuíam algum parente em comum, ainda que de terceiro grau. Franco não residia na cidade. Um empresário de sucesso provavelmente não teria amizade com um homem em situação de rua nem com uma dona de casa comum.

— Por que será que as mortes aconteceram pontualmente às vinte e uma horas? — foi a questão que Moira lançou. — O que tem esse horário de especial? Suicídios acontecem frequentemente em qualquer cidade. Aqui já houve várias situações assim...

— Moira, eu gostaria que você investigasse os últimos suicídios que ocorreram em nossa cidade nos últimos doze meses e que constam no banco de dados da polícia — pediu Nicolas, vendo a policial carrancuda concordar com a cabeça. — Também preciso que realize um levantamento com todas as informações possíveis sobre as três vítimas. Antecedentes criminais, processos, restrições no nome, pendências fiscais, entre outras coisas. Não deixe escapar nada. Elias, acho que seria interessante você entrar em contato com algum delegado conhecido que atue em Ribeirão Preto. Precisamos que alguém de lá trabalhe conosco na busca por mais dados sobre Franco.

— Farei isso assim que retornarmos para cá — Elias coçou a cabeça, com ares de preocupação no rosto. — Esse caso está muito esquisito, Bartole. Espero que a doutora Ema possa nos trazer informações interessantes, tão logo conclua as autópsias.

— Eu também espero. Temos uma mãe que se jogou da laje de casa, largando para trás seus filhos de cinco anos de idade, sabendo que seu corpo poderia ser encontrado por eles. Um empresário de sucesso, que estava prestes a inaugurar outra filial de suas lojas, e que dificilmente meteria uma bala na cabeça sem mais nem menos. Ele tinha muito para viver ainda — Nicolas desviou o olhar e fixou-o em Mike, que ainda parecia amuado pela bronca que levara. — Por fim, um mendigo, que parecia ser querido por muitas pessoas, feliz e saudável, jamais se jogaria na frente de um caminhão sem que não houvesse uma razão para isso. Aliás, quais razões motivaram os suicídios? Bipolaridade? Depressão grave? Esquizofrenia? Talvez tristeza e desânimo excessivos? Mas independente dos motivos que estivessem por trás de cada caso, nada justificava que as mortes tivessem acontecido exatamente no mesmo horário.

43

— Você já formou uma teoria em sua mente — concluiu Elias, fitando o investigador. — Eu o conheço, Bartole, assim como conheço seu raciocínio superveloz. Do que está suspeitando?

— Por enquanto, são apenas névoas, que se formam e se dissipam. Preciso de mais dados concretos para montar um quadro melhor. Espero que minha visita à lanchonete do homem que doou o uísque nos seja útil.

— Muito bem — Elias virou-se para os policiais. — Mike e Moira, vocês estão dispensados por enquanto. Estejam de volta aos seus postos dentro de três horas.

Mike abriu a boca para contestar, contudo, ao notar o olhar enviesado com que Nicolas o olhou, desistiu de reclamar e apenas concordou em silêncio.

Depois que eles saíram, Nicolas também se levantou.

— Vamos tentar dormir um pouquinho, embora eu duvide que conseguirei. Além disso, preciso saber o que Miah está aprontando.

— Miah? Com aquela barriga enorme, com certeza está dormindo como uma princesa — sorriu Elias.

— Até parece que você não conhece a mulher com quem me casei, Elias. A princesa certamente está na rua, muito desperta, tentando arrancar mais informações sobre os suicídios, para veicular suas próximas matérias em primeira mão.

— Mas e a barriga?

Com uma gargalhada, Nicolas completou:

— Como ela não pode deixar a barriga em casa com nosso filho dentro, certamente deve estar ao vivo na TV da Cidade, levantando a audiência da madrugada. Se não fosse assim, não seria Miah Fiorentino.

Capítulo 6

Miah amava sua profissão. O jornalismo corria em suas veias, como se fosse seu próprio sangue. Identificara-se com essa área tão logo iniciou o curso na faculdade. Amava a televisão, empolgava-se em trazer matérias inéditas à população, sentia um prazer imenso em descobrir informações que pudessem ser compartilhadas com outras pessoas. Fosse atrás da bancada no telejornal da noite ou correndo na rua com um microfone na mão, ela sentia-se realizada com o que fazia.

Seu nome ganhara destaque nos últimos tempos — para o bem e para o mal —, e ela se tornara a jornalista número um da cidade. A fama de Miah ganhara força, quando seu segredo foi publicamente exposto e quando ela foi a julgamento. Muitos a viam como uma moça ingênua, que nem sequer deveria ter passado um dia atrás das grades, quanto mais os seis meses que ela amargara na penitenciária. Outros, contudo, não a julgavam tão inocente e ainda a viam como uma assassina fria, que, premeditadamente, tirara a vida de três homens. A balança da justiça sempre penderia para um lado específico, dependendo de quem a segurasse.

A notabilidade de Miah chegou ainda mais longe graças ao homem com quem se casara. Após solucionar casos tenebrosos de assassinatos naquele município, Nicolas ficou conhecido por boa parte da população, principalmente pelos moradores que gostavam de acompanhar noticiários que retratavam tragédias, desastres e crimes. Assim, a união de uma assassina fugitiva da polícia com a pessoa que os levava à cadeia foi muito além de fofocas e assuntos corriqueiros. Tornara-se a principal notícia dos tabloides municipais.

Seus anos de trabalho na emissora anterior foram parar no lixo, quando, logo após ser absolvida e retornar de uma viagem de lua de mel com Nicolas, descobriu que não era mais bem-vinda[1]. A alta cúpula do Canal Local praticamente a expulsou do seu quadro de funcionários, alegando que jamais poderia contar com os serviços de uma pessoa com passagem pela polícia.

Na época, desolada e frustrada com a rejeição, Miah tentou procurar emprego em outras áreas, mas a vida a conduziu para a sede da TV da Cidade, uma minúscula emissora jornalística administrada por um casal de senhores rígidos, embora muito corretos. Eles fizeram vista grossa ao passado de Miah e deram-lhe uma oportunidade para que ela retornasse ao mundo da televisão. E ela, com todo o seu profissionalismo, não apenas se reergueu, como também levantou a audiência da emissora. As pessoas simplesmente queriam assistir a Miah Fiorentino, independente do horário em que ela aparecesse.

Ao tomar conhecimento de que Miah fora contratada pela emissora concorrente, a direção do Canal Local tentou entrar em contato com a jornalista, logo após a conclusão do chocante caso do assassinato da filha do prefeito da cidade. Ao atender à ligação do presidente da empresa, Miah ouviu-o dizer que haviam repensado sobre sua situação e que tinham uma proposta interessante a fazer a ela, caso Miah desejasse retornar à antiga equipe. Além disso, seu operador de câmera, Ed, havia se demitido do Canal Local e sido contratado também pela TV da Cidade, agradecendo a Deus pela oportunidade de voltar a trabalhar com Miah.

Ela não se esqueceu de como o diálogo se deu por telefone:

— Miah, sentimos muito pela maneira como nossa reunião se deu — alegou o presidente. — Reconheço que ficamos nervosos e surpresos com seu retorno à empresa, porém, repensamos nossa decisão e acreditamos que você mereça uma nova chance, independentemente de sua passagem pela polícia. Gostaríamos que você comparecesse às 13 horas...

— Segunda chance? — Miah o interrompeu com sarcasmo na voz. — Você só pode estar brincando comigo. Fui praticamente escorraçada daí, sob a ameaça de demissão por justa causa, e sei que só estão atrás de mim porque meu retorno à TV gerou uma audiência inesperada para sua concorrente.

— Não é verdade, Miah! Você é a estrela do Canal Local...

— As estrelas também morrem, e eu perdi todo o meu brilho para vocês. Espero que consigam encontrar outros profissionais competentes para cobrirem minha vaga e que, com isso, aprendam a dar valor

---

1 Ver *Seguindo em frente* – volume 4, publicado pela Editora Vida & Consciência.

às pessoas enquanto elas compõem sua equipe. Chorar sobre o leite derramado não aumentará a audiência de vocês.

— Miah...

— A gente se vê por aí, nas reportagens da vida.

A mão de Miah estava firme, e ela sentiu um prazer indescritível ao desligar o telefone na cara do chefão de sua antiga empresa. Naquela mesma noite, fizera uma matéria ao vivo sobre o tráfico na cidade, e a quantidade de televisões sintonizadas em seu canal atingiu picos inéditos e surpreendentes.

Agora, ambas as emissoras sabiam que Miah Fiorentino não era somente uma espécie de celebridade do jornalismo, pois, ao passo em que representava lucros para uma, fazia a outra amargar prejuízos crescentes. Serena e Fagner, os proprietários da TV da Cidade e atuais empregadores de Miah, estavam muito satisfeitos com o trabalho que ela desempenhava. Os patrocinadores, que queriam divulgar seus produtos na televisão durante os intervalos comerciais, haviam quadruplicado, pois Miah era "a cara" do horário nobre, muito embora ela entrasse ao vivo em vários outros momentos.

Desta vez, Miah fez chamadas ao vivo durante praticamente toda a madrugada para anunciar aos telespectadores insones ou já despertos que um homem, cuja identidade ainda lhe era desconhecida, atirara contra si mesmo em um dos quartos do Hotel Star. Acompanhada por seu fiel parceiro Ed, Miah adentrou o elegante *hall* do estabelecimento, porém, Vitório, o gerente geral, que já estava enfurecido pela conversa que tivera com Nicolas e atarefado para conseguir tudo o que lhe fora solicitado dentro do prazo curto, recusou-se a conceder entrevistas e pediu que a repórter permanecesse do lado de fora, o que, naturalmente, ela não o fez.

— Quais detalhes o senhor poderia nos fornecer sobre o suicídio? — tão rápida quanto o peso de sua barriga lhe permitia, Miah correu ao lado de Vitório, que caminhava velozmente na direção da recepção e se recusava a olhar para ela ou para a câmera. — Seria possível nos dar algumas informações sobre a vítima?

— Já mandei vocês ficarem lá fora ou chamarei a polícia.

— Soube que a polícia esteve aqui há pouco — Miah estendeu o microfone na direção da boca do gerente, como se fosse uma criança oferecendo seu pirulito a um amigo. — Poderia nos contar um pouco sobre o assunto que trataram?

— Saiam! — a voz de Vitório ecoou fininha e trêmula. — Não quero a imprensa em meu hotel.

— De que forma o suicídio aconteceu? Especula-se que o homem tenha atirado na própria cabeça. Poderia confirmar essa informação? — vendo Vitório apertar os passos, Miah adiantou-se para alcançá-lo. — Pelo menos, nos conte isso. Estamos ao vivo, e há muitos telespectadores nos assistindo.

Vitório parou, bufou com irritação e virou-se para Miah. Ver o sorriso largo no lindo rostinho arredondado da mulher enfureceu-o ainda mais.

— Vão atormentar o delegado e o investigador que estiveram aqui. Eu mesmo não vi corpo algum. Agora me deixem em paz, por favor.

Vitório praticamente correu na direção de sua sala, e Miah fez um sinal para Ed, que filmava tudo, acompanhá-la. Os dois perseguiram o gerente geral, mas não puderam impedi-lo de entrar em sua sala e bater a porta na cara deles.

Com toda a tranquilidade do mundo, Miah olhou para a câmera e ampliou seu sorriso:

— Como vocês puderam ver, o gerente do Hotel Star recusou-se a nos dar mais informações sobre o caso. Voltaremos ao vivo assim que soubermos o que realmente aconteceu aqui. Desde já, agradeço pela audiência. Aqui é Miah Fiorentino para a TV da Cidade.

O iluminador desligou o brilho branco e ofuscante do holofote, e Ed fez um sinal com o dedo polegar de que haviam devolvido a transmissão para os estúdios. Ele tirou a pesada câmera do ombro, enquanto Miah ajeitava os cabelos.

— Esse gerente está nos escondendo alguma coisa — murmurou Miah.

— Ou apenas ficou com medo da imprensa — Ed flexionou os ombros para relaxá-los. — Pensando bem, até eu ficaria assustado, já que nós corremos atrás dele como tarados sexuais perseguindo uma jovem donzela.

Miah deu uma gargalhada, fazendo um gesto para que eles seguissem na direção da saída.

— O corpo ainda não foi removido. Poderíamos ficar por aqui para tentarmos filmar o defunto sendo retirado, mas estou realmente cansada. Passamos a madrugada toda em claro e... — ela tocou na barriga e disse: — sou uma gestante, afinal de contas.

— Miah, para você é fácil conseguir dicas inéditas, já que está casada com a própria fonte das informações — acrescentou o iluminador, desmontando seus materiais.

Eles pararam diante da van da emissora, e Miah conferiu o celular. Sua fonte de informações enviara-lhe uma mensagem de texto havia menos de cinco minutos e não parecia muito amigável:

Acabei de chegar em casa e não a vejo em lugar nenhum. Posso saber o porquê?

Em vez de responder, ela pediu que Ed e o iluminador deixassem-na em casa, antes que eles retornassem para a emissora. Todos precisavam dormir um pouco, ainda que fossem poucas horas, pois Miah tinha certeza de que Nicolas já descobrira coisas mais interessantes do que ela e que precisavam ser levadas ao conhecimento do público.

Ao abrir a porta do apartamento, viu o marido sentado no braço do sofá, sem camisa, olhando-a com cara de poucos amigos. Érica, a gata, estava sentada no outro braço, encarando Miah com igual irritação.

— Essa cena é tão linda! Eu até deveria fotografar — ela sorriu.

— Posso saber se isso são horas de uma mulher casada e grávida chegar em casa? — Nicolas continuava sisudo e apontando para o relógio na parede.

Eram seis da manhã em ponto. Do lado de fora, os primeiros indícios de um amanhecer ensolarado já apareciam no céu alaranjado.

— Nossa, que homem bravo! — ela parou diante dele. — Aposto que você também chegou quase agora. Não sei o que você combinou com Érica, pois ela está me recriminando silenciosamente pelo atraso, mas não vou me declarar culpada! — Miah fez um biquinho. — Agora posso ganhar meu beijo?

— Vai ganhar mais do que isso, só para aprender a não desobedecer seu marido — esforçando-se para não quebrar o clima da brincadeira e começar a rir, Nicolas fechou o semblante ainda mais. — A primeira ordem é ir para o banheiro e ensaboar todinho o homem que você desposou.

— Desposou? Que palavra mais antiga! — Miah colocou a mão no peito musculoso de Nicolas e suspirou. — Quanto a ensaboá-lo, saiba que essa não é uma missão muito complicada.

— Então, você vai começar imediatamente — finalmente rindo, ele ergueu-a no colo e carregou-a na direção do banheiro. — Haverá outras tarefas a serem cumpridas durante o banho.

— Esse amanhecer está ficando realmente empolgante! — ela deu gritinhos de euforia.

Após o banho — e o sexo intenso que havia acontecido no banheiro —, eles deitaram-se lado a lado, exaustos e sonolentos. Ainda assim, a mente curiosa de Miah insistiu em perguntar:

— Quando Elias o convocou, disse que três suicídios haviam ocorrido nessa noite, correto? O que sabe sobre os outros dois casos?

— O que vou ganhar em troca dessas informações?

Miah curvou-se sobre o peito de Nicolas e lambeu seu mamilo. Ao senti-lo estremecer, ela riu de novo.

— Ganhará o amor e a devoção eterna de sua esposa apaixonada.

— Achei que tudo isso já viesse incluído no pacote do casamento.

— Digamos, então, que posso acrescentar uma dose extra, que lhe servirá de bônus — ela percorreu a língua pelo peito de Nicolas, subindo na direção do pescoço. — E então? O que pode me adiantar?

— Isso que você está fazendo é golpe baixo — e os arrepios de prazer que Nicolas estava sentindo mostravam aos dois que Miah estava vencendo. — Sabe que ainda não tenho autorização expressa para divulgar o ocorrido à imprensa.

— Diga algo por cima... bem por cima.

Ele fechou os olhos, quando a boca de Miah, quente e úmida, alcançou a base do seu pescoço.

— Você está muito afoita, mocinha. Parece que todo esse tempo em que permaneceu acordada só serviu para aumentar a dose de excitação em você.

— Continue. Uma das vítimas é o cara do hotel... — A língua de Miah subiu lentamente rumo ao queixo de Nicolas. — E as outras duas?

— Uma dona de casa e um homem em situação de rua. Os três se mataram de maneiras diferentes, porém, exatamente às vinte e uma horas.

Miah interrompeu seu trabalho com a língua, porque a informação a pegara de surpresa, deixando-a muito interessada.

— Eles se conheciam? Combinaram o suicídio? Ou você já está desconfiando de que, na realidade, houve três homicídios disfarçados de suicídios?

— Não há evidência alguma que aponte para homicídios. Franco Mendonça, um empresário cheio da grana, que administrava várias concessionárias e inauguraria mais uma em nossa cidade nas próximas horas, estava com a amante no hotel. Ela jura que ele se trancou no banheiro e atirou em si mesmo. Teríamos prendido a garota imediatamente se a história que ela nos contou não tivesse batido com o primeiro relato que ouvimos do marido de Regiane, a dona de casa, que interrompeu o jantar com os filhos para subir à laje da casa e saltar lá de cima. Por fim, temos José, que vivia com uma mulher e várias outras pessoas em uma praça. Um homem comum, simples, que julgava o suicídio um ato imperdoável por Deus e que misteriosamente se afastou de seu grupo

50

para andar a pé por um trajeto que o levou à rodovia. Ali, ele saltou diante de uma carreta.

— Meu Deus! — séria e atenta às palavras do marido, Miah sentou-se na cama. — O que deve ter passado pela cabeça dessas pessoas? Por que fizeram isso?

— Essas perguntas solucionariam os casos. Eu, particularmente, poderia dizer a Elias que os repassasse a outra pessoa, talvez ao nariz de machadinha do Duarte. Minha área é homicídios, no entanto, não temos indícios de que isso tenha ocorrido, não temos arma do crime, não temos suspeitos, não temos nada. Ah, nem preciso dizer que as informações que colhemos da companheira de José vão ao encontro do que havíamos obtido com Yumi, a amante do empresário, e Elivelton, o marido de Regiane. Algo, no entanto, me diz que devo continuar as investigações. Tenho a intuição infalível de que há muitos mistérios por trás dessas mortes aparentemente intencionais.

— E que informações são essas?

— Miah, você sabe que não deve expor tudo isso em suas reportagens. Filtre o que dirá, ou o comandante voará em minha garganta — por instinto, Nicolas massageou o pescoço onde Miah lambera.

— Sou uma profissional, querido, não uma mexeriqueira.

Ele sorriu, notando que ela parecia levemente ofendida. Nicolas, então, brincou com os cabelos escuros e repicados da esposa.

— Vou lhe contar algo que em hipótese alguma deve ser dito na televisão, pois o vazamento dessa informação pode dificultar o andamento do caso. De acordo com os relatos, as três vítimas pareciam estar hipnotizadas. Sorriam à toa, tinham olhares vidrados e não se comportaram normalmente nos últimos dias. As pessoas envolvidas com as vítimas mencionaram algo sobre a grande verdade e uma tal luz interior.

— Anos atrás, trabalhei com um colega em uma matéria sobre hipnose. Eu nunca havia botado muita fé nisso até descobrir que é um fato cientificamente comprovado. Há vários tipos de hipnose, em diferentes níveis, com objetivos específicos.

— Se alguém hipnotizou essas três pessoas, por que as queria mortas? — apesar do sono, o raciocínio de Nicolas não parava de funcionar. — Ainda investigaremos se elas tinham algo em comum, qualquer vestígio que seja, mas, caso não encontremos nada, essa questão se tornará ainda mais crucial.

— O alvo mais visado seria o empresário rico, que talvez tivesse um montante em dinheiro ou alguma herança para deixar a alguém — Miah bocejou. — Por outro lado, por que alguém teria interesse em

51

matar um mendigo ou uma dona de casa? E por que se daria ao trabalho de hipnotizá-los, quando poderia simplesmente contratar alguém para realizar o serviço?

Era a primeira vez que Nicolas começava a enxergar o caso com os olhos do investigador de homicídios que era. Ainda dependia de muitas respostas, principalmente dos laudos que seriam fornecidos pela doutora Ema. Seria muita loucura acreditar na teoria de que alguém induzira aquelas pessoas a tirarem a própria vida? E por qual motivo? Matar a distância não era um algo inovador na história criminal do país, mas, ainda assim, algo parecia fora de contexto, como se estivesse envolto em brumas. Ou talvez se encontrasse tão evidente que ele não estava conseguindo ver.

O sono começava a ganhar forças, e Nicolas sentiu as pestanas ficarem mais pesadas. Seu corpo queria descansar, mas seu cérebro insistia em trabalhar.

— Acho que vou me levantar e fazer algumas anotações sobre o que tenho até agora.

— Até parece. Pode tratar de fechar esses olhos e dormir um pouco. Ordens de sua esposa — enfatizou Miah, pois ela mesma estava morta de sono.

— Vou dormir uma hora e meia. É o suficiente.

— Suficiente não é. Ainda assim, eu admito que também dormirei pouco. Preciso pensar em como lançar parte dessas informações em minha próxima matéria.

— Não fale mais do que deve, senão... — Nicolas resmungou mais algumas palavras ininteligíveis, provavelmente tecendo ameaças contra Miah, mas o sono e a exaustão finalmente o venceram, e ele apagou em poucos segundos.

Miah pousou um beijo delicado na testa do marido e levantou-se para tomar um copo de leite. Também estava acabada, e noventa minutos de sono seriam a mesma coisa que nada. Foi à cozinha, encheu um copo de leite integral e bebeu-o em pequenos goles. Érica apareceu atrás dela, enrolou-se por entre as pernas de Miah como uma faixa peluda e ganhou alguns petiscos de brinde.

— Não conte nada disso ao seu pai — sussurrou Miah à felina.

De volta ao quarto, ela despiu-se e contemplou-se nua diante do espelho. Sua barriga redonda e avantajada estava perfeita. Dentro de mais dois meses conheceria o rostinho do seu...

O bebê moveu-se e golpeou-a. Miah teve a impressão de que não fora um chute comum, pois poderia jurar que a criança esmurrara seu

52

útero com ódio ensandecido. Colocou ambas as mãos sobre a barriga e sentiu o corpo inteiro arrepiar-se, mesmo que brisa alguma tivesse entrado pela janela aberta.

Houve um segundo golpe, ainda mais forte que o primeiro. Miah sentou-se na beirada da cama, sentindo ânsias de vomitar o leite que acabara de tomar. Ela apertou a barriga com mais força.

— Pare com isso — murmurou.

Tudo voltou ao normal. Como prendera a respiração, Miah deixou o ar escapar lentamente de seus pulmões. A barriga continuava dolorida. Era a primeira vez em meses que a criança se mexia. Miah pouco entendia de gestação. Sabia que muitos bebês se moviam bastante no útero, porém, o que acontecera ali excedia o que poderia ser considerado comum ou esperado. Não queria ser taxada de louca, portanto, guardaria para si a certeza de que levara dois socos de um ser que ainda estava em formação.

Decidiu que não comentaria sobre aquilo com Nicolas por ora, ao menos até o caso avançar um pouco mais e ele desfrutar de uma boa noite de sono. Decidira, no entanto, que conversaria com Marian assim que possível. A irmã espiritualizada de Nicolas certamente encontraria alguma explicação plausível para aquele fato tão estranho e assustador.

Capítulo 7

Sentada no canto do sofá, com um livro nas mãos, Marian fazia um grande esforço para concentrar-se na leitura, o que não era hábito seu. Não costumava perder o foco em suas atividades, fosse a leitura, a pintura de seus quadros ou até mesmo a comida que preparava para si mesma e para o marido.

Não tinha problemas de insônia, contudo, passara toda aquela madrugada desperta, acomodada naquele sofá. Em alguns momentos, a fim de distrair-se, sintonizava a televisão em algum canal de notícias, o que também não era algo comum para ela, pois evitava ao máximo acompanhar jornais, que normalmente só retratavam coisas negativas.

Foi assim que Marian viu a cunhada em um hotel elegante, insistindo em entrevistar um homem que visivelmente não queria falar com ela. Como a reportagem estava sendo transmitida ao vivo, tratando sobre o suicídio de um hóspede, Marian se questionou se Nicolas concordara com aquela situação. Apenas Miah tinha toda aquela disposição, mesmo prestes a entrar na reta final da gestação.

O casamento era uma instituição estranha, enigmática, encantadora e repleta de novas descobertas. Já fazia alguns meses que Marian estava casada com o doutor Enzo Motta, médico responsável pelo atendimento de policiais que, às vezes, eram levados aos seus cuidados, estivessem doentes, levemente feridos ou gravemente machucados. A cerimônia de casamento, muito simples e discreta, ocorreu apenas no civil, com a presença de amigos e familiares de Marian e alguns colegas médicos e policiais de Enzo, além de sua nova e recém-descoberta família.

Enzo soubera recentemente que seu pai biológico era, na verdade, um major da corporação policial. Baltazar Lucena teve seu filho Ápolo sequestrado ainda quando criança e jamais obtivera notícias dele. Mais de trinta anos se passaram até que a vida os colocou novamente no caminho um do outro. Além do pai, Enzo também conhecera sua mãe e uma irmã mais nova, Nelly, que o encantara imediatamente pela simplicidade, doçura e inteligência. Ela sempre parecia feliz e estimulava-o a alegrar-se também, pois a cegueira que lhe tirara a visão dos olhos desde o nascimento não a mergulhava na negatividade.

Agora, Enzo estava casado com Marian, e ambos haviam se mudado para um apartamento novo, amplo e espaçoso no centro da cidade, em um dos muitos edifícios recém-construídos que pareciam surgir do nada diariamente. Juntos, decoraram todo o imóvel de forma que atendesse ao gosto de ambos. Antes de se casarem, namoraram por vários meses. Marian tinha certeza de que o amava e que era amada também na mesma medida. Após se casarem, Enzo mostrou-se um homem amoroso, dedicado, divertido e apaixonado pela esposa.

Mas isso não durou muito tempo.

Marian fechou o livro que segurava e encarou a televisão, que agora estava desligada. O dia já clareava, e Enzo ainda não chegara. Era comum ele chegar bem tarde do hospital, principalmente quando a demanda por lá era grande, contudo, aquela era a terceira noite em que ele dormia fora, e ela sabia que o motivo não tinha a ver com o trabalho. Ele não viera dormir em casa, porque certamente estava empenhado em outras atividades, que Marian descobrira havia pouco tempo.

Tudo começou em uma noite em que houve um tiroteio entre policiais e criminosos na região sul da cidade. A quadrilha tentara assaltar um carro-forte, os seguranças reagiram, e iniciou-se uma troca de tiros. Policiais militares, que estavam fazendo a ronda na região, conseguiram intervir, deixando, contudo, um saldo chocante para trás: um segurança ferido, três bandidos mortos e um policial gravemente baleado na cabeça, que foi levado aos cuidados de Enzo. Acompanhado de sua competente equipe médica, ele, então, deu início aos procedimentos cirúrgicos de extração da bala, fazendo o possível para garantir a sobrevivência do policial.

Após mais de quatro horas de trabalho ininterrupto, de manejar diversos instrumentos cirúrgicos e torcer para que o policial resistisse, Enzo arrancou a máscara do rosto e a touca dos cabelos. O paciente não resistiu aos ferimentos e faleceu. O jovem soldado tinha apenas vinte e dois anos, morava com os pais adoentados e era arrimo de família. Trabalhara com Nicolas em algumas investigações anteriores, e todos diziam que ele cresceria rapidamente na corporação, pois seu empenho e profissionalismo o auxiliariam a subir na carreira e alcançar as mais altas insígnias.

Como estava no comando da cirurgia, Enzo culpou-se pela morte do policial. Totalmente cético quanto às questões espirituais, não deu ouvidos às palavras de Marian, que tentou lhe falar um pouco sobre o processo de desencarne e sobre o fato de que as pessoas só morrem quando chega a hora. Ele não se conformava com aquilo e, naquela noite, esvaziou duas garrafas inteiras de vodca, adormecendo somente após a embriaguez vencê-lo.

Esse acontecimento foi o estopim para que Enzo adentrasse em um mundo do qual Marian não compartilhava, não concordava nem poderia supor que se tornaria uma realidade em sua vida de casada. Ela não ingeria bebidas alcoólicas, nem mesmo socialmente, por isso, teve uma discussão séria com o marido quando isso ocorreu pela primeira vez. No mês seguinte, contudo, Enzo tornou a se embebedar, desta vez sem razão alguma. Em uma terceira ocasião, Marian precisou ir buscá-lo no boteco da esquina, pois o marido estava praticamente estirado no chão, com voz engrolada, cantarolando alguma canção em inglês e segurando uma garrafa de uísque.

Eles estabeleceram um consenso com relação a vários quesitos na vida a dois. Decidiram que, a princípio, não teriam filhos nem adotariam uma criança. Ambos trabalhariam para que todas as despesas fossem divididas por dois. Crises de ciúmes e discussões banais não faziam parte do perfil de Marian, por isso, ela informou-o de que sempre preferia o diálogo a arranjar confusão. Só que, meses depois, ela descobrira que conversar não era o melhor caminho, pois Enzo lhe dizia, quando inquirido, que o fato de Marian ser sua mulher não a tornava sua proprietária.

Na primeira noite em que Enzo dormiu fora sem avisá-la, Marian teve certeza de que ele estava acompanhado de uma amante ou mesmo de uma prostituta, porém, como as línguas dos fofoqueiros de plantão eram mais rápidas que a velocidade do som, ela soube que o marido estivera com amigos em uma roda de pagode, bebendo cerveja como se fosse água. Quando ela foi buscá-lo, Enzo, extremamente alcoolizado, zombou da esposa diante dos outros homens presentes no bar, que estavam tão bêbados quanto ele. As gargalhadas de gozação explodiram por todos os lados, enquanto Marian, corada de vergonha até a raiz dos cabelos, o amparava com o corpo a fim de ajudá-lo a caminhar até o edifício.

Na manhã seguinte, após uma ressaca que quase estourou o crânio de Enzo, ela garantiu-lhe que nunca mais se exporia ao ridículo e que jamais tornaria a buscá-lo, caso ele estivesse se divertindo e "enchendo a cara" com os companheiros de copo. Parecendo verdadeiramente arrependido, Enzo implorou pelo perdão de Marian, jurando que tal situação não tornaria a acontecer.

Vinte dias após essa conversa, Enzo, mais uma vez, não foi dormir em casa, e mais uma vez os linguarudos disseram que o viram bêbado em outro bar, um pouco mais afastado da região. Marian cumpriu o prometido e ficou em casa. Queria chorar, mas manteve-se forte, porque o marido não merecia suas lágrimas silenciosas, das quais ele nem tomaria conhecimento.

Na terceira noite em que ele não retornou para casa, Marian sentou-se no sofá à espera que o marido aparecesse. Apanhou um livro de estudos sobre mediunidade e tentou concentrar-se na leitura, o que estava difícil de acontecer. Mesmo a reportagem de Miah, transmitida ao vivo durante a madrugada, não lhe despertou o interesse. Ela cochilava de vez em quando, mas em nenhum momento mergulhou em sono profundo.

Eram sete horas, quando ouviu o estalido na maçaneta e um ruído forte na porta, como se algo pesado tivesse sido lançado contra ela. Com o livro no colo, ela virou o rosto para aquela direção e permaneceu na mesma posição. Após várias tentativas de acertar a chave no buraco da fechadura, Enzo conseguiu destrancar a porta e, quando a abriu, quase caiu para dentro da casa.

Marian continuou imóvel, sentindo o coração ficar pequeno. Uma dor silenciosa por ver o marido naquela condição oprimiu seu peito, e, mais uma vez, o desejo de chorar foi quase irresistível. Com muito sacrifício, o médico apoiou-se na parede e foi tateando-a com as duas mãos, enquanto firmava o corpo para levantar-se. Após o que lhe pareceu ser uma tarefa exaustivamente difícil, virou-se e equilibrou as costas nela. Ao ver Marian sentada no sofá, abriu a boca e soltou um arroto estrondoso.

— Estava com saudades de mim... amor?

Duas coisas chegaram até Marian ao mesmo tempo. O hálito de álcool, quando ele falou, e uma energia tão negativa que ela chegou a sentir-se sufocada. Embora não os visse, tinha certeza de que Enzo trouxera com ele um grupo de espíritos inferiores, que naturalmente haviam colado no médico para vampirizar as energias etílicas das bebidas que ele tinha tomado.

Ela fechou os olhos e fez uma prece rápida, pedindo proteção para seu apartamento. Rapidamente, conseguiu mentalizar um globo de luz branca a envolvê-lo por completo e pediu pela intercessão dos amigos espirituais, para que não permitissem o acesso dos seres negativos em sua casa. A sensibilidade muito aflorada de Marian indicou que eles estavam ali.

— Vá tomar um banho, por favor — ela pediu ao marido.

Enzo concordou com a cabeça e deu um passo para frente e dois para trás. Fez um molejo estranho com o quadril e deu mais dois passos no sentido do banheiro. O desequilíbrio causado pela embriaguez fê-lo recuar novamente mais três passos.

— Assim, você nunca chegará ao banheiro — sentindo que as energias estavam um pouco melhores, Marian pousou o livro no sofá, levantou-se e segurou Enzo com força pelo braço. — Apoie-se em mim para não cair.

Ele deixou-se guiar, como uma criança peralta sendo arrastada pela mãe severa. Marian puxou-o para dentro do banheiro e quase o derrubou ao lhe despir a camisa.

— Sente-se aqui — ela empurrou-o para o vaso sanitário e abaixou-se para tirar os sapatos do marido. Ao erguer o rosto, viu-o encarando-a com um sorriso amoroso nos lábios, embora os olhos verdes estivessem vítreos, com muito sangue injetado nas córneas, como se tivesse sofrido uma hemorragia ocular.

Sem perder sua concentração na luz que visualizava para proteger seu lar, Marian descalçou o marido e conseguiu tirar a calça e a cueca que ele vestia.

— Aposto que você quer sexo — ele sorriu, atropelando algumas palavras com sua voz arrastada.

Marian não respondeu. Não permitiria se contagiar pelas vibrações negativas que ele trouxera da rua. Ela ergueu-o novamente pelo braço e empurrou-o com cuidado para debaixo do chuveiro. Enzo soltou um palavrão, quando a água fria bateu em suas costas. Aos poucos, ela equilibrou a temperatura para que o marido tomasse um banho morno.

Aquele, definitivamente, não era o homem com quem Marian se casara. Durante todo o período em que namoraram, Enzo nunca demonstrou sinais de que se tornaria um alcoolista inveterado. Ele necessitava de ajuda médica e espiritual e do apoio dos amigos e familiares. Como Nicolas era muito explosivo, não queria colocá-lo a par do que estava acontecendo, mas pretendia recorrer a Miah. Também procuraria o major Lucena, que mal se reencontrara com o filho e já descobriria que teria problemas pela frente.

Após finalizar o banho, Marian conduziu o marido à cama, onde Enzo deitou-se de qualquer jeito e resvalou para o sono. Ela também precisava dormir, ainda que o dia já tivesse clareado por completo. Antes de se deitar ao lado dele, o que a deixava um pouco contrariada, orou novamente e pediu a Deus que a ajudasse a encontrar o melhor caminho para resgatar o marido do vício. Amava-o, portanto, não cogitava pedir o divórcio por enquanto. Ela o protegeria, afastaria a presença espiritual sombria e resgataria seu casamento dos escombros. Marian era uma mulher de fé, muito otimista e positiva, que tinha plena convicção de que qualquer problema, por pior que parecesse, sempre tinha uma solução. Não havia desafios sem vitória nem experiências sem méritos. Nenhuma queda de lágrima era em vão, assim como dor alguma era desnecessária. E acreditar nisso confortava-a.

***

Nicolas teve a impressão de que não dormira nada, de que piscou os olhos, e já ouviu o despertador do celular tocar uma hora e meia depois. Miah, que estava dormindo ao seu lado, resmungou alguma coisa e se virou de lado para dormir mais um pouco.

Ele virou-se e sussurrou na orelha dela:

— Ei, mocinha, é hora de levantar! Ou algum repórter mais ousado conseguirá um furo jornalístico antes de você.

— Que sono, meu Jesus! — Miah abriu uma boca gigantesca ao bocejar. — Juro que precisava de somente mais umas duas horas.

— Não posso continuar na cama e, acredite, preciso de outro banho.

O calor estava insuportável. Nicolas despertara com o corpo tão molhado que parecia que alguém despejara um balde de água sobre sua pele.

Logo após tomar uma ducha fria, Nicolas telefonou para Mike e ordenou que o policial se colocasse de pé para acompanhá-lo. O policial atendeu à ligação com a voz tão engrolada que Nicolas quase chegou a conferir o número para o qual discara.

— Ainda dormindo, Mike? Vou passar na sua casa em vinte minutos. Esteja na porta, rígido como um soldado deve estar.

— É mais fácil eu estar rígido como uma múmia embalsamada. Por falar em múmias, nem mesmo os faraós dormem um sono tão gostoso quanto o que eu estava tendo antes de você me acordar impiedosamente — definitivamente, aquela não parecia ser a voz de Mike, exceto pela enxurrada de bobagens que Nicolas estava ouvindo do outro.

— Ou isso ou convocarei Moira para me acompanhar — chantageou Nicolas.

— Estarei na calçada em vinte minutos, aliás, em dezenove.

Quando Nicolas retornou ao quarto, encontrou Miah sentada na cama, com os olhos fixos no nada, ainda atordoada pelo sono ínfimo de uma hora e meia.

— Vitório, o gerente do hotel, recebeu a incumbência de providenciar alguns materiais até às seis da manhã — Nicolas prendeu o relógio de pulso. — Espero que eu encontre tudo em minha mesa assim que chegar lá.

— Esse homem é muito arrogante — brigando com o sono, Miah esfregou os olhos. — Não quis me conceder uma entrevista, mandou-me sair do hotel que julga ser dele e ainda bateu a porta na minha cara.

— Você também consegue ser um pé no saco quando quer, meu amor. Não é todo mundo que a suporta como repórter.

Miah riu, vendo Nicolas dirigir-se à cozinha.

— É de ontem. Está servida? — ele voltou trazendo uma jarra com um pouco de suco de melancia. Na outra mão, segurava um pacote de biscoito recheado. — Tenho pouco tempo disponível, então, esse será meu café da manhã.

— E o meu também — Miah enrolou-se em um penhoar e aceitou um biscoito. — Daqui a pouco, sairei e irei direto para a emissora. A gente vai se falando ao longo do dia, caso eu descubra algo interessante. Sei remexer na terra melhor do que um tatu e quase sempre encontro coisas enterradas.

— Perfeito. Meu dia também promete ser intenso — Nicolas guardou o revólver e o distintivo. — Não se esqueça de que amo você.

— Certas coisas são impossíveis de esquecer.

Eles trocaram um beijo rápido e apaixonado, e Nicolas saiu logo em seguida.

Capítulo 8

Nicolas mal dera partida no carro, quando recebeu uma chamada pelo rádio. Ao abrir o comunicador, a voz do delegado ecoou no interior do veículo:

— Bartole, não sei se isso acontece com você, mas dormir pouco sempre me faz acordar com dor de cabeça — Elias praguejou baixinho antes de continuar: — Mas nada que uma xícara fumegante de café não possa resolver.

— Com esse calor que tem feito, eu não beberia café nem sob a mira de uma arma! — Nicolas saiu de trás de um fusca, que se arrastava como um cágado, para poder ultrapassá-lo. — Vou buscar Mike em casa e seguir diretamente para o palácio fúnebre da doutora Ema — ele estava se referindo ao necrotério, onde a médica legista trabalhava. — Parece que aquela mulher nunca dorme! Creio que os três corpos já tenham sido levados até ela. Mesmo que ainda não tenha começado a trabalhar com eles, a doutora possivelmente nos dará alguma informação interessante.

— Isso é muito bom! Quero lhe dizer que nosso amigo Vitório cumpriu direitinho suas exigências. Assim que cheguei, um policial me disse que um portador esteve mais cedo aqui na delegacia para nos entregar um envelope. Nele há um HD, provavelmente com as imagens das câmeras de segurança e vários papéis em envelopes plásticos.

— Elias, verifique com Moira tudo o que tem aí dentro e me chame, caso eu precise mudar o rumo da minha busca. Assim que sair do IML, vou à lanchonete do homem que supostamente forneceu uma garrafa de uísque a José. Mike estará comigo o tempo todo.

— Sabe que tem passe-livre para atuar como achar melhor, Bartole — Elias respirou fundo. — Nossa eficiente Moira, que está ao meu lado e alega não ter dormido em momento algum, já realizou a pesquisa que você pediu. Ela relatou que nenhum dos suicídios ocorridos em nossa cidade nos últimos doze meses assemelha-se com os casos atuais. Uma jovem de vinte e dois anos, com fortes tendências depressivas, enforcou-se na garagem de casa. Um homem, que foi traído e abandonado pela esposa, tomou uma overdose de comprimidos fortes, que o levou desta para uma pior. E temos ainda um rapaz que sofria *bullying* e cortou os pulsos. Essas mortes ocorreram em épocas diferentes, em bairros diferentes e, principalmente, em horários diversos.

— Mesmo assim, vou estudar melhor esses casos até ter certeza de que não têm nada a ver com o que estamos lidando agora — Nicolas virou o volante para entrar na rua de Mike. — Obrigado, Elias. Agradeça a Moira em meu nome.

Um pouco mais adiante, Nicolas sorriu ao avistar Mike parado diante do portão de casa. Como sempre, sua farda estava impecável, muito bem distribuída por seu corpo imenso, repleto de músculos.

Ele entrou no carro com cara amarrada, deixando claro seu descontentamento com Nicolas por tê-lo despertado tão cedo.

— Posso saber onde ele está? — perguntou Nicolas, após rodarem em silêncio por alguns quarteirões.

— Ele quem? — devolveu Mike, olhando pela janela.

— O seu bom-dia. Não me lembro de ter escutado esse gentil cumprimento.

— Tudo bem. Bom dia! Na verdade, o dia não está tão bom. Eu me levantei logo depois de me deitar!

— Acho que não compreendi essa última frase — provocou Nicolas.

— Fechei os olhos, respirei fundo para dormir e adivinha o que aconteceu depois: o celular tocou com a sua ligação, como uma canção vinda dos infernos para me perturbar — ele olhou feio pela janela e voltou-se para Nicolas. — Mas já que estou aqui, e mal-humorado, diga-se de passagem, pode me dizer para onde estamos indo?

— Você sabia que dormiríamos pouco, portanto, pode parar com esse chilique. Vamos passar pelo necrotério, e, depois de falarmos com a doutora Ema, prometo parar em uma lanchonete para que possamos tomar um café da manhã reforçado. Eu só comi alguns biscoitinhos e também estou com fome. Eu pago sua parte.

O rosto de Mike acendeu-se como se fosse iluminado por luzes celestiais.

— Meu prestimoso bom dia, Bartole! Que manhã encantadora, não é mesmo?

— Mike, às vezes eu fico imaginando como será sua vida se você se casar com Ariadne. Ela detesta fogão, aliás, mal entra na cozinha. É você mesmo quem cozinhará em casa, considerando que se alimenta como um animal pré-histórico?

— Eu não quis lhe contar ontem, mas nós brigamos — revelou Mike, parecendo entristecido.

— Outra vez? Qual foi o motivo agora?

— Eu a convidei para jantarmos juntos. Eu estava comendo alegremente, quando ela me mandou parar, dizendo que eu a estava envergonhando e dando prejuízo ao restaurante, quando, na verdade, só estava repetindo pela terceira vez. Eu estava pagando pela comida, portanto, tinha o direito de comer o quanto eu quisesse, não acha?

— Receio que você esteja com a razão. Por outro lado, você deve alimentar algum ser invisível, mesmo que não saiba — Nicolas fitou-o com o canto do olho, sem perder a atenção da direção. — Não é possível que alguém tenha o apetite de uma solitária e continue em forma. Você deveria estar obeso, sabia?

— Eu malho. Aqui só há músculos, e Ariadne adora pegar neles — ele fez uma pausa, e sua voz ficou amuada. — Pelo menos, ela adorava. Eu disse o seguinte para Ariadne: "Se está com vergonha de mim, saiba que também tenho vergonha de você, que se veste como uma maluca excêntrica e tinge os cabelos com cores fosforescentes a cada vez que pinta as unhas". Aí ela me deixou sentado na mesa, falando sozinho. Até pensei em correr atrás dela e pedir desculpas, mas achei que seria desaforo demais. Foi ela quem começou.

— Willian e Moira também vivem um relacionamento assim, conturbado, entre idas e vindas. Sinceramente, isso é algo que não consigo entender — Nicolas balançou a cabeça para os lados. — Quando eu era adolescente, namorei várias meninas, mas isso foi passando conforme fui amadurecendo. Quando conheci Miah, percebi que tinha encontrado a mulher da minha vida, exatamente como nas novelas. É algo que só o coração consegue reconhecer e expressar. Eu quis ficar com ela para sempre, e, apesar de graves discussões que tivemos, nunca chegamos realmente a romper nosso namoro.

— Miah é uma mulher normal. Sua irmã, Bartole, com o perdão da palavra, é uma verdadeira foliã vivendo o próprio Carnaval todos os dias.

Nicolas não retrucou. Sabia que Miah nunca mais se considerou "normal" desde que foi responsável, ainda que de forma não intencional, pela morte de um homem, sem falar dos outros dois óbitos que vieram depois.

63

Finalmente, Nicolas e Mike chegaram ao necrotério. Assim que entraram, anunciaram-se, e a doutora Ema Linhares foi chamada. Minutos depois, a médica legista foi ao encontro deles. Ela já não se espantava com o fato de Nicolas procurá-la a qualquer hora. Ele sabia que Ema costumava trabalhar durante toda a madrugada e gostava de aprontar seus relatórios antes do amanhecer. Em algumas vezes, inclusive, ela chegara a acordá-lo para que pudessem conversar.

Ema era uma mulher prática e multitarefa, como dizia seu marido. Cozinhava, lavava, passava, cuidava de três filhos, arrumava tempo para passear, era excelente mãe e esposa, e abria os corpos de pessoas mortas para explorá-los por dentro. O marido de Ema também já chegara a analisá-la como duas pessoas diferentes.

Não era uma mulher preocupada com estética e sempre parecia estar mais roliça. Era baixinha e rápida, capaz de manejar vários objetos ao mesmo tempo, sem se confundir. Como sempre, usava um jaleco manchado com uma cor indefinível.

— Desculpe-me perguntar, doutora, mas de onde vieram essas manchas? — indagou Mike, colocando o dedo sobre o tecido.

— Acredito que seja algum resíduo cerebral. Estava trabalhando com o cérebro de uma mulher que consumia crack e outras drogas há alguns anos. O órgão estava deplorável.

Mike fez uma careta e olhou para o próprio dedo como se ele fosse cair. Nicolas, imperturbável, perguntou:

— A senhora teve tempo de analisar os corpos das três pessoas que se suicidaram?

— Sim, e admito que ainda estou chocada. Tenho muitos anos de experiência nessa área e nunca recebi corpos de pessoas que tenham tirado a vida ao mesmo tempo, no horário exato, em diferentes pontos da cidade. Coincidência talvez? — ela lançou um olhar enigmático para Nicolas.

— A senhora acredita nisso?

— É claro que não e sei que vocês muito menos — ágil, Ema fez um gesto na direção de uma porta dupla. — Vamos por ali. Vou mostrá-los e dizer o que já consegui analisar, apesar de estar com eles há pouquíssimo tempo. Já adianto que nenhum dos três está com o rosto muito bonito.

Ema estendeu-lhes jaleco e luvas, e os dois homens seguiram-na pelo conhecido caminho das gavetas e das macas. Finalmente, chegaram a uma sala escura, que a médica iluminou assim que entraram. Naquele ambiente havia cinco macas, e Mike empalideceu ao olhar para uma delas. Havia ali um cadáver com a cabeça aberta. Estava oca, sinal de que o cérebro fora removido. Mike agradeceu por não ter tido tempo para tomar café da manhã em casa ou teria colocado tudo para fora ali mesmo.

A mesa ao lado estava vazia. As próximas três continham volumes encobertos por finos lençóis brancos. Quando Ema os retirou, deixou à mostra os corpos nus de Regiane, Franco e José.

Nicolas não se impressionava mais ao ver cadáveres, embora aqueles três estivessem deploráveis. Ele olhou de relance para Mike, que parecia se tornar mais verde a cada instante, como se estivesse prestes a se transformar no Hulk. Tornou a fitar os corpos e fixou o olhar em Regiane.

Os braços e as pernas estavam retorcidos, sinal de que haviam se quebrado com a queda. Regiane caíra de frente, portanto, seu rosto estava amassado, fundido contra o próprio crânio. Quase não era possível distinguir sua aparência. Havia sangue nos cabelos, na testa e na face. O pescoço da mulher, igualmente torto, dava mostras de que estava deslocado.

Franco, que ele já tinha visto na banheira do hotel, fora um homem forte, com o corpo bem definido. Ele cuidava-se bem. Acima de cada orelha havia um buraco, um por onde a bala entrara e outro por onde saíra. Assim como Regiane, seu rosto estava coberto de sangue.

José, o companheiro de Nena, estava arrebentado, palavra que Nicolas encontrou para melhor defini-lo. Certamente, tinha vários ossos quebrados. Seu maxilar estava solto, os dedos das mãos entortados, o pescoço quebrado e a face, vermelha de sangue seco.

— Acho que é o suficiente — determinou Nicolas, mantendo a tranquilidade no rosto. — A senhora já conseguiu notar algo interessante em algum deles?

— Tenho alguns contatos na Polícia Científica. Conversei com o responsável pelas perícias preliminares — Ema informou, voltando a cobrir os três corpos. — Combinamos de redigirmos relatórios prévios e superficiais, antes que eu possa ir mais a fundo no trabalho. Juntos, chegamos a algumas conclusões.

Nicolas perguntou-se quando aquela mulher dormia. Cada vez que a procurava no necrotério, fosse dia ou noite, Ema estava lá e jamais era vista reclamando do seu serviço, que, aliás, desempenhava com rapidez e competência.

— A senhora poderia me informar quais são essas conclusões?

— Claro. É para isso que vocês vieram, não? — Ema sorriu e olhou para Mike. Sua pele negra ainda estava esverdeada, o que a fez ampliar o sorriso. — Querido, se quiser, pode esperar lá fora.

— Mike aguenta. Vamos tomar um bom café da manhã, quando sairmos daqui — provocou Nicolas, divertindo-se com a expressão apática do policial. Seus olhos estavam meio tortos e um tanto vesgos.

— Esse café já está me saindo caro — respondeu Mike, num fio de voz. — Ser um policial não me obriga, necessariamente, a ver esse tipo de coisa.

— Lamento — desculpou-se Ema, fitando a mulher com a cabeça aberta. — Eu me esqueci de cobrir o corpo dela. Trata-se da dependente química, que faleceu de overdose. A família autorizou a autópsia.

Ema pegou uma prancheta, leu algumas coisas que anotara ali e informou:

— Com relação ao suicídio triplo, ainda não consegui verificar o que eles ingeriram antes de falecerem. Verificarei os estômagos com mais calma...

Ela parou de falar ao ouvir Mike soltar um chiado rouco, como um balão de aniversário esvaziando-se rapidamente.

— Pode continuar. Mike aguenta — repetiu Nicolas quase sorrindo.

— Todas as mortes foram muito violentas, tanto que as cabeças dos três estão irreconhecíveis. É preciso muita coragem e sangue-frio para pular do alto de uma casa, para balear a própria cabeça ou para se jogar contra uma carreta em movimento. Eu gostaria de descobrir de onde eles tiraram tanta coragem e sangue-frio.

— As testemunhas disseram que eles pareciam estranhos, como se estivessem hipnotizados. Pensei na possibilidade de alguém os ter deixado em transe, para obrigá-los a fazer o que não queriam. É muita fantasia minha?

Ema olhou para Nicolas e refletiu por alguns segundos. Em seguida, andou depressa até um armário de madeira, abriu-o, vasculhou seu interior e voltou com um cartão de visitas, que entregou ao investigador.

— O doutor Loureiro poderá ajudá-lo. É o melhor psiquiatra de nossa cidade e a pessoa mais adequada para lhe falar sobre hipnose — Ema esfregou as mãos no jaleco, que já não estava muito limpo. — Enquanto isso, colherei amostras de sangue desses três e as enviarei ao laboratório, cobrando deles máxima agilidade na análise. É tudo o que posso fazer por enquanto.

— Como sempre, a senhora já nos ajudou muito! — Nicolas guardou o cartãozinho no bolso da calça.

— Vou continuar trabalhando nos três — prometeu Ema, sorrindo ao ver a expressão horrorizada de Mike. — Quando eu formalizar meu relatório, enviarei para o seu e-mail. O chefe dos peritos prometeu fazer o mesmo ainda pela manhã. Manteremos contato. Se um de nós tiver alguma novidade, o outro deverá ser imediatamente comunicado.

— É por isso que gosto de nossa parceria, doutora Ema! — Nicolas apertou a mão da médica, agradeceu pelas informações e arrastou Mike para a saída.

— Ah, Bartole — chamou Ema, fazendo-o virar-se. — Sei que está desconfiado de que tudo isso seja uma fachada que alguém utilizou para assassinar três pessoas, ainda que indiretamente. Se isso aconteceu, saiba que você está lidando com a mente mais perigosa e inteligente que já conheceu. Se essas pessoas realmente foram hipnotizadas, o criminoso só pode ser alguém da área médica ou que tenha o mesmo conhecimento de um.

— Não vou me esquecer disso — ele piscou os olhos em agradecimento, acenou e partiu.

Já no carro, ele olhou para Mike, cuja cor começava a voltar ao normal.

— Ora, Mike, você está muito mole! Não foi tão mal assim.

— Você não viu a cabeça da mulher? Estava aberta e não tinha nada dentro.

— Aquilo é o que eu chamaria de "cabeça de vento" — riu Nicolas.

Mike virou a cabeça para ele como se tivesse acabado de ouvir uma terrível blasfêmia contra Deus.

— Penso que depois dessa visão macabra — emendou Nicolas —, você perdeu todo o seu apetite, não é? Já vi que vou comer sozinho.

— Também não é por aí. Repor nutrientes é tudo de que preciso para me esquecer daquela visão. Aquilo foi sinistro. Parecia cena de filme de terror. Sem falar nos três suicidas, com aqueles rostos ensanguentados. Que nojo!

— Agora iremos à lanchonete do tal Sadraque. Lembrando que não será neste lugar que tomaremos o nosso café da manhã.

— Ah, Bartole, isso não é justo. Estou faminto.

— Não sabemos se esse sujeito colocou alguma coisa na bebida que entregou gratuitamente a José. Por maior que seja o sentimento de gratidão, poucas pessoas premiariam um mendigo com um bom uísque, pois se trata de uma bebida cara. Tem certeza de que você comeria em um lugar assim com a consciência tranquila?

— Não, mas... — Mike tirou o quepe para mexer nos cabelos, que estavam molhados de suor. — Nem ao menos um salgado para eu tampar o buraquinho do dente? Acabei de ter uma visão do inferno naquele depósito de mortos e dormi menos de duas horas, então...

— Considerando que o buraco no seu dente é do tamanho do estádio do Maracanã, recomendo que você seja paciente. Quando terminarmos de interrogar o sujeito e estudarmos os documentos levados à delegacia pelo gerente do hotel, tomaremos o melhor café da manhã reforçado na padaria ali perto. E, se ficar muito tarde, substituiremos o café da manhã pelo mais espetacular almoço, que é servido no Caseiros. O que acha? Estou perdoado?

Mike tornou a olhar para Nicolas, que mostrava todos os dentes num sorriso persuasivo, e anuiu com a cabeça.

— Bem que dizem que os peixes morrem pela boca — respondeu Mike, num murmúrio.

67

Capítulo 9

Eles estavam a caminho da lanchonete, quando o rádio de Nicolas apitou outra vez. Era Elias:

— Tenho duas notícias, Bartole. A primeira me parece muito boa, e a segunda, nem tanto.

— Pode falar. Já saí do necrotério e estou seguindo à lanchonete do tal Sadraque — informou Nicolas. — A doutora Ema ainda não tem nada concreto e ficou de nos enviar o relatório mais tarde. Ela me indicou um médico psiquiatra que é referência na cidade e que pode nos auxiliar com a questão da hipnose.

— Isso é muito bom — Elias fez suspense durante alguns instantes até continuar: — A primeira notícia é que consegui contato com o doutor Masao, um dos delegados de Ribeirão Preto com quem tenho mais proximidade. Ele mostrou-se disposto a buscar mais informações sobre a vida de Franco Mendonça e disse que nos enviará um relatório com tudo o que conseguir.

— Maravilha! Realmente, a notícia é ótima. É muito bom mantermos esse diálogo com os delegados das cidades vizinhas.

— Já a segunda notícia pode desgostá-lo um pouco. Descobri que Franco é primo da capitã Rangel. Lembra-se dela, Bartole?

Ele nunca se esqueceria de Teresa Rangel. Conhecera-a na época em que foi afastado do cargo, enquanto Miah estava sendo procurada por um investigador[2]. Nicolas não se reportava a ela, apesar da hierarquia. Também não simpatizara com a capitã quando a conheceu e esperava sinceramente não ter de tornar a vê-la.

---

2 Ver *Amores escondidos* – volume 3, publicado pela Editora Vida & Consciência.

— Claro. É aquela com os dentes pontudos, não?

— A própria. Assim que lhe relatei o caso, disse ter certeza absoluta de que o primo foi morto pela amante. Tentei lhe dizer que estávamos seguindo outra linha de investigação, mas ela não quis me ouvir e cobrou nossa ação. Garantiu que conversará com o comandante Alain.

— Ela pode falar até com o Presidente da República, se quiser. O que a capitã pensa, acredita ou pretende fazer não mudará nossa maneira de trabalhar — afirmou Nicolas despreocupado.

— Que bom que pensa assim! Moira e eu vamos estudar as imagens das câmeras do hotel e mais tarde conversaremos — avisou Elias.

— Até mais tarde — Nicolas encerrou o chamado e voltou-se para Mike. — Era só o que nos faltava! Essa mulher enrabichada em nosso calcanhar, cobrando agilidade na investigação do que ela acredita ter sido um homicídio cometido pela amante.

— Eu não tiraria a razão dela, porque qualquer pessoa, analisando o contexto do óbito em um primeiro momento, também julgaria que Yumi é a culpada pela morte de Franco. Mas que a capitã é extremamente chata, isso eu concordo.

— Não estou com paciência para aturar ninguém metendo o bedelho em nosso trabalho — Nicolas conferiu o GPS e indicou uma lanchonete do outro lado da rua. — Chegamos.

Ele lembrou-se de que, logo após mudar-se para aquela cidade, experimentou um lanche naquele estabelecimento, contudo, nunca mais retornara àquela região.

— Aqui é um pouco distante da praça em que José vivia com seus companheiros — observou Nicolas descendo do carro. — Ele percorria esse trajeto todo a pé, arrastando sua carrocinha?

— Eu estimo uma distância de cinco quilômetros. Realmente não é um percurso curto, Bartole — aquiesceu Mike. — Acho que a necessidade de José vir aqui era maior que o cansaço. Ele deveria ser bem remunerado pelos serviços que desempenhava para o proprietário desse lugar ou, talvez, viesse de tão longe apenas para ganhar garrafas de uísque de qualidade.

Eles entraram na lanchonete, e Nicolas caminhou até o balcão, onde uma jovem de cabeça baixa, que parecia cansada já nas primeiras horas de trabalho, orientou-os sem erguer a cabeça:

— É preciso pegar a ficha no caixa antes de fazer o pedido.

— Meu pedido é diferente — respondeu Nicolas sorrindo.

A garota finalmente levantou os olhos para ele e sentiu todo o cansaço escorrer como água. Sem dúvida, o homem à sua frente era uma

69

obra-prima da natureza. Seus braços eram fortes, do tipo que ela gostava, e ele tinha olhos azuis escuros, a cor que ela também gostava. Além disso, Nicolas possuía um ar selvagem e sedutor e mantinha um sorriso nos lábios, que era algo que ela gostava de ver em um representante do sexo masculino. Em suma, ela simplesmente gostava daquele homem.

— E o que você quer pedir? — ela devolveu o sorriso e colocou as duas mãos sobre o balcão para que Nicolas notasse que ela não usava aliança.

Ele não notou ou fingiu não ter notado.

— Preciso conversar com seu patrão. Ele está? — Nicolas exibiu sua identificação policial. — Diga que o assunto é de extrema urgência.

— Sim, ele está sim — ela desviou o olhar para Mike, como se só agora o visse ali. — Vou avisá-lo. Só um momento, por favor.

— Hoje você está sozinha? — tornou Nicolas, antes que ela se afastasse.

A jovem sorriu como uma fada-madrinha ao conceder um desejo para sua protegida.

— Sim. Na verdade, estou sozinha há uns três meses, desde que terminei meu último namoro — ela bateu as pestanas, provocante. — E você?

— Gostaria de saber se você está trabalhando sozinha hoje.

— Ah, sim... — Todo o sangue do corpo da mulher concentrou-se em sua face. — Minha colega faltou. Eu entendi errado. Com licença.

Ela afastou-se apressadamente, com o rosto afogueado, para comunicar o patrão da presença deles. Nicolas olhou para Mike com um sorriso divertido.

— Quando meu irmão Willian morava no Rio de Janeiro, se uma mulher sorrisse para ele dessa maneira, momentos depois eles estariam envolvidos. Ele ficou com tantas que perdeu as contas.

— Não aprecio romances passageiros, nem mesmo com mulheres coloridas demais para o meu gosto.

— Não imaginava que Ariadne fosse capaz de fazê-lo sofrer só por causa de uma discussão banal.

— Não foi tão banal assim. Além disso, quem lhe disse que estou sofrendo? — perguntou Mike em voz tão alta que os três únicos clientes presentes no momento se viraram para olhá-lo. — Não dou a mínima.

— Acho que já ouvi essa história antes — Nicolas virou o rosto, quando viu a atendente retornando. — Aposto que, até o final da noite de hoje, vocês já fizeram as pazes.

— Nunca! — o rosto de Mike tornou-se sombrio e severo. — Ela me humilhou demais naquele restaurante. Jamais a perdoarei.

Nicolas balançou a cabeça para os lados. Já perdera as contas de quantas vezes ouvira a mesma coisa no último ano. Mike e sua irmã brigavam como canibais de tribos inimigas e reconciliavam-se com a mesma facilidade e rapidez que duas crianças após um desentendimento.

— O senhor Sadraque irá atendê-los — informou a moça secamente, parecendo estar decepcionada com Nicolas, que não reparara nela. — Podem entrar por aquela porta.

— Obrigado — agradeceu Nicolas, presenteando-a com seu melhor sorriso, o que a fez perdoá-lo imediatamente em segredo.

Ao passarem pelas vitrines, Mike lançou um olhar comprido para os lanches imensos e de aparência deliciosa que estavam expostos. Ergueu o nariz e farejou o ar como um camundongo, antes de revirar os olhos de deleite.

— Isso já é tortura demais. Sinta que aroma fascinante!

— Calado! — retrucou Nicolas, andando na frente dele. — Já falei que não vamos comer aqui.

— Você parece político, Bartole. Promete mil maravilhas, mas não cumpre nada do que diz.

Mike foi obrigado a guardar as queixas para mais tarde, quando eles cruzaram a porta que separava a lanchonete do escritório, onde Sadraque administrava tudo e acompanhava o trabalho da funcionária através do circuito interno de câmeras.

— Senhor Sadraque? — perguntou Nicolas para o único homem presente no recinto. — Sou o investigador Nicolas Bartole e preciso que me responda a algumas perguntas.

Quando se levantou da cadeira, Sadraque mostrou que era um homem magro, com um pescoço longo e uma cabeça inclinada para frente, o que fez Nicolas pensar em um pombo. Tinha um nariz miúdo, perdido em um rosto largo e ossudo. Os olhos eram escuros e insondáveis. Ele tentou mostrar um sorriso, mas a curiosidade e a preocupação causadas pela presença da polícia não deixaram que seus lábios se esticassem para os lados.

— Não entendo o motivo dessa visita assim tão cedo — ele disparou a falar, tornando a sentar-se. — Todos os meus documentos fiscais estão em ordem, e a Vigilância Sanitária avaliou meu estabelecimento recentemente. Tudo está legalizado, nas mais perfeitas condições de higiene e limpeza.

Pela experiência acumulada ao longo dos anos, Nicolas sempre desconfiava das pessoas que se apressavam a dar justificativas antes que ele as pedisse. Qualquer um podia notar que aquele homem tentava fingir uma tranquilidade que estava longe de sentir.

Ele puxou uma cadeira e sentou-se diante de Sadraque.

— Vamos deixar seus documentos fiscais a cargo de um representante da Receita Federal. Sou um investigador de homicídios — mais uma vez, Nicolas exibiu sua credencial, agora para os olhos aterrorizados de Sadraque.

— Homicídio? O senhor quer dizer um crime?

— O senhor conhece um homem chamado José?

— O carroceiro? Claro que o conheço. É uma pessoa de grande coração e muito "gente fina". Sempre faz uns trabalhos mais pesados para mim em troca de cigarros, dinheiro ou bebida. Ele está bem?

— José nunca mais poderá lhe prestará serviços, pois está morto — revelou Nicolas abruptamente.

Se Sadraque se assustou ou sentiu vontade de chorar, não demonstrou. Limitou-se a colocar as mãos nos bolsos da calça rapidamente, antes que Nicolas pudesse ter a chance de conferir se elas iriam tremer.

— Morto? Não estou entendendo.

— Ele foi atropelado ontem à noite.

— Meu Deus! Que tragédia! Como isso aconteceu?

— Sabemos que o acidente ocorreu na Rodovia Anhanguera, por volta das vinte e umas horas.

— Coitado! A esposa dele deve estar arrasada. Eu mesmo não estou conseguindo acreditar nisso. Ele era um querido, um grande parceiro.

— Que trabalhos ele realizava aqui, senhor Sadraque?

— Bem... eu reformei meu escritório recentemente, e José retirou e levou embora todo o entulho para descartar em algum lugar adequado. Pagá-lo por esse serviço saiu muito mais barato do que se eu tivesse contratado uma caçamba para descartar esse material, entende? Meu estabelecimento é pequeno e preciso economizar.

— Como o senhor o conheceu?

— Certa vez, ele passou por aqui e me perguntou se eu tinha latinhas de refrigerante e de cerveja que pudesse lhe dar. Havia algumas nos cestos dos lixos e outras que os clientes deixaram no balcão. Entreguei todas elas a José, que ficou muito satisfeito e disse que, se eu precisasse de qualquer ajuda, ele sempre passaria por aqui. Foi quando lhe falei que faria uma reforma na lanchonete e indaguei se ele poderia me ajudar. A parte da frente, onde os clientes ficam, também foi totalmente modernizada, e foi José quem me auxiliou no recolhimento dos rejeitos.

— O senhor me disse que o recompensava com dinheiro, cigarros ou bebidas. Que tipo de bebidas lhe dava?

Nicolas percebeu quando o rosto ossudo de Sadraque ficou pálido de repente.

— Cervejas em lata e, às vezes, uma garrafinha de licor. Ele merecia por...

— Alguma vez o senhor o presenteou com alguma bebida mais cara?

— Eu?... — ele hesitou, tentou sorrir, e seus lábios tremeram. — Não que eu me lembre. Por quê?

— Chegou até mim a informação de que, nessa semana, o senhor lhe deu uma garrafa de uísque de uma marca muito boa. O senhor se esqueceu desse fato?

— Ah, sim. É verdade. — O sorriso de Sadraque continuava nos lábios, mas não chegava aos olhos. — Acontece que essa notícia trágica me deixou totalmente desnorteado. José era honesto, dedicado, alegre e tinha boas ideias. Em alguns momentos, ele me deu sugestões para a decoração que eu estava fazendo lá na frente.

— Imagino que o senhor tenha muitos elogios a fazer a José, mas não percamos o foco de nossa conversa. — Nicolas encarou-o com firmeza, percebendo que a palidez se acentuara. — Eu não me esqueceria se tivesse doado a alguém uma garrafa de uma bebida cara.

— José merecia isso e muito mais. Foi de coração.

— Mesmo precisando economizar, como acabou de me dizer.

— Sim, sim... — Sadraque tirou uma das mãos do bolso e coçou a orelha, e Nicolas viu que a mão dele estava firme como uma rocha. — Vou ajudar nas despesas com o enterro. Esteja certo disso.

— Na última vez em que o viu, José lhe pareceu estranho? Apresentou algum comportamento diferente do habitual?

— Não que eu tenha notado. Ele era sempre alegre e bem-humorado. Desculpe, não sou um grande observador.

Nicolas olhou para a tela que mostrava as imagens do circuito interno das câmeras de segurança. Se aquilo não era obra de alguém observador, ele não saberia o que era.

— Ele lhe relatou algo que tenha chamado sua atenção? Disse ter conhecido alguém especial, ou falou sobre seus planos para o futuro?

— Não. Ele não expunha tanto sua vida privada, talvez porque não tivesse nada de importante nela, não acha? O que pode ser interessante na vida de um mendigo?

Sadraque riu, mas Nicolas não. Sem graça, o proprietário da lanchonete ficou sério novamente.

73

— Essa última garrafa com a qual o senhor o presenteou... Houve alguma recomendação especial, como "beba sozinho e não divida nem mesmo com sua esposa"?

Sadraque estava branco como uma folha de papel. Ele passou as mãos, que continuavam firmes, pelo pescoço longo, como se quisesse relaxar a musculatura da região, e encarou Mike, que aguardava de pé, registrando o teor da conversa em uma caderneta. Por fim, olhou novamente para Nicolas.

— Acho que falei, sim, porque não queria que ele dividisse uma garrafa que custa mais de cem reais com os amigos, que estão acostumados com pingas baratas.

— Qual era a marca do uísque?

Sadraque indicou um armário de vidro trancado, em que era possível ver diversas bebidas alcoólicas. Ele apontou para a primeira do lado esquerdo.

— Não sei o que tudo isso tem a ver com a morte de José. Confesso que não estou conformado com esse suicídio repentino do meu ajudante ocasional...

— Eu lhe disse que ele morreu atropelado, mas em nenhum momento lhe revelei que José se suicidou — interrompeu Nicolas.

Os olhos escuros de Sadraque cresceram e ficaram muito redondos. Ele remexeu-se na cadeira, cada vez mais lívido.

— Jesus, estou muito chocado com tudo isso. Eu falei em suicídio?

— Sim, eu ouvi perfeitamente. E você, Mike?

— A palavra foi dita com todas as letras, senhor — reforçou o policial.

— Ótimo. Isso indica que meus canais auditivos ainda estão em perfeitas condições de funcionamento. Como o senhor me explica isso? José poderia simplesmente ter sofrido um acidente.

— Acho que ouvi algum cliente comentando há pouco sobre alguém ter pulado na frente de um caminhão. As notícias ruins correm depressa, sabe? Mas como ele não deu mais detalhes, e eu jamais poderia imaginar que se tratava de José, não fiz perguntas.

— O senhor já ouviu falar sobre a grande verdade ou a luz?

Sadraque perdeu o restinho de cor que havia em sua face, tossiu para disfarçar e deu de ombros.

— Não sei o que é isso. Por que eu deveria saber?

Nicolas não respondeu nada e começou a olhar tão fixamente para os olhos de Sadraque que o dono da lanchonete se viu obrigado a desviar o rosto para a parede. Por fim, resolveu mudar de assunto.

— Este é meu cartão — Nicolas avisou, entregando um cartãozinho de visita a Sadraque. — Aí tem os telefones em que posso ser encontrado. Caso se lembre de mais alguma coisa ou escute outros comentários dos seus clientes que possam parecer importantes, avise-me, por favor.

— Será a primeira coisa que farei, senhor Bartole. Esteja certo disso.

— Estarei.

Eles se despediram. No carro, Nicolas olhou para Mike e perguntou:

— O que achou dele?

— Está na cara que está mentindo ou que sabe mais do que quis nos dizer. Estava mais nervoso do que eu, durante minha discussão com Ariadne.

— Tenho certeza absoluta de que ele está escondendo alguma coisa. Ele sabia sobre o suicídio, assim como tenho certeza de que sabe também sobre as outras duas mortes. E sabe também sobre a luz e a grande verdade. Aposto meu cargo que esse cretino colocou alguma porcaria na tal garrafa que entregou a José. Talvez já estivesse adicionando alguma substância em todas as ocasiões em que o presenteou.

— Também estou desconfiado disso. O que fará em relação a ele, Bartole?

Nicolas respondeu agindo. Sacou o rádio e entrou em contato com o delegado.

— Elias, preciso de um favor. Quero que coloque alguns homens para vigiar discretamente a lanchonete de Sadraque. Quero policiais no encalço desse sujeito, principalmente depois que ele sair de lá. — Após fazer um breve resumo, Nicolas forneceu os detalhes físicos do proprietário. — Não terão dificuldade para reconhecê-lo.

— Acha que ele é nosso homem ou que talvez tenha a ver com os óbitos? — sondou Elias.

— Ainda é cedo para afirmar, mas ele me despertou muitas suspeitas. Manteve as mãos guardadas no bolso da calça, à exceção de um breve instante em que coçou a orelha e mexeu no pescoço. Nem mesmo quis nos cumprimentar, embora eu pudesse forçá-lo a isso.

— Muito bem, Bartole. Mandarei alguns rapazes ficarem na cola desse sujeito. Espero que você tenha acertado logo de cara.

— Também estou torcendo por isso. É tudo, por enquanto. Estou indo para a delegacia. Daqui a pouco, conversaremos melhor.

— Até já.

***

Depois que o policial e Nicolas partiram, Sadraque, após se certificar de que sua porta estava devidamente trancada, levantou-se suando em bicas. Olhou para o aparelho de telefone, mas não queria correr nenhum tipo de risco. A polícia chegara rápido demais, e ele não tinha certeza de que sua linha telefônica não estava interceptada. Já ouvira falar de Nicolas Bartole, de que era um investigador rápido e extremamente eficiente.

Por conta disso, o meio mais seguro, por ora, era usar o telefone celular. Ele discou um número e lembrou-se de que deveria apagá-lo da lista de telefones discados assim que concluísse o telefonema. Quando a voz já conhecida atendeu, ele saudou:

— Que a luz esteja conosco! Chefia, temos problemas. A polícia acabou de sair daqui.

Ouviu o outro falar por alguns segundos e respondeu:

— Sim, já sabem que adicionei o componente ao uísque de José. Sabem também sobre a grande verdade. Com certeza, descobriram os corpos dos nossos outros irmãos. Logo descobrirão que as mortes deles serviram para...

A voz cortou-o para falar alguma coisa. Ao ouvi-la, Sadraque estremeceu:

— Eu tive cuidado e acho que fui convincente em minha explicação, porém, o caso está nas mãos do tal investigador Bartole. Sabe que, com ele no jogo, as coisas podem se complicar.

Tornou a escutar o outro em silêncio.

— Não deveria ter acontecido com aquele mendigo. Era certo que eles viriam até mim. Agora fiquei exposto. Tenho certeza de que ficarão me vigiando, porque não sei se o investigador acreditou em mim. Ele me olhava como se tentasse ler minha alma. Eu quase me borrei de tanto medo. Não fosse o poder da luz que habita em mim, teria entregado minha própria cabeça.

Sadraque ouviu mais um pouco, mas, como a ligação estava truncada, decidiu colocá-la no modo viva-voz.

— Chefia, pode repetir, por favor?

— Daremos um jeitinho de dificultar as coisas para esse investigador. Vamos mostrar do que somos capazes.

Sadraque assentiu e, antes de desligar, recitou:

— Fico mais tranquilo, chefia. Saudações. Eu sou luz. Você é luz. Somos todos luz.

Capítulo 10

O material que Vitório entregara na delegacia não fora totalmente inútil. As imagens das câmeras de segurança mostravam o momento em que Franco chegou com Yumi ao hotel e o casal se postou diante da recepção para efetuar o *check-in*. Ele segurava uma mala grande com rodinhas, que obviamente continha os pertences de ambos. Ela trazia consigo apenas uma bolsa, com a alça atravessada sobre o peito.

Um funcionário colocou a mala de Franco no carrinho, enquanto a dupla seguiu até os elevadores de mãos dadas. Tudo aparentava estar dentro da normalidade. Nicolas não percebeu nenhum movimento por parte de Franco, de Yumi ou de algum funcionário que tenha lhe chamado a atenção.

As próximas imagens foram capturadas pelas câmeras do corredor no andar em que eles se hospedaram. Nada suspeito até ali. O carregador entregou a mala, recebeu uma gorjeta e afastou-se. Antes de fechar a porta do quarto, no qual Yumi entrou, Franco ergueu o rosto e fitou a câmera que o gravava. Logo depois, ele fechou a porta. Aquela era a última imagem do empresário ainda com vida.

— Volte um pouco essa gravação. Volte aos últimos segundos — pediu Nicolas a Moira.

Assim que a policial cumpriu a ordem, Nicolas pediu que ela congelasse a imagem no momento em que Franco fitava a câmera.

— Aproxime-a um pouco mais.

Moira deu um zoom e ampliou a imagem pausada. A gravação era em cores, o que facilitava a visualização do rosto na tela.

— Elias, Mike, Moira, vocês observam algo de diferente?

— O semblante dele me parece bem sereno — considerou Elias, colocando os óculos para observar melhor. — Eu não diria que esse homem se mataria horas depois.

— O rosto dele não demonstra tensão ou pesar — acrescentou Mike. — Ao contrário, parece estar realmente tranquilo, como alguém livre de preocupações.

— Bartole, você acha que, ao fitar a câmera, ele quis passar alguma mensagem através desse olhar? — indagou Moira.

— Talvez... — Nicolas aproximou o rosto da tela do computador. — É possível aumentar a imagem mais um pouco?

— Sim — Moira mexeu no mouse. — Agora está no máximo.

Apenas o espaço entre a testa e o queixo de Franco estava visível agora, preenchendo a tela por completo. Nicolas encarou fixamente os olhos na imagem, como se quisesse ler os pensamentos de Franco.

— Vejam isso — Nicolas colocou o dedo indicador próximo aos lábios de Franco. — Os cantos dos lábios estão levemente arqueados, o que pode indicar o esboço de um sorriso. Os olhos dele estão demasiadamente brilhantes, além do reflexo provocado pelas lâmpadas do corredor. Ele estava feliz, mesmo que não demonstrasse.

— Fica difícil julgarmos o quanto seu olhar estava vidrado por meio dessa gravação. — Elias empurrou os óculos para trás. — Você acha que ele já estava sob o efeito de hipnose nesse momento?

— Talvez sim... — Nicolas voltou-se para a mesa e estudou os papéis que estavam espalhados nela. — De acordo com o material trazido por Vitório, eles não receberam visitas ou telefonemas após a hospedagem. O jantar daquela noite foi carne, arroz e salada. Bem simples, não? No entanto... — Nicolas ergueu o rosto para Mike. — Eu pagarei seu almoço de amanhã, se você adivinhar que tipo de bebida eles pediram.

— Uísque? — arriscou Mike. — Da mesma marca que José bebeu?

— Bingo! Você acaba de ser premiado com um almoço. Na realidade, apenas Franco bebeu o uísque. Yumi pediu refrigerante — animado, Nicolas virou-se para Elias. — Obviamente, um hotel de cinco estrelas como aquele não adquire suas bebidas alcoólicas de uma lanchonete medíocre como a de Sadraque. Por outro lado, não acha que há coincidência demais por aqui, delegado?

— Podemos conseguir um mandado de busca e apreensão para vasculharmos a cozinha e o depósito do hotel — opinou Elias.

— Podemos, sim, mas esse não será o caminho mais rápido. Além disso, um juiz questionaria a liberação do documento. Por que tanto empenho da polícia em um aparente suicídio? — Nicolas levantou-se, com ideias velozes cruzando sua mente. — Moira, tente conseguir uma lista com os nomes de todos os funcionários do hotel que trabalharam na noite da morte de Franco. Quando consegui-la, verifique se algum sobrenome bate com o de Sadraque.

— Se sua linha de raciocínio estiver correta, alguém fez Regiane tomar uísque batizado também — imitando o investigador, Elias também ficou de pé.

— Seria a possibilidade mais óbvia, porém, suspeito que Regiane fizesse o tipo de mulher tradicional, que, certamente, não tomava nada alcoólico, muito menos sem a presença do marido. Ela, contudo, pode ter experimentado algo que lhe foi oferecido como presente. Uma bebida, uma comida... E alguém pode ter colocado nesse "presente" a mesma coisa que adicionou no uísque de José e de Franco. Tenho certeza de que a doutora Ema encontrará algum resíduo de substância desconhecida.

— Eles não foram envenenados, então, as bebidas não foram a arma do crime — retrucou Mike. — Mas podem ter sido drogados e induzidos ao suicídio.

— O difícil será comprovar isso para um promotor. — Elias pigarreou. — Três pessoas se mataram na mesma noite, porque provavelmente experimentaram alguma droga que os deixou alucinados, fazendo-os tirar a própria vida de uma maneira violenta.

— Acho que os acontecimentos não se deram dessa forma... — Nicolas coçou os cabelos castanhos, cortados na máquina dois. — Alguém, que presumivelmente seja a mesma pessoa, praticou sessões de hipnose com aqueles três. O que foi adicionado ao uísque apenas os deixou mais "doidos", vidrados e corajosos. A tal luz e a grande verdade são parte do teatro e do efeito da hipnose.

— Por que não prendemos Sadraque e confiscamos todas as suas mercadorias? — sendo prático, Elias indicou os papéis à mesa. — Tenho certeza de que, com certa pressão, ele abriria o bico e nos entregaria o ouro.

— Não acredito nisso — discordou Nicolas. — Estamos supondo que ele tenha participado desse plano, mesmo como mero coadjuvante. Há a possibilidade também de que Sadraque não tenha sido cúmplice, mas, sim, seguido as ordens de algum mandante. Não vejo qual razão ele teria para querer um mendigo morto, um empresário e uma mãe de família. Se ele seguiu as orientações de alguém mais poderoso, essa pessoa, sim, é quem está por trás de tudo e que, por algum motivo maluco, quis que os três se matassem. Sendo assim, se o prendermos, chamaremos a atenção para o caso, e esse chefe provavelmente evaporará como água.

79

Elias concordou com a cabeça. Ia abrir a boca para explanar alguma coisa, quando uma batida na porta o interrompeu. Um policial jovem abriu uma fresta da porta e olhou para o delegado.

— Desculpe se os atrapalhei, doutor, mas a capitã Rangel está aqui dizendo que precisa conversar com o senhor e com Bartole.

— Ela veio nos infernizar logo cedo? — reclamou Nicolas de testa franzida.

— E ainda atrapalhar nosso café da manhã, que está mais difícil de sair do que aumento de salário — completou Mike, levantando-se e seguindo para a porta, acompanhado por Moira.

— Bartole, nada de malcriações, explosões repentinas, deboches ou provocações com a capitã — alertou Elias, mesmo sabendo que aquilo seria inútil e que Nicolas só faria o que tivesse vontade. — Já temos problemas demais para arranjar confusão com mais uma pessoa, que é nossa colega de trabalho e tem uma patente muito alta.

Nicolas deu de ombros, com descaso. Instantes depois, Teresa Rangel entrou na sala. Era alta, de estrutura larga e robusta. Sua pele era negra e seu rosto bonito e bem cuidado. Aparentava ter cerca de cinquenta anos, mas, devido ao excesso de maquiagem que usava, talvez fosse um pouco mais velha.

Não vestia farda. Em vez disso, decidira-se por um terninho e uma saia social cor-de-rosa. Um colar de pedras de tonalidade rosa fazia par com os brincos da mesma cor. Os cabelos cacheados estavam presos num coque elegante. Exalava um perfume gostoso, que Nicolas teria elogiado se o sentisse em outra pessoa.

Os olhos escuros de Teresa eram rápidos e treinados pela experiência de muitos anos na polícia. Nicolas já ouvira boatos de que ela era faixa preta em artes marciais e derrubava com facilidade homens maiores que ele.

— Bom dia! Como estão? — Teresa apertou com firmeza a mão de Elias e de Nicolas.

— Bom dia, capitã! Sente-se. — Elias indicou uma cadeira e começou a recolher os papéis, guardando-os em um envelope. — Estávamos justamente discutindo nossas impressões sobre a morte misteriosa do seu primo e de outras duas pessoas.

— Discutir impressões não me ajuda a compreender o que houve com ele, delegado. Quero algo concreto, que possa me esclarecer por que razão estapafúrdia Franco atiraria em si mesmo — Rangel olhou para Nicolas. — Suponho que vocês não estejam acreditando nisso.

80

— Por meio de nossas impressões, chegamos à prática, capitã, e isso, por sua vez, nos leva à resolução dos casos — murmurou Nicolas, sentando-se de frente a ela. — E por mais insano que possa parecer, temos motivos para acreditar que não foi a acompanhante de Franco quem o matou.

— E quais motivos são esses? — indagou Rangel com sua voz autoritária.

Com uma paciência que Nicolas não teria, Elias explicou à capitã todos os detalhes de que dispunham até o momento. Falou sobre os suicídios de Regiane e de José, sobre as mortes terem ocorrido no mesmo horário e também sobre a teoria da hipnose e da possibilidade de as bebidas terem sido batizadas. Finalizou:

— Ainda estamos no início das investigações, mas não paramos de trabalhar desde que fomos chamados.

— Não compreendo. — Teresa chacoalhou a cabeça para os lados. — Franco e eu nunca fomos muito próximos, tanto que moramos em cidades diferentes há mais de vinte anos. Eu não o visitava com frequência nem ele a mim. Não sou amiga da esposa dele, assim como ele não tinha proximidade com a minha família. Não somos nem um pouco íntimos.

"Então, por que está aqui enchendo nossa paciência?", pensou Nicolas, morrendo de vontade de dizer isso em voz alta.

— Posto isso, ainda assim, ele era meu parente, filho da minha tia materna. —Teresa continuou. — Temos uma ligação consanguínea, entendem? Quero compreender o que houve, pois não descarto a possibilidade de Franco ter sido vítima de um crime. — Ela virou-se para Nicolas e sorriu mostrando seus dentes caninos, que pareciam estar maiores e mais pontudos do que quando ele a viu pela última vez. — E considerando que você, Bartole, também está na jogada, mesmo sendo homicídios a sua especialização, quero pensar que não estou divagando nem jogando palavras ao vento.

— Acredito que o doutor Elias tenha lhe explicado os avanços na investigação até agora. Acreditamos que os suicídios tenham sido induzidos por alguém.

— Espera que eu acredite nisso? — ela parou de sorrir, escondendo as presas afiadas.

— Sua crença em nossas palavras não mudará nossa maneira de trabalhar e agir — devolveu Nicolas sem hesitação.

Percebendo que o clima estava ficando tenso, Elias interveio:

— A propósito, capitã, aceita uma água ou um café?

— Um café, obrigada.

Enquanto Elias se afastava para pegar uma garrafa térmica, Rangel olhou para Nicolas. Demorou-se tanto no olhar quanto foi possível. Se ela tentara intimidá-lo, não surtira efeito. Ele nem sequer desviara os olhos e quase sorriu diante daquilo.

— A senhora será devidamente informada sobre os progressos da investigação — adiantou-se Nicolas, para quebrar aquela inquietante e desafiadora troca de olhares. — Saiba que, se a morte de Franco foi provocada por alguém, essa pessoa arcará com a sua responsabilidade. Acobertar criminosos não faz parte do meu perfil.

— Exceto quando se trata de sua esposa, não é mesmo? — rebateu Teresa, riscando o fósforo para acender o pavio da bomba.

Pálido, Elias retornou à mesa e colocou a xícara com o café diante da capitã.

— A vida particular da minha esposa não está em discussão e não lhe diz respeito. — Nicolas colocou ambas as mãos sobre a mesa.

— Tem certeza disso? Pois me lembro de quando participei de uma reunião, aqui mesmo na delegacia, na qual lhe foi aplicado um afastamento, que o obrigou a devolver sua arma e sua credencial. Valeu como uma punição, pois, naquela época, estava protegendo sua esposa, uma mulher procurada pela polícia. Para mim, é estranho alguém ligado à polícia trabalhar contra a polícia.

— Capitã, por favor, vamos nos ater ao motivo de seu comparecimento aqui — pediu Elias, quase suplicando, antes que uma guerra começasse naquela sala.

— A senhora também participou da reunião seguinte, quando minha arma e minha credencial foram devolvidas a mim — relembrou Nicolas. — O que Miah fez no passado foi avaliado pelo júri, que compôs seu julgamento. Se ela está solta agora é porque a maioria decidiu por sua absolvição.

— É claro. — Teresa bebericou um gole do café. — Bartole, você é um homem muito competente. Disso ninguém tem dúvidas. Porém, minha confiança em você ficou muito comprometida após aquele episódio. Por essa razão, conversarei com o comandante Alain para que, pelo menos nessa situação, você seja substituído por Evaristo Duarte. É do meu primo que estamos falando, entende? Ao proteger Miah, você caiu em meu conceito.

— Isso não faz o menor sentido, capitã — cortou Elias. — Sua opinião pessoal sobre Nicolas não pode prevalecer no andamento de uma investigação séria e complexa, que já teve início. Sou totalmente contra a sua manifestação.

82

— Lamento, delegado. Não sou favorável à presença de Bartole no caso.

Nicolas respirou fundo e olhou para Elias, que fez um gesto imperceptível para que ele se mantivesse calado. Mesmo assim, Nicolas respondeu:

— Então, estamos empatados, porque não sou favorável à sua presença nesta sala fazendo exigências insensatas, bem como não sou favorável à sua maneira antiética de pensar, levando-se em consideração sua visão pessoal sobre mim. Por fim, não sou favorável às suas opiniões nem às insinuações sobre minha esposa. Tampouco aprovo a maneira como afrouxa a boca, quando fala besteiras!

Teresa empalideceu de raiva.

— Você está me desacatando, Bartole. Relatarei sua falta de urbanidade com uma colega de trabalho. Caso não tenha notado, não está falando com uma policialzinha qualquer. Sou a capitã Teresa Rangel e exijo respeito.

— Você veio à delegacia na qual trabalho para me insultar, duvidar da minha honestidade e ainda insinuar que acoberto bandidos e assassinos, atirando o nome de Miah na lama. Pretendeu, com essa visita ensaiada, afastar-me do caso ou me substituir pelo paspalho do Duarte. Não foi você quem dormiu menos de duas horas na última noite por passar a madrugada acompanhando pessoas mortas, interrogando possíveis testemunhas e colhendo depoimentos. Nem foi você quem esteve no necrotério conferindo o estado lastimável no qual se encontram os corpos, principalmente o do seu primo. Sei que você não é uma policial qualquer e estou ciente de sua posição na corporação, e, justamente por ocupar um cargo importante, você deveria ter moral, ética, confiança e respeito não somente com os vivos, mas também com os mortos. Sou o investigador Nicolas Bartole e exijo ser valorizado.

Teresa estava tão enfurecida que nem sequer conseguia segurar a xícara com o café. Naquele momento, Elias decidiu usar de sua autoridade para encerrar a discussão, antes que os dois se atracassem ou um esbofeteasse o outro.

— Já basta, por favor. Capitã, peço-lhe a gentileza de que guarde para si sua opinião sobre a índole do investigador Bartole. Caso queira levar sua decisão adiante e procurar o comandante, esteja à vontade. Nicolas é a pessoa mais íntegra e correta que conheço e, sem dúvidas, o melhor investigador do Estado.

— Faça o mesmo, delegado. Guarde para si seus elogios sobre esse homem. — Teresa levantou-se e praticamente marchou em direção à porta. — Terão notícias minhas em breve.

— Você também terá notícias nossas — alfinetou Nicolas em voz alta o bastante para que Teresa o ouvisse.

— Bartole, você não fez nada do que lhe pedi — ralhou Elias.

— Não tenho sangue de barata. Sei que Miah não é nenhuma santa, mas a mácula que ela carrega em sua história de vida pertence somente a ela. Não será uma capitã com sorriso vampiresco que achincalhará ainda mais a vida da mulher com quem me casei.

Como sabia que Nicolas tinha razão, embora não quisesse admitir para não perder a neutralidade, Elias determinou:

— Devido ao adiantado da hora, é melhor comermos alguma coisa.

— Vamos à padaria? Prometi pagar o café da manhã de Mike, que deve estar roxo de fome. Além disso, depois dessa discussão irritante, até eu preciso encher a barriga para me acalmar um pouco.

Elias concordou. Logo depois, eles deixavam a sala do delegado.

Capítulo 11

Não importava o quanto a imprensa pudesse ser incômoda para algumas pessoas ou invasiva para outras. Não importavam as caras feias, as queixas, o azedume ou a grosseria de quem ela sentia a necessidade de entrevistar. Às vezes, sua equipe era ameaçada, ou as pessoas simplesmente fugiam dela. Não interessava o que os outros pensavam a seu respeito. Miah sempre fazia seu trabalho com esmero e perfeição.

Por isso, nas últimas horas, a jornalista empenhou-se em criar uma reportagem rápida e objetiva sobre o suicídio triplo. Ao vivo, coletando dados, fazendo vários telespectadores ligarem seus televisores a cada segundo para assisti-la, concedendo à TV da Cidade uma audiência que a emissora jamais tivera, ela jogou no ar a indagação: "Por que três pessoas tiraram a vida no mesmo horário?".

Miah, que secretamente obtivera com Nicolas o endereço de Regiane, foi à casa dela e conseguiu conversar com Elivelton. O viúvo estava desolado e ainda em estado de choque pelo ocorrido, mas não se negou a gravar algumas palavras, sabendo que estava sendo assistido por boa parte da cidade. O mesmo ocorreu com Nena, que, apesar de estar abalada e entristecida, aproveitou a deixa para mandar uma mensagem à prefeitura solicitando que os desabrigados que estavam na praça recebessem um olhar mais humano por parte dos órgãos públicos competentes.

Deixando seu público cada vez mais intrigado e curioso, Miah anunciou que voltaria no período da tarde com novidades sobre a investigação dos casos. Ela sabia que isso aguçaria os repórteres e jornalistas concorrentes, que nem sequer estavam a par dos suicídios coletivos. Também estava ciente da possibilidade de ser sondada e até seguida por colegas de outras emissoras e tabloides, que desejavam pegar uma carona nos constantes furos jornalísticos que ela oferecia aos munícipes.

Permitindo-se uma hora de folga, Miah disse a Ed que eles tornariam a se encontrar na emissora em breve. Como estava no centro da cidade, ela optou por aproveitar aquele breve período de intervalo para visitar sua cunhada favorita. Desde que conheceu Marian, a via como a irmã que nunca tivera. Elas desabafavam uma com a outra, expunham suas opiniões sobre assuntos diversos e falavam sobre seus relacionamentos. Miah amava ouvir as orientações espiritualistas de Marian, mesmo que não seguisse nem praticasse quase nenhuma. Ela mesma costumava brincar que ainda teria de reencarnar muitas vezes até que alguém lhe dissesse: "Agora chega de voltar à Terra, Miah. Você evoluiu o suficiente".

Como já era conhecida pelos funcionários da portaria, Miah teve sua entrada franqueada pelo rapaz que estava na guarita do prédio. Ele sorriu e a cumprimentou, colocando a cabeça na janelinha:

— Dona Miah, estava acompanhando sua reportagem há pouco. Que coisa esquisita essas pessoas se matarem no mesmo horário, hein?

— É tudo muito estranho mesmo. Policiais muito competentes estão acompanhando os três casos de perto. Logo teremos algumas respostas.

— Diz isso porque seu marido deve estar investigando, não é?

Miah apenas sorriu de volta e piscou para ele. A jornalista caminhou até o elevador, que estava parado no térreo e, ao entrar, contemplou-se no espelho fixado na parede do fundo, que ia do chão ao teto da cabine. Analisou sua barriga redonda e não sentiu um pingo de carinho, de afeto ou do famoso amor maternal. Na verdade, ela desconhecia que sentimento era aquele. Apenas cumpria seu papel de gerar uma criança, que já a incomodava mesmo antes de nascer.

Aliás, era justamente por causa do bebê que ela estava ali, em busca dos sábios conselhos de Marian. Ao descer no andar da amiga, tocou a campainha do apartamento e aguardou. Quando ela abriu a porta, Miah percebeu que Marian estava um pouco pálida, com um olhar entristecido. Fingiu não perceber e a cumprimentou com um beijo no rosto.

— Eu vim sem avisar, como sempre. Pode me receber? — quis saber Miah.

— Claro que sim — Marian fechou a porta, tomou Miah pelo braço e a levou até o sofá. — Já lhe disse várias vezes que meu apartamento é seu também. Aliás, você me emprestou seu imóvel para que eu morasse até me mudar para cá. Serei eternamente grata.

— Ainda bem que você conseguiu alugá-lo — Miah sentou-se, quase colocou as mãos sobre o ventre, mas desistiu. — Você também me ajudou muito, principalmente quando as coisas ficaram sombrias demais para mim.

— Que tal deixar o passado no lugar em que ele está? — Marian sentou-se. — Quer comer alguma coisa? Já tomei café da manhã depois que Enzo saiu, porém, posso preparar algo para...

— Estou bem, não se preocupe — adiantou-se Miah. — Estou aqui, porque queria tirar uma dúvida com você, pode ser?

— Claro, se eu puder ajudá-la.

— Quando uma mãe odeia seu filho ou vice-versa, essas duas pessoas foram inimigas ferrenhas em vidas passadas?

Marian mostrou um sorriso doce.

— De novo com essa conversa, Miah?

— Só quero que responda o que lhe perguntei.

— Não exatamente. Nem todo mundo que se detesta hoje se odiou em vidas anteriores. A relação entre mãe e filho é sublime e quase sempre muito pura e genuína. Naturalmente, há casos de mães que rejeitam suas "crias" e nem estou me referindo ao aborto. Também há situações em que os filhos odeiam os pais a tal ponto que, muitas vezes, chegam a matá-los. Há muitas possibilidades... Como você mesma sugeriu, ambos podem ter sido grandes adversários em encarnações pretéritas e agora retornaram juntos para tentar resolver os assuntos pendentes, equilibrar-se com a própria consciência, praticar o perdão e progredir, espiritualmente falando. É bem difícil esses casos serem bem-sucedidos, porque tudo depende de ambos os espíritos vibrarem pelo mesmo ideal. Há, no entanto, espíritos que reencarnam tendo um parentesco tão próximo quanto mãe e filho, porque essa foi a maneira que a vida encontrou para eles aprenderem algo valioso para ambos. Algo que possa auxiliar o outro em determinado objetivo ou a alcançar alguma conquista.

Marian sabia que Miah estava acompanhando bem a explicação, mas decidiu ser mais didática:

— Vou tentar explicar. Por exemplo... pensemos na história de um espírito que sempre se rendeu ao vício do álcool em existências anteriores... Desta vez, mesmo tendo prometido a si mesmo que faria tudo diferente, ele se esqueceu de suas promessas e, mais uma vez, afundou no alcoolismo — Marian fez uma pausa, porque sabia que estava pensando em Enzo ao fazer tal referência. — A mãe dele, que participou do planejamento reencarnatório, aceitou recebê-lo como filho e prometeu se empenhar ao máximo para ajudá-lo a se recuperar, afastando-o definitivamente da bebida. Travou-se, então, uma grande batalha, na qual o filho queria seguir por um caminho, e a mãe amorosa queria guiá-lo

87

por outro. Em muitas situações, esse filho passou a enxergar a mãe como uma ameaça, uma presença insuportável, que não permitia que ele se divertisse da maneira como achava ser a correta. Surgiram a raiva e o ódio, que tinham potencial para provocar tragédias. Nesse exemplo, a relação entre eles teve um sentimento puro como o amor e outro negativo como o ódio, que pareceu levar a melhor, contudo, eles não se odiaram na última encarnação. As divergências surgiram na existência atual, provocando agressões verbais, físicas e até culminar na morte.

— Eu entendi. No meu caso, desde que senti o primeiro mal-estar causado por esse bebê, seguido por aquele sonho horroroso em que vi um nenezinho com uma cabeça de homem adulto dizendo que estava voltando para mim, soube que não o queria. Nós havíamos conversado sobre isso. Eu não o desejava, assim como não o desejo até agora. Nicolas é contra o aborto, e eu também era, mas agora não tenho mais certeza. Eliminaria essa vida de dentro de mim sem hesitação — vendo que Marian ia dizer algo, Miah mostrou as duas palmas das mãos para a cunhada, pedindo a ela que a aguardasse terminar de falar. — Não sei se quero ouvir sua opinião sobre a prática do aborto, mesmo sabendo que você tem uma visão ampla das coisas, sem se limitar à expressão: "Quem comete um aborto comete um crime". Infelizmente, já tenho minha cota de crimes. Assumo a responsabilidade por três óbitos, mesmo que eu nunca tivesse a intenção de assassinar aqueles homens. Eu...

— Miah, acalme-se. Vamos devagar para não perdermos o foco do assunto que a trouxe aqui — com sua tranquilidade costumeira, Marian prosseguiu: — De fato, não tenho essa visão a respeito do aborto, independentemente de quando acontece de maneira planejada ou espontânea. Taxar uma mulher de criminosa ou de assassina, porque ela quis tirar de dentro de si uma criança em formação é um rótulo muito forte, marcante e injusto. Como acabei de lhe dizer, há sempre um planejamento antes de qualquer reencarne. Ninguém simplesmente retorna à matéria do nada, apenas porque sentiu essa vontade, por exemplo. Tudo é organizado, discutido e repensado. Ao longo do processo, mais de uma pessoa estará envolvida nisso, portanto, não é uma decisão a ser tomada sem nenhum projeto prévio.

Miah assentiu em silêncio, e Marian perguntou:

— Se uma mulher for estuprada e engravidar devido a esse ato violento, gerando uma criança que essa futura mãe não planejou nem deseja criar... ela terá a obrigação de manter essa gravidez até o final, mesmo que isso represente um ato invasivo e doloroso para si, apenas porque, se não o fizer, ficará em débito com a vida ou com Deus?

— Não sei. Deus lhe cobrará isso depois, correto?

— De forma alguma. Entenda uma coisa, Miah... Deus não cobra nada de ninguém. A vida não cobra nada de ninguém. As cobranças são criadas por nossa consciência. É nosso espírito quem necessita desses reajustes para se manter equilibrado. Não existe nenhum caderno ou livro da vida, no qual, supostamente, Deus anota nossos erros e acertos, que são coisas que também não existem. Deus é a força genuína do amor e não do julgamento. — Marian apanhou uma almofada franjada do sofá e começou a brincar com seus fios soltos. — Muito bem... Se não há cobranças de alguém superior a nós, ninguém cobrará nada dessa mãe que decidiu não gerar uma criança fruto de um estupro. Precisamos aprender a enxergar as coisas com um olhar espiritualizado, ou seja, sem "pré-conceitos". Se a mãe decidir abortar a criança, é preciso entender que é direito dela não querer ter seu corpo invadido novamente, uma vez que isso já aconteceu durante o ato do estupro, que é violento. Para o espírito que estava se preparando para reencarnar e teve esse processo interrompido há também um aprendizado. Por alguma razão, ambos, mãe e filho, precisavam passar por essa experiência. A mesma coisa ocorre quando o aborto é espontâneo. O espírito não reencarnou por várias razões que desconhecemos, mas que são pertinentes apenas aos envolvidos. Por isso, Miah, quem sou eu para julgá-la e afirmar que você está agindo com bom senso ou não ao decidir não querer esse bebê? Quem a cobrará por sua decisão, além de você mesma?

Miah não respondeu, pois não encontrara palavras para se expressar naquele momento.

— O problema não é o aborto em si, Miah. Você está grávida de sete meses, e não há muito a ser feito agora, mas, se tivesse optado mais cedo por tirar essa criança, não assumiria débitos a ser quitados em encarnações futuras, porque não há credores aguardando para receber essas dívidas. Você não se tornaria uma assassina por isso, não acabaria no umbral ao desencarnar, não"perderia" ou "desperdiçaria" sua encarnação atual, porque cometeu um ato inaceitável perante Deus. Sabe o que realmente conta? As crenças, os valores, os conceitos e as atitudes que você conserva dentro de si. Como você reagiria se tivesse abortado? Teria problemas com Nicolas? Ambos concordariam que isso seria o melhor? Você se arrependeria? Ou acreditaria ter feito o melhor para si? Como lhe disse, a única cobradora que existe é sua cabeça. A vida é muito mais do que vítimas ou culpados, erros ou acertos, julgamentos ou absolvições. Nada disso realmente existe, porque somos todos espíritos livres, presos apenas à nossa consciência.

— Vou levar essa gestação até o fim, mesmo que, após o nascimento, eu não queira criá-lo. Sei que terei problemas imensos com Nicolas, mas...

— Cuidado para não se deixar impressionar por esses sonhos, essas visões ou sensações ruins que está alimentando em relação à criança. Como lhe disse, há sim a possibilidade de que um inimigo seu de outras eras esteja a caminho. Se for isso mesmo, você e Nicolas, como pais, precisarão lidar com esse acontecimento. Quem sabe, assim que vir o rostinho do bebê, aflore em seu íntimo um grande amor maternal?

Miah pensava que a possibilidade daquilo acontecer era equivalente a zero, mas preferiu não expor sua opinião.

— Não odeie quem você ainda não conhece, Miah, nem tenha medo dele. Independente de quem seja, esse espírito agora representa o fruto do seu amor com Nicolas.

— Eu sei. Ele foi gerado quando eu estava presa — confessou Miah um tanto encabulada.

— Lembre-se, Miah, independente do que você fizer na vida, de qual atitude tomar, de qual caminho seguir, é preciso que você sempre afirme que a decisão que tomar será perfeita para si mesma, porque é o melhor que poderá fazer naquele contexto. Quando você acredita que age com perfeição, sem culpas, sem receios, sem rótulos, sem traumas, sem cobranças ou julgamentos, as coisas dão certo. Não há erros sob o ponto de vista espiritual, mas somos totalmente responsáveis pelo que nos acontece de bom ou de ruim.

— Marian, eu me pergunto como consegui viver tantos anos da minha vida sem conhecê-la. Você é incrível. Queria ter um décimo de sua sabedoria.

— Não tenho sabedoria alguma. Leio e estudo muito, conheço várias correntes filosóficas de viés espiritualista, mas nunca me apeguei a nenhum dogma religioso. Além de tudo isso, estudo e observo o funcionamento da vida. Acho que essa é a fonte da verdadeira sabedoria para todos nós.

Miah sorriu e, meio desajeitada, com a barriga limitando um pouco seus movimentos, projetou o corpo para frente para abraçar Marian.

— Obrigada por ser mais do que uma amiga. Eu a amo como se fosse minha irmã.

— Eu também amo você, Miah.

— Sabe... Eu entrei nesse assunto entre mãe e filho, porque, quando fui dormir, o bebê me golpeou duas vezes. Sim, é o que você ouviu. Senti que fui atacada por ele. Essa criança me assusta, Marian.

— Independente das questões espirituais, por que você não visita um ginecologista ou um obstetra? Faça alguns exames para saber se está tudo bem com o bebê.

— Nunca me interessei por isso, o que também é estranho. Não tenho nenhum interesse em descobrir o sexo da criança, embora tudo indique que seja um menino, se meus sonhos fizerem algum sentido. Com menos de dois meses para o parto, Nicolas e eu não planejamos nada. Não compramos enxoval, não temos um cantinho preparado para nosso filho, não compramos o berço nem aquelas frescurinhas para crianças recém-nascidas...

— Miah, você e Nicolas como mamãe e papai serão muito engraçados — riu Marian.

— Neste momento, não estou achando a menor graça.

Sem deixar de rir, Marian aconselhou:

— Vá com Nicolas a um especialista e confira se esses sintomas que você está sentindo não são apenas físicos.

— Sei que não são, e você também sabe disso.

— Mesmo assim, não dispense a assistência médica. Sei que você está totalmente desinteressada por essa gravidez, mas não podemos nos omitir em relação a certas coisas. Você é uma mulher inteligente e instruída, Miah. Os cuidados com sua saúde e com a saúde da criança são essenciais.

— Farei isso, pode deixar... — Miah hesitou, olhou fixamente para Marian e comentou: — Quando entrei, notei que você está pálida, e há olheiras quase imperceptíveis debaixo dos seus olhos, algo que nunca vi antes. Seus olhos estão meio tristes, apagados, sem o brilho habitual. O que está havendo, amiga?

— Meu Deus, você é tão observadora quanto Nicolas! Não me espanta estarem casados — Marian ficou séria. — A questão é o Enzo. Ele não está bem.

— Ele está doente? Você me disse que ele havia saído. Imaginei que tivesse ido trabalhar.

— Ele foi. Deve estar no hospital agora. Não está doente exatamente. A questão é que Enzo está se tornando alcoolista ou talvez já tenha se tornado.

— Alcoolista? Como assim?

— Essa foi a terceira noite em que ele dormiu fora. Passei a noite em claro, à espera dele, tanto que até assisti à sua reportagem no hotel. Eu a vi na TV tentando entrevistar um homem.

— Era o gerente do hotel onde um homem se matou. Ele saiu em desabalada carreira na minha frente. Corri atrás dele, mas não fui rápida o bastante. — Miah mostrou um sorriso ao se lembrar de suas traquinagens jornalísticas. — Desculpe-me por desviar o assunto. Pode continuar.

— Não sei se Enzo tem outra pessoa em sua vida. Acredito que não. Ele tem passado as noites em bares e botecos bebendo até não aguentar mais. As duas primeiras vezes aconteceram nos fins de semana, mas hoje é sexta-feira, então, mais um dia para seu currículo de bebedeira.

— Caramba, que situação chata! — naquele momento, Miah quis ser como a própria Marian e ser capaz de lhe dar diversos conselhos importantes. Como nenhum surgiu em sua mente, ela optou por indagar: — Você não tentou conversar com ele para saber o que está acontecendo?

— Já, mas ele não me ouve. Mostra-se irritado e diz que não tenho o direito de mandar na vida dele. Estamos casados há poucos meses, há bem menos tempo que você e Nicolas, e sinto que nosso relacionamento já está desgastado. Não é o que quero para minha vida, mas também não quero deixá-lo. Eu o amo.

— Você já deve ter considerado esse fato sob a ótica espiritual. A que conclusão chegou?

— Os alcoolistas sentem prazer e conforto na bebida. Muitos se refugiam no álcool, mas, dessa forma, se desvaloriza, se abandona, passa por humilhações diante dos outros, como na primeira vez em que fui buscá-lo e o trouxe praticamente arrastado pra casa. Além disso, traz com ele alguns espíritos ignorantes e oportunistas, que tiram proveito da situação, coletando um pouco da energia que Enzo emana e com a qual eles mantêm afinidade. Tenho feito o possível para impedir o acesso desses espíritos à minha casa, Miah, contudo, sei que, se estou passando por essa situação, é porque preciso refletir sobre minhas atitudes. Como lhe disse, somos responsáveis pelas coisas boas ou ruins que nos acontecem. De que experiência preciso neste momento? Por que isso está acontecendo conosco? O que preciso rever em minhas crenças? Como posso ajudar meu marido? Ao aceitar essa situação, estou trabalhando minha autovalorização e minha fé?

— Marian, vou repetir: você é incrível. Se Nicolas começasse a beber desse jeito, em vez de refletir sobre todas essas questões, eu já teria apanhado uma frigideira, dado umas boas bordoadas na cabeça dele até ele me jurar que pararia com essa palhaçada de encher a cara nos barzinhos da cidade.

Marian viu-se obrigada a rir.

— Obrigada por ser esse anjo em minha vida, Marian. Sempre tão presente para ouvir os meus desabafos... Quanto ao Enzo, você não acha que Nicolas...

— Por favor, Miah, não comente nada com ele, ou arranjaremos um problema maior. Enzo chegou tarde, dormiu pouquíssimo e foi trabalhar mesmo de ressaca. Quando ele chegar mais tarde, teremos uma conversa decisiva. Depois lhe contarei como foi.

— Conte comigo, Marian. Saiba que pode me ligar a qualquer momento.

Marian assentiu. Era muito bom poder contar com a amizade de Miah. Conseguia confidenciar com a amiga seus assuntos mais íntimos. Assuntos que ela não desabafava com a própria mãe ou com a irmã.

Elas continuaram conversando até Miah perceber que já estava ali há mais tempo do que o pequeno intervalo que ela tirara. Precisava voltar à emissora para continuar com seu trabalho ao longo do dia e foi isso que ela fez.

Capítulo 12

A padaria O Pão de Cada Dia era o segundo endereço na cidade para onde Nicolas gostava de ir para comer algo diferenciado, perdendo apenas para o restaurante Caseiros. Ficava bem localizada, a apenas dois quarteirões da delegacia, de forma que era comum encontrar ali vários policiais tomando seu café da manhã ou lanche da tarde. Eles costumavam dizer, em tom irônico, que não sabiam explicar por que aquele local jamais fora assaltado.

Nicolas era cliente assíduo da padaria, pois tomava café da manhã ali praticamente todos os dias. Os funcionários conheciam quase todos os policiais que frequentavam o estabelecimento, principalmente o delegado Elias, que entrou acompanhado por Nicolas, Moira e Mike.

— A demora para me alimentar foi tanta que eu cheguei a pensar que o café da manhã se transformaria em jantar! — O sorriso de Mike estendeu-se de orelha a orelha. — Agora vou me esbaldar e comer até ficar doente, e tudo por conta do Bartole, o melhor investigador do mundo!

Os olhos de Mike, escuros como petróleo, brilhavam extasiados, e Nicolas poderia jurar que havia neles um brilho de lágrimas, certamente ocasionado pela emoção em ter seu voraz apetite saciado por pelo menos algumas horas.

Depois que se serviram no buffet, voltaram para a mesa em que Nicolas sempre escolhia, que ficava encostada em uma parede, perto de uma janela larga e arredondada. Dali, ele acompanhava a movimentação do lado de fora, olhando pelo vidro ou diretamente para a porta de saída. Ele sorriu para si mesmo ao notar que a cabeça de Mike estava quase oculta por trás do seu imenso prato, que parecia estar tão alto quanto o Corcovado, contendo pães, frutas, bolos, salgados e biscoitos, tudo misturado ou por cima uns dos outros. Como aquela cena já não impressionava Nicolas ou Elias, ambos praticamente a ignoraram.

— Precisamos engrossar o caldo da nossa investigação — começou Nicolas. — Angariar mais provas, depoimentos, testemunhas, informações.

— Por onde podemos começar, Bartole? — indagou Moira, mordendo um pedaço de mamão.

— Sugiro que você e outro policial que Elias designar percorram os arredores da residência de Regiane e, literalmente, batam de porta em porta. Qualquer novidade que conseguirem pode ser importante. Descubram os locais que ela frequentava, como mercados, salão de beleza, farmácia, escola etc. Ela deixou duas crianças pequenas, portanto, tentem entrar em contato com a professora dos gêmeos e vejam se ela pode nos contar algo sobre a família. Os vizinhos também devem saber de alguma coisa. Em toda rua há os bisbilhoteiros de plantão.

— Com a barriga cheia, irei até Marte, se precisar — declarou Mike, mastigando um pedaço de bolo de chocolate, que ele colocara na boca junto com uma minicoxinha de frango.

— Nós poderíamos ir um pouco mais longe — opinou Elias. — Tentarei conseguir uma autorização para viajarmos brevemente até Ribeirão Preto, não apenas para conversarmos pessoalmente com o delegado Masao e pedir a colaboração dele, mas também para conhecermos a esposa de Franco e a concessionária em que ele trabalhava.

— Perfeito! — Nicolas saboreou o suco de melancia e estalou a língua. — Mike e eu iremos ao consultório do doutor Loureiro, e espero que ele nos ajude a compreender melhor como funciona o universo da hipnose. Na sequência, conversaremos com a psicóloga de Regiane. Se ambos os profissionais colaborarem conosco, creio que a investigação avançará bastante.

— É o que também espero, principalmente com Teresa mordendo nossos calcanhares — lembrou Elias, que fez um resumo breve da visita da capitã a Mike e Moira. — Precisamos encerrar o dia com algo mais concreto, antes que o comandante venha nos cobrar, pressionar ou nos acusar de marasmo.

— Se isso acontecer, deixe que eu me entenda com ele — Nicolas lançou um olhar repleto de sarcasmo para Elias. — E agora vamos trabalhar, galera? O tempo urge.

***

O consultório de Loureiro ficava em um sobrado pintado de bege, num bairro da região sul da cidade. Apenas uma placa pequena indicava que ali havia atendimento psiquiátrico, seguido pelo nome do médico, pelo número de seu CRM e de um telefone.

Nicolas pressionou o dedo no botão do interfone e em seguida ouviu uma voz feminina:

— Pois não?

— Sou o investigador Nicolas Bartole e gostaria de trocar algumas palavras com o doutor Walmor Loureiro. Estou acompanhado do policial Mike. É possível?

— Pode entrar, por favor — houve um estalido no portão, que foi liberado.

— Obrigado — agradeceu Nicolas à voz mecânica.

Logo depois, ao entrar em uma sala ampla, bem arejada, decorada com móveis novos e modernos, ele descobriu que a dona da voz era uma senhora de cabelos grisalhos, de rosto bonito e muito maquiado, que os aguardava de pé atrás de uma mesa com tampo de vidro, sobre a qual havia um *notebook* e algumas pastas com documentos.

— Como vocês não têm horário marcado, creio que não se trata de uma consulta com o doutor — adiantou-se a recepcionista.

— Exatamente. Precisamos conversar com ele, pois temos algumas dúvidas sobre um assunto que está diretamente ligado a uma investigação em curso — respondeu Nicolas.

— Compreendo. Bem, o doutor está atendendo a uma paciente agora, mas a consulta deve terminar em dez minutos. Vocês poderiam aguardar um pouco?

Nicolas agradeceu as informações e ficou aguardando o médico na companhia de Mike na sala de espera. Não havia outros pacientes esperando. Instantes depois, uma porta no final de um corredor abriu-se, e uma mulher saiu a passos largos. Seus olhos estavam avermelhados, como se tivesse chorado. Ela ganhou a rua logo depois, e um homem de cabelos muito brancos e olhos azuis intensos surgiu no mesmo corredor. Ele vestia um jaleco da cor de seus cabelos e tinha um rosto quase desprovido de rugas, embora certamente já contasse mais de sessenta anos. Encarou os visitantes com curiosidade e lançou à recepcionista uma indagação muda no olhar.

— Eles gostariam de conversar com o senhor, doutor — ela apressou-se a se justificar. — Pedi que aguardassem aqui.

— Sou Nicolas Bartole, investigador de polícia. Este é o policial Mike. O senhor poderia nos disponibilizar alguns minutos do seu tempo, por favor?

Ainda os fitando com certa desconfiança, Loureiro estendeu a mão direita para cumprimentá-los. Depois, assentiu com a cabeça.

— Claro. Podem vir por aqui, por gentileza.

Nicolas e Mike seguiram-no pelo corredor até chegarem ao consultório do médico, que era uma sala imensa, com um divã no centro, algumas poltronas, uma tela branca na parede, onde ele deveria projetar filmes ou vídeos em geral e várias mensagens sobre positividade espalhadas pelas paredes ao lado de quadros que emolduravam seu diploma e outros certificados importantes que ele conquistara ao longo de sua carreira.

Loureiro indicou as poltronas para os visitantes e sentou-se em uma delas.

— Aqui estamos. Como posso ajudá-los? — perguntou, ainda curioso com a presença da polícia em seu consultório.

— A doutora Ema Linhares indicou seu trabalho, doutor — explicou Nicolas. — Não sei se o senhor já soube das mortes que ocorreram ontem à noite.

— Algum paciente meu? — ele pareceu verdadeiramente preocupado.

— Talvez não. Os nomes José, Regiane ou Franco Mendonça lhe são familiares?

A estranheza que surgiu nos olhos azuis do médico foi nítida.

— Já tive um paciente chamado José, um rapaz de vinte e dois anos, mas isso já faz bastante tempo. Qual é o sobrenome dele?

— O José ao qual me refiro era um homem em situação de rua. Não creio que ele fosse seu paciente nem que tivesse condições financeiras para pagar pelas consultas.

"E que não devem ser muito baratas", pensou Nicolas.

— Então, de fato, não conheço essas pessoas.

— Era o que eu imaginava. Os três cometeram suicídio ontem à noite, em bairros diferentes da nossa cidade. Temos motivos para acreditar que as mortes foram induzidas.

— Induzidas? — repetiu Loureiro. — O senhor está sugerindo que alguém tenha montado cenários para simular suicídios perfeitos?

— Não exatamente, e é aí que entra a sua ajuda. Cogitamos a possibilidade de essas pessoas terem sido hipnotizadas antes de tirarem a própria vida.

Loureiro cruzou as pernas, compreendendo aonde Nicolas queria chegar.

— Seria muito importante se o senhor pudesse nos explicar como funciona o processo de hipnose. A doutora Ema me garantiu que o senhor é o melhor especialista nessa área aqui em nossa cidade. Temos muitas dúvidas a respeito do assunto.

— Antes de qualquer coisa, quero deixar claro que a hipnose comum é uma técnica antiga utilizada no tratamento individualizado voltado para questões físicas e mentais. Atualmente, dispomos de diversas formas de trabalhar a hipnose, sendo que algumas dessas práticas são bem modernas e alcançam resultados rápidos e eficientes. Aqui, em meu consultório, cada sessão dura em torno de uma hora.

Nicolas percebeu que a explicação de Loureiro estava carregada de marketing, como se ele quisesse fazer propaganda do seu trabalho.

— Sabe aqueles programas de televisão em que alguém da plateia é convidado a participar da hipnose? — indagou o médico. — Muitos desses programas nos causam a impressão de que são mentiras ou balelas, e é bem verdade que, em alguns casos, o participante combina previamente com a produção o que acontecerá depois. Muitas vezes, até participam de um pequeno ensaio antes. Na maioria das vezes, contudo, o procedimento é real e funciona como nos é mostrado. A palavra hipnose tem origem grega e significa sono, embora não seja exatamente isso o que acontece com a mente dos pacientes. Na realidade, a hipnose consegue modificar o padrão de consciência de uma pessoa, focando sua atenção no objetivo proposto, seja por meio da indução ou de uma autoindução. O paciente direciona sua mente para onde o profissional deseja, o que gera intensa atividade cerebral, totalmente diferente do que acontece quando estamos adormecidos.

— É uma técnica segura ou possui contraindicações? — quis saber Nicolas.

— Extremamente segura e promove resultados grandiosos para os pacientes. Somente não recomendamos esse processo com pessoas esquizofrênicas, epilépticas ou que possuam casos anteriores de psicoses.

— Como funciona uma sessão de hipnose e quais são os objetivos? — a pergunta veio de Mike.

Loureiro direcionou o olhar para o policial e explicou:

— Eu trabalho com a hipnoterapia, que, como o próprio nome diz, alia a terapia com a hipnose. Ela torna-se um veículo de comunicação direto com a mente subconsciente do paciente. É indicada no tratamento de depressão, síndrome do pânico, baixa autoestima, dificuldades de aprendizagem ou de memorização, tabagismo, angústias, medos e ansiedades, insônia, estresses pós-traumáticos, obesidade, dificuldades de manter relacionamentos sociais e afetivos, TOC[3], traumas emocionais, entre muitas outras questões pertinentes às emoções humanas.

---

3 Transtorno Obsessivo Compulsivo

Durante o estado de transe hipnótico, o paciente consegue romper padrões e crenças arraigadas em sua mente, realizando modificações plenas em sua vida. O período de tratamento varia muito e vai de acordo com os progressos observados em cada pessoa atendida.

— Então, o paciente chega, deita-se no divã... e a mágica acontece? — sondou Nicolas, tentando absorver rapidamente todas aquelas informações.

— Não há mágica alguma, senhor, pois tudo pode ser cientificamente comprovado. Quando recebo um paciente novo, durante uma, duas ou até três sessões, realizo somente um bate-papo, que chamo de entrevista. O objetivo é tentar compreender as reais necessidades do paciente e, caso ele não se abra, estabelecer um vínculo de confiança para que isso ocorra. Há muitas pessoas que procuram psicólogos ou psiquiatras, mas sentem receio ou vergonha de expor seus segredos mais íntimos. Buscam ajuda, sem, de fato, explicar por que desejam auxílio. Quando isso acontece, cabe a mim elaborar todo um trabalho para fazer o paciente expor sua necessidade para que, assim, eu consiga atuar. Eu, então, organizo minhas técnicas de trabalho e monto um planejamento específico para aquela pessoa. Depois que o vínculo de confiança é criado, posso iniciar, na prática, a hipnoterapia, após tirar todas as dúvidas do paciente sobre o assunto. Inicio o relaxamento utilizando uma música suave ao fundo, e, logo depois, a pessoa imerge na maravilhosa sensação causada pelo transe hipnótico.

"Eles apresentaram comportamentos diferentes nos últimos dias..." "Pareciam muito felizes..." "O olhar estava vidrado..." Nicolas lembrava-se do que ouvira e concluíra, tentando casar essas informações com o que estava ouvindo do psiquiatra.

— Cada tratamento é realizado de forma única, porque somos únicos. — Loureiro descruzou as pernas. — Uma pessoa hipnotizada pode entrar em um transe leve, médio ou profundo, dependendo da necessidade de cada um. No transe leve, os movimentos são reduzidos, como a pulsação e os batimentos cardíacos. A respiração se torna mais lenta e ritmada, como se fosse um leve torpor. No transe médio, os músculos do rosto ficam mais soltos, a respiração permanece mais lenta, bem como os movimentos oculares. Por fim, no transe profundo, que é semelhante ao estágio anterior ao sono, o paciente exerce comportamento parecido com o sonambulismo. Mesmo com os olhos abertos, não está de fato acordado. O olhar permanece vago, vidrado e fixo. Ele pode falar e caminhar, mas como sonâmbulo. Nesse estágio, muitos pacientes relatam amnésia, afirmando que esse momento jamais ocorreu. Ao

99

voltarem do transe, muitos não se lembram do que aconteceu e relatam que estavam apenas adormecidos.

Loureiro finalmente chegou aonde Nicolas queria.

— Se o senhor quisesse, poderia trabalhar com a mente de uma pessoa a ponto de convencê-la a tirar a própria vida?

A pergunta soou tão estranha para o psiquiatra que ele pigarreou e contraiu os olhos antes de responder:

— As técnicas que utilizo jamais trariam malefícios aos meus...

— Por favor, doutor, a pergunta é importante para nós.

— Depende — ele soltou um longo suspiro. — Se você pesquisar, encontrará inúmeros casos de pessoas que se mataram durante um transe hipnótico, quase sempre por indução de uma pessoa. Elas não fariam isso em sua consciência plena, no entanto, perceba que a mente não é a casa da mãe Joana. Mesmo durante o transe, você continua sendo você, com suas particularidades, suas características e seus princípios. Muitos dos casos em que isso ocorre, as vítimas apresentavam depressão ou já haviam vivenciado essa problemática, tendo cogitado o suicídio em algum momento da vida.

Nicolas lembrou-se de que o marido de Regiane dissera que ela tivera depressão. Será que Franco e José, em determinada época, passaram pelo mesmo problema? Se a resposta fosse afirmativa, mais um passo largo seria dado.

— O senhor nos explicou que muitos não se lembram do que ocorreu durante o transe hipnótico, então...

— Em transe profundo, quase sempre não. Vou lhe dar um exemplo, senhor Nicolas. Suponhamos que o senhor sonhe com alguns pombos comendo milho em uma praça. Ao acordar, não se recorda do que sonhou, mas seu sonho permanecerá guardado em um cantinho do seu inconsciente. Se naquele mesmo dia o senhor passar por uma praça e vir pombos comendo milho, adivinha o que surgirá em sua mente, de forma bem vívida?

— O sonho de que me esqueci.

— Exatamente. O transe funciona de forma parecida, mas isso varia muito de pessoa para pessoa.

— A pessoa pode ficar presa para sempre em um transe hipnótico? — inquiriu Mike, torcendo para que sua pergunta não soasse ridícula aos olhos de Nicolas.

— Sua dúvida é: se eu não trouxer a pessoa de volta do transe, o que lhe ocorreria? — vendo Mike assentir, Loureiro explicou: — Ninguém permanece hipnotizado para sempre nem preso em um transe hipnótico pelo resto de seus dias. Isso não existe. Inúmeros testes foram realizados a respeito, bem como situações envolvendo pessoas que não eram preparadas para desenvolverem tal atividade e que o fizeram apenas por curiosidade, para descobrirem o que aconteceria com a pessoa hipnotizada. Quando a pessoa sentir fome, sede ou vontade de ir ao banheiro, ela automaticamente despertará do transe, ainda que tenha sido induzida a permanecer daquele jeito para sempre.

— Ou seja, se as três pessoas se mataram às vinte e uma horas e se todas estavam em transe, o hipnotizador precisou se encontrar com elas em algum momento daquele mesmo dia, certo? — refletiu Nicolas em voz alta. — Mas isso não bate com uma das vítimas, doutor. Franco Mendonça permaneceu no hotel quase um dia inteiro, a menos que sua acompanhante o tenha hipnotizado.

— Seria uma possibilidade — considerou Loureiro.

Ainda assim, Nicolas não acreditava que Yumi estivesse envolvida na morte de Franco. Seus aguçados instintos, aliados à sua forte intuição, diziam-lhe que a jovem era inocente. Foi então que uma ideia surgiu na mente de Nicolas. Como ele não havia pensado naquilo antes?

Agitado e ansioso com a nova hipótese que começava a ganhar forma, ele olhou fixamente para o médico:

— Sabemos que existem muitas substâncias ilegais que causam efeitos alucinógenos das mais variadas formas. O que aconteceria se uma pessoa ingerisse essa droga e, em seguida, fosse hipnotizada? E se a pessoa que a fez participar desses processos quisesse que ela se matasse?

— Isso é totalmente proibido, um crime — pela primeira vez desde o início da conversa, Loureiro demonstrou irritação. — Eu mesmo denunciaria um colega que estivesse cometendo essa ação tão ultrajante com as pessoas.

— Um colega? Outro psiquiatra?

— Ou um psicólogo, um terapeuta, ou alguém que tenha estudado as técnicas da hipnose e saiba como desenvolvê-la.

— Mas me responda o que lhe perguntei, doutor. A junção de uma droga alucinógena com uma indução forçada à hipnose traria efeitos devastadores? Quem estivesse no comando da situação conseguiria fazer a outra pessoa atentar contra a própria vida?

Loureiro não hesitou em responder:

Capítulo 13

— Provavelmente, a pessoa que fizesse isso conseguiria seu objetivo, dependendo do histórico de vida dos envolvidos. E isso, senhor Nicolas, seria assassinato.

Assassinato! A palavra tão familiar a Nicolas continuou ecoando em sua mente, enquanto ele dirigia a caminho do consultório da psicóloga de Regiane. Que tipo de louco faria uso de técnicas tão diferenciadas para matar uma pessoa à distância? Somente alguém muito inteligente, que dominava os processos hipnóticos e tinha acesso a drogas no mercado negro. Ele tinha certeza de que a doutora Ema confirmaria sua teoria, tão logo recebesse os resultados do laboratório.

— Bartole, se eu participasse de algumas sessões de hipnoterapia com o objetivo de ser menos comilão, acha que eu alcançaria os resultados desejados? — Mike mostrou seu sorriso espetacular a Nicolas. — Ariadne nunca mais brigaria comigo, eu não lhe daria tanta despesa e seria um homem mais saudável. O que acha?

— Com você isso não funcionaria, a menos que participasse de muitas sessões. Muitas mesmo. O doutor Loureiro poderia dar início ao seu tratamento, mas ele morreria de velhice, então, as sessões seriam assumidas pelo filho dele, que, depois de muitos anos, as repassaria ao neto. Aí sim, com um pouco de sorte, você conquistaria sua meta.

Em vez de ficar amuado, Mike exibiu um sorriso ainda maior.

— Arre égua, Bartole! Que mente maldosa a sua! Diz isso porque tem inveja de mim. Apesar de comer muito, eu treino todos os dias. Minha barriga é um verdadeiro tanquinho, ao contrário da sua, que já dá sinais de que está acumulando gordurinhas.

— Eu não tenho gordura acumulada — defendeu-se Nicolas. — Acha que Miah já não teria brigado comigo por causa disso? Minha barriga é tão reta e dura quanto uma placa de madeira, aliás...

O rádio de Nicolas tocou, interrompendo a discussão dos dois. A voz de Elias brotou:

— Bartole, após conversar com as pessoas certas, consegui uma autorização para irmos a Ribeirão Preto amanhã. Apesar de ser um sábado, uma das concessionárias de Franco, a matriz e onde ele trabalhava, estará aberta até às dezesseis horas. O delegado Masao já se colocou à nossa disposição. Gostaria que estivéssemos lá por volta de oito da manhã.

— Perfeito! Acabei de sair do consultório do doutor Loureiro. Parece que estamos indo pelo caminho certo. As explicações que ele nos deu sobre hipnose batem com o que desconfiávamos. Enquanto conversávamos com ele, ocorreu-me um pensamento. Sabe as imagens das câmeras de segurança do Hotel Star? Gostaria que elas fossem levadas ao setor técnico para que averiguem se não houve alguma alteração nas gravações.

— Do que está suspeitando, Bartole?

— Franco deve ter passado por uma rápida sessão de hipnose momentos antes de seu suicídio. A menos que Yumi o tenha feito, ele precisou sair do quarto e se encontrar com alguém ou talvez tenha recebido essa pessoa no próprio dormitório. Como as imagens não mostraram nada anormal, penso que elas podem ter sido adulteradas.

— Pedirei a Moira que faça isso agora mesmo e cobrarei urgência na resposta do setor técnico — esclareceu Elias.

— Muito bem. Estou chegando ao endereço de Andréia, a psicóloga de Regiane. Espero que ela seja tão prestativa conosco quanto foi o doutor Loureiro. Até mais.

Nicolas encerrou o chamado e continuou dirigindo. No céu, o sol poderoso continuava fazendo muito bem o seu trabalho. Aquecia a cidade de forma até um pouco exagerada, visto que o termômetro localizado na principal praça da cidade registrava 36 graus, mesmo que ainda não fosse meio-dia. Somando-se a isso a ausência de vento e a baixa umidade do ar, a sensação térmica era de quase quarenta graus.

Obviamente, os vendedores de sorvete não estavam perdendo tempo. Vários carrinhos estavam espalhados pelos locais mais movimentados da cidade, assim como pessoas vendendo água, refrigerantes e cervejas imersos em isopores cheios de gelo e geladinhos de frutas naturais e diversas outras opções que ajudassem aqueles que desejassem se refrescar.

Minutos depois, Nicolas estacionou próximo ao local onde a psicóloga de Regiane realizava seus atendimentos. Ele e Mike desceram do carro lamentando ter de deixar o ar-condicionado do veículo para trás.

Assim como Loureiro, Andréia também prestava atendimento em uma casa. Era uma construção térrea, em que se via no alto do portão uma placa onde constavam os nomes as seguintes anotações:

Andréia Baldo Assunção — Psicóloga e Psicanalista.
Frederico Baldo Assunção — Psicólogo e Psicoterapeuta.

— Ela tem um marido ou um irmão formado na mesma área? — observou Nicolas. — Isso é muito interessante.

Nicolas apertou o botão do interfone e contemplou o portão feito de madeira maciça, tão envernizado que refletia sua imagem como um espelho. Era bem alto e não permitia que as pessoas de fora enxergassem o que havia do outro lado. Duas câmeras de segurança registravam as imagens dos visitantes.

Talvez devido ao fato de terem visto um policial fardado pelas câmeras, ninguém questionou nada pelo interfone, e logo depois o portão foi aberto. Nicolas e Mike agradeceram a Deus o fato de a casa ter ar-condicionado.

Descobriram um espaço muito mais elegante e luxuoso do que o consultório de Loureiro. Havia vários pacientes aguardando a consulta nas confortáveis poltronas almofadadas da sala de espera. As pessoas que esperavam vestiam-se com elegância, fazendo Nicolas tentar adivinhar o valor da consulta com os psicólogos e se questionar se Regiane tivera dinheiro para bancá-las.

A sala em que entraram era grande, com paredes pintadas de branco e piso de lajota na mesma cor. Do lado esquerdo havia três fileiras de poltronas. Cinco pessoas estavam sentadas, aguardando atendimento. Ao lado delas, eles viram uma mesinha com uma garrafa térmica contendo café, que simplesmente estava sendo ignorada pelos clientes.

Nicolas caminhou até o balcão de atendimento, e Mike seguiu seus passos. Uma mulher corpulenta e troncuda usando um jaleco impecavelmente limpo e bem passado estava sentada em uma cadeira com rodinhas e conversava com outras duas mulheres que também usavam jalecos brancos. Ao ver os visitantes, ela aproximou sua cadeira do balcão, sem se dar ao trabalho de levantar-se.

— Olá, como estão? — ela pareceu mais interessada em Mike e na sua farda do que em Nicolas e foi para ele que dirigiu a pergunta: — Como posso ajudá-los?

— Gostaria de saber como faço para falar com a psicóloga Andréia — Nicolas mostrou seu distintivo à atendente. — Assunto policial.

— Vou informá-la de sua presença, contudo, há vários pacientes aguardando atendimento e devo lhe adiantar que ela detesta atrasos ou situações que interrompam sua rotina de trabalho. — A mulher deslizou para trás com uma rapidez impressionante.

Ela apanhou um telefone sobre outra mesa, enquanto as demais funcionárias não desgrudavam os olhos dos visitantes. De onde estava, Nicolas não conseguiu ouvir o que a atendente murmurou ao telefone, mas, instantes depois, ela retornor sem tirar o traseiro de cima da cadeira. Novamente olhando para Mike, ela relatou:

— Como lhe disse, a senhora Andréia está em atendimento e ficou muito desgostosa por ter sido interrompida por mim. Disse que a agenda dela está cheia e que não poderá atendê-los hoje, pois suas próximas consultas são importantíssimas, tanto para ela quanto para seus pacientes. Ao finalizar todos os atendimentos previstos para hoje, ela e seu marido participarão de um congresso importantíssimo por meio de uma videoconferência. Ela pediu que o senhor deixasse seu telefone para ela entrar em contato assim que for possível.

— Avise à senhora Andréia que o motivo de minha visita é uma investigação policial importantíssima — devolveu Nicolas sendo debochado. — Ela que suspenda ou atrase seus atendimentos e adie a tal reunião, pois não sairei daqui enquanto não for atendido. E acrescente que meu tempo é curto e que desconheço a palavra paciência.

— Eu acabei de lhe dizer...

— Meu cérebro já registrou as informações que a senhora me forneceu e que foram captadas por meus ouvidos. Também espero que seu cérebro tenha assimilado meu pedido, que deve ser repassado imediatamente a Andréia para que o cérebro dela possa fazer a parte que lhe cabe. Isso é importantíssimo. Estamos entendidos?

Visivelmente confusa, a mulher assentiu e voltou ao telefone, acelerando a velocidade de sua cadeira deslizante. Dessa vez, o contato foi mais longo, e, embora não pudesse escutar o que ela dizia, Nicolas notou que a atendente estava sendo insistente. Por fim, a mulher desligou o telefone novamente e, para surpresa dele, abandonou sua cadeira.

— Eu só obedeço a ordens e ainda levo bronca! — Ela não parecia nada contente. — A senhora Andréia vai atendê-los, mas pediu que o senhor Frederico acompanhe a conversa. Adianto aos senhores que ela não está de bom humor.

— Que ótimo! — Nicolas sorriu. — Adoro lidar com gente mal-humorada.

A atendente explicou o caminho até a sala em que os proprietários do consultório ficavam.

— Muito grato por sua ajuda, contudo, tenho uma dúvida. — Nicolas fixou seus olhos azuis escuros na atendente e abriu um sorriso sedutor. A pobre mulher ficou com as pernas tão bambas que lamentou ter deixado sua cadeira para trás. — Gostaria muito de uma orientação e sei que você pode me ajudar. Trata-se de um caso particular. — Ele baixou o tom de voz propositadamente. — Meu sobrinho adolescente vem apresentando sintomas clássicos de depressão. Não sai de casa, não interage com os amigos, não sente prazer em nada que seja voltado à sua faixa etária. Acha que a senhora Andréia poderia me ajudar?

Com o coração batendo no pescoço e odiando o fato de ser uma mulher casada, ela respondeu com voz levemente estremecida:

— O senhor está no lugar certo. Ela é especialista em depressão. Após algumas consultas, seu sobrinho será outra pessoa.

— Certa vez, ouvi falar em hipnoterapia utilizada no tratamento de pessoas que estão passando pelo mesmo problema que meu adorado Luluzinho. Disseram que o tratamento é fantástico e que, na maioria dos casos, o êxito é de cem por cento.

— A senhora Andréia e o senhor Frederico são as pessoas mais indicadas para auxiliar seu sobrinho. Eles também trabalham com hipnoterapia e já ajudaram mais pessoas do que o senhor possa imaginar. Ninguém jamais se arrependeu do tratamento.

— Muito obrigado! — antes de se afastar, Nicolas deu uma palmadinha de leve na mão da mulher, o que a deixou com violentos desejos de trair o marido. Quando avançaram alguns metros, ele perguntou a Mike: — O que está achando deste lugar?

— Parece um consultório como qualquer outro — Mike apanhou um panfleto sobre uma mesa de centro, que ficava entre duas poltronas bonitas. — Quanto ao seu sobrinho, você não conseguiu pensar em nada melhor do que Luluzinho? Parece nome de cachorro.

— Não seja implicante, porque foi o único nome que me veio à mente.

Eles entraram em um corredor pequeno, que terminava em outro maior. O local era mais amplo do que Nicolas poderia supor.

— Neste folder há uma lista imensa dos tratamentos e das terapias que são oferecem aqui — Mike chacoalhou o papel que segurava. — A hipnoterapia é citada em vários locais. Os psicólogos devem ser bons mesmo, pois também são especialistas em muitos tipos de terapias holísticas como acupuntura, Constelação Familiar Sistêmica, reiki, aromaterapia e cromoterapia. Tem cada nome de terapia que eu não consigo nem pronunciar direito. O que vem a ser Ayurveda?

— Nunca ouvi falar disso.

Eles pararam diante da porta que a atendente lhes indicara. Lia-se Acesso Restrito em um painel pequeno, com letras em alto relevo, que fora colado à porta. Nicolas notou uma pequena câmera acima dela e percebeu que estavam sendo observados por Andréia e Frederico. Ele quase não resistiu à tentadora ideia de piscar para a câmera e dar um tchauzinho.

Não foi preciso que eles batessem na porta, pois ela estava apenas encostada. Ao entrar, Nicolas olhou para o casal sentado atrás de uma mesa com tampo de vidro. A mulher era loira, tinha cabelos armados e fixos por laquê em torno de uma cabeça miúda, que davam a impressão de que ela estava usando um capacete dourado. Os olhos verdes eram frios como uma geleira, e a boca, de lábios finos e apertados, sugeria que ela estava bem irritada.

Ao lado dela estava um homem igualmente loiro, de olhos verdes e também gelados. Uma barba rala dava um tom vivo à sua face pálida, como se há décadas não pegasse sol. Assim como o segurança que abrira a porta, também usava terno e gravata. Ambos estavam na faixa dos quarenta anos.

— Senhor investigador, nosso tempo urge, e não temos o costume de atrasar nossas consultas — começou Frederico, com uma voz esganiçada e fina demais para um homem de compleição musculosa, o que soava bastante estranho. — Como o senhor pôde ver na sala de espera, nossos pacientes estão nos aguardando, portanto, lhe concederemos cinco minutos para um diálogo rápido. Desculpe-me pela rispidez, mas como a conversa será muito breve, não vou convidá-lo a sentar-se.

Nicolas já notara que eles não seriam tão amigáveis quanto o doutor Loureiro e que o tom da conversa seria bem mais duro, por isso, como se não tivesse ouvido nenhuma palavra do psicólogo, ele puxou uma cadeira, sentou-se devagar e cruzou as pernas.

Tanto Frederico quanto Andréia permaneceram com as mãos cruzadas sobre a mesa, num claro sinal de que não cumprimentariam os visitantes, que não eram bem-vindos.

— O senhor não escutou o que meu marido acabou de lhe dizer? — indignou-se Andréia.

Com uma tranquilidade que chegava a irritar, Nicolas respondeu:

— Primeiro: estou aqui para uma conversa cordial e conto com a colaboração de ambos. Segundo: quando a polícia chega a um local, qualquer outro acontecimento deixa de ser prioridade. Terceiro: quem decide a duração do nosso papo sou eu, não os senhores.

— Vejo que será necessária a presença de nossa advogada para intermediar esta conversa — reclamou Frederico. — Nós não...

— A grande verdade e a luz significam algo aos senhores? — cortou Nicolas.

Os dois psicólogos ficaram lívidos ao mesmo tempo, como se alguém lhes drenasse o sangue simultaneamente. O pomo de adão de Frederico foi para frente e para trás várias vezes.

— Não sabemos do que está falando — afirmou Andréia, nitidamente nervosa.

— Você teve uma paciente chamada Regiane? — Nicolas olhou fixamente para a loira. — Ela é mãe de gêmeos, Kaíque e Patrick, ambos com cinco anos de idade. Era casada com Elivelton. Sabe de quem estou falando?

— Sim, mas o que isso tem a ver com...

— Ela fez um tratamento com você, buscando se tornar uma pessoa melhor. Soube que ela passou por uma forte depressão.

— Não concedemos informações pessoais de nossos pacientes — tornou Frederico, com a voz ainda mais fininha.

— Nem mesmo à polícia? — sondou Nicolas. Como não houve resposta, continuou: — Sabem que tenho meios de obrigá-los a dizer o que quero.

— Não estou entendendo aonde pretende chegar. Se deseja reclamar do nosso trabalho, utilize nossos telefones de atendimento ao cliente — Frederico revirou os olhos, parecendo aborrecido, e mostrou um sorriso forçado.

Nicolas também sorriu antes de revelar:

— Se eu fosse o senhor, estaria chorando em vez de rir. Regiane cometeu suicídio ontem à noite e morreu falando algo sobre as palavras que lhes mencionei anteriormente. Duas outras pessoas também estão mortas e aparentemente tiraram também a própria vida. Os nomes Franco e José lhes dizem alguma coisa?

Frederico encarou a esposa. As mãos deles permaneciam na mesma posição, como se estivessem grudadas no tampo da mesa. Foi Andréia quem retomou a palavra:

— Há muitos homens chamados José em nossa cidade.

— Estamos falando de um homem em situação de rua, que jamais teria dinheiro para vir a esta clínica. Quanto cobram por consulta?

Frederico lambeu os lábios ressacados.

— Os valores são diferentes, pois dependem da terapia que o paciente deseja fazer. Nossa consulta mais barata, com duração média de quarenta e cinco minutos, custa trezentos e cinquenta reais.

— É... realmente José não poderia lhes pagar esse valor — murmurou Nicolas. — Quanto a Franco Mendonça, já ouviram falar nele?

— Não — ambos responderam em uníssono.

Nicolas guardou silêncio, sabendo que, se apurasse a audição, quase conseguiria ouvir os corações do casal batendo em ritmo descompassado.

— Durante o tempo em que Regiane se consultou com a senhora, ela fez alguma terapia que utilizasse hipnose?

— Já lhe dissemos que não responderemos nada sobre nossos pacientes, a menos que um mandado judicial nos obrigue a falar — exasperou-se Andréia. Ela mexeu a cabeça pequena para os lados, e nem um fio de cabelo moveu-se do lugar. — Já chega de tomar nosso tempo. Vá atrás de algo que nos intime a falar. Agora saia, por favor, e leve seu policial consigo. Deixe-nos em paz.

Andréia e Frederico levantaram-se juntos da cadeira. Eles faziam tudo em sincronismo, como duas marionetes controladas pela mesma mão.

Nicolas também se levantou, desviou o olhar para Mike, que estava compenetrado e, por fim, virou-se para o casal.

— Vou lhes dizer uma coisa. Paz será a última coisa que lhes darei caso tenham algo a ver com a morte dessas pessoas. Se vocês souberem o que é a porcaria da luz e da grande verdade e estiverem me escondendo isso, terei o prazer de prender os dois, e nem a mais sofisticada das terapias os ajudará a amenizar o sofrimento que terão na penitenciária.

— Está nos ameaçando? — a voz de Frederico soou mais fina do que a da esposa. — Nossa advogada lhe meterá um belo processo para você deixar de ser besta.

— Essa eu gostaria de ver! — Nicolas estreitou os olhos. — Rezem, caso não sejam ateus. Rezem muito para conseguirem me provar sua inocência, pois não sossegarei enquanto não acabar com os dois. Três pessoas perderam a vida por meio de hipnose induzida, algo que vocês dominam muito bem. Uma delas era paciente de vocês. Tenham certeza de que moverei céus e terra para chegar à mais profunda das covas e desenterrar o que quer que esteja lá embaixo, e não gostaria de descobrir que os outros dois homens também tiveram algo a ver com este consultório. Fui claro?

Agora parecia que a mão que controlava as marionetes estava inerte, pois ambos permaneceram paralisados. Nicolas fez um gesto com a cabeça para Mike e deixou a sala.

Frederico e Andréia precisaram de quase cinco minutos para se recompor. Por fim, ele fez um sinal para a esposa, e os dois seguiram para outra sala, contígua àquela. Ali, sabiam que Nicolas ou Mike não poderia ter instalado qualquer tipo de grampo ou gravador.

109

Um pouco mais relaxado, Frederico encheu um copo com água em um filtro preso à parede e bebeu tudo num gole só. Pegou outro e encheu também, oferecendo-o a Andréia. Finalmente, com voz semelhante à de uma taquara rachada, declarou:

— As chefias ficarão furiosas quando descobrirem que ele sabe quase tudo.

— Esse sujeito precisa morrer, ou ele destruirá nossa congregação. — Seguindo o exemplo do marido, Andréia virou o copo com água. — Nunca estiveram tão perto de nos descobrir.

— Vou explicar o que está acontecendo — Frederico sacou o celular do bolso e começou a digitar na tela. — Sadraque nos alertou que esse cara esteve em sua lanchonete fazendo perguntas semelhantes. Se não agirmos com rapidez, ele pegará todos nós! — Encostou o celular na orelha. — Vamos ver o que nossa chefia nos dirá.

Aguardou alguns instantes antes de dizer:

— Saudações, chefia! Nicolas Bartole acabou de sair daqui. Tenho certeza de que ele sabe que Andréia e eu hipnotizamos aqueles três idiotas. Mesmo que a morte dele venha a parecer suspeita, esse imbecil precisa morrer.

— Resolveremos esse problema nas próximas quarenta e oito horas. Temos tempo — disse a voz no celular. — Podem ficar tranquilos. Está tudo sob controle.

— Tem certeza disso?

— Não há o que temer. Nicolas Bartole é uma ameaça que já está em extinção. Saberemos como lidar com ele.

— Ótimo! Obrigado por tirar esse peso de nossas costas. Eu sou luz. Andréia é luz. Somos todos luz.

— Que a luz esteja com vocês também!

Do outro lado da linha, duas pessoas contemplavam, na penumbra, o monitor de um computador. Na tela, estava o rosto bonito e viril de Nicolas. Um dos vultos voltou-se para o outro. Uma voz que mal parecia ser humana comentou:

— Um homem inteligente, ágil e saudável, que seria perfeito para nossos planos... é uma pena que tenha de morrer. E uma pena ainda maior é saber que ele não será digno da luz.

Capítulo 14

A noite finalmente caiu, encerrando mais uma sexta-feira e uma longa semana de trabalho para aqueles que folgavam aos sábados e domingos, o que não era o caso de Nicolas. O fim de semana do investigador seria intenso, já que não concederia folga a si mesmo enquanto não solucionasse o caso que tinha nas mãos.

Ao deixar o consultório de Andréia e Frederico, Nicolas retornou com Mike à delegacia para atualizar o delegado sobre sua visita aos psicólogos e fazer seu relatório. Elias comentou que a doutora Ema ainda não obtivera resultado do laboratório, após lhes enviar uma amostra do sangue das três vítimas.

Moira relatou que, conforme Nicolas pedira, visitou diversos estabelecimentos no entorno do endereço de Regiane em busca de informações. Junto com um colega, a policial foi ao supermercado, localizado no quarteirão de trás da casa, à padaria, à banca de jornal, à escola em que as crianças estudavam, ao salão onde ela cortava o cabelo e fazia as unhas e às casas dos vizinhos mais próximos. Todos os relatos foram bem semelhantes. As pessoas que a conheciam afirmaram que Regiane era uma mulher muito simpática, educada e agradável para se conversar. Elivelton também foi elogiado, e muitos citaram que os dois formavam um casal que certamente viveria junto até a velhice. Na escola, a professora contou que Regiane comparecia a todas as reuniões de pais, acompanhando de perto os avanços pedagógicos dos gêmeos, e que ficara chocada quando soube do suicídio em uma reportagem na televisão. Já a manicure e a cabeleireira choraram, pois haviam perdido uma de suas clientes mais queridas.

Os depoimentos sobre o comportamento de Regiane também foram bem similares. Aparentemente, ninguém reparara em nada de anormal. Quem a viu pela última vez afirmou que ela não demonstrava medo, tensão, tristeza ou incômodo. Nada que justificasse um suicídio iminente.

De volta ao seu apartamento, Nicolas tentou se desligar temporariamente das informações que perpassavam por sua mente ao retirar a tampa da caixa de pizza que acabara de ser entregue.

— Eu já estou gorda e, se comer massa com tanta frequência, vou parecer um balão — decretou Miah, sentindo o estômago roncar de fome. A pizza, metade muçarela e metade calabresa, seria o jantar deles naquela noite e parecia estar muito saborosa.

— Somos culpados por não termos dotes culinários. — Nicolas pegou a espátula, cortou um pedaço da pizza de muçarela e colocou-o no prato da esposa. Em seguida, serviu a si mesmo com a de calabresa. — Eu admito que mal sei cozinhar feijão.

— Quando você morava sozinho, se virava como?

— Com biscoitos, macarrão instantâneo, salgadinhos, lasanhas, massas congeladas e outras besteiras para distrair o estômago. — Ele piscou para ela. — E nem fiquei esquelético ou barrigudo. Quando você me conheceu, eu estava gostosinho, né? E ainda continuo.

Miah deu uma gargalhada.

— Você deveria ganhar um prêmio no concurso do homem mais convencido da cidade.

— Não sei se isso seria uma boa ideia, pois o concurso me deixaria mais famoso, e eu atrairia a atenção de mulheres solteiras... e também das casadas. Sabe como é...

Miah segurou a espátula pelo cabo, ergueu-a de forma ameaçadora e a apontou para o pescoço de Nicolas.

— Continue! Estou adorando sua profecia.

— Está ameaçando de morte um investigador policial? Eu poderia prendê-la.

— Sem problemas, mas me deixe terminar de comer a pizza primeiro.

Eles riram. Nicolas ficou observando-a mastigar a pizza por alguns instantes com olhos embevecidos e depois perguntou:

— Já falei que te amo hoje, Miah?

Ela colocou a mão em concha atrás da orelha.

— Ouvir isso de novo nunca é demais.

Em vez de repetir, Nicolas inclinou o corpo e beijou-a na orelha.

— Dizem que não haveria vida na Terra se não existisse o Sol. Graças ao astro-rei, temos luz, calor e energia. Você é meu sol particular,

Miah. Neste momento, mesmo que eu esteja parecendo um tolo apaixonado, quero lhe dizer mais uma vez o que está cansada de ouvir. Obrigado por ser essa mulher incrível, a quem aprendi a amar desde a primeira vez que a vi na televisão. E amo muito mais agora que você carrega no ventre o fruto de nosso amor.

Ela soltou a espátula e sorriu para ele.

— Você sabe que não sou muito dada a rezas ou a orações, mas não deixo de pedir a Deus, todos os dias, que o abençoe e o traga vivo e seguro para casa. Sua profissão é muito perigosa, o que me deixa apreensiva, principalmente quando está caçando algum assassino psicopata. Por isso, fico muito aliviada quando você cruza aquela porta e mostra que está são e salvo. Amo você por nunca ter desistido de mim.

— E por que eu desistiria?

Miah pegou uma azeitona e colocou-a na boca dele antes de responder:

— Há certas coisas que não podem ser esquecidas. Marian me disse uma vez que meu passado já era, que se tornou ilusão ou uma lembrança ruim, mas ele ainda é muito forte em mim e machuca minha consciência. E, mesmo após descobrir o segredo que eu guardava e que jamais foi motivo de orgulho para mim, você me perdoou. Se isso não for amor, não sei o que é.

— Eu te amo, Miah — Nicolas repetiu. — E ficarei ao seu lado até o fim, independente do que aconteça. Eu me casei com você por amor e será em nome desse amor que enfrentaremos juntos qualquer desafio que vier.

Mesmo que não quisesse, ela sabia que acabaria se sensibilizando e chorando. Estava muito emotiva devido à gravidez.

— Obrigada por ser tão bom pra mim, por me deixar amá-lo, por me amar também e ainda confiar em mim, depois de tudo o que fiz. — As lágrimas chegaram e pingaram dos olhos dela. — Obrigada por existir na minha vida, por ser meu marido e meu melhor amigo. Obrigada por ser simplesmente Nicolas Bartole.

Nicolas riu e puxou o rosto da esposa para perto do seu, presenteando-a com um beijo lento e acolhedor, carinhoso e romântico. Depois, enxugou as lágrimas de Miah com as costas de uma de suas mãos.

— Se nós dois estamos famintos, por que interrompemos a degustação da pizza? Foi somente para nos emocionarmos? — ele indagou sorrindo.

— Foi você quem começou com tanto romantismo. — Miah colocou mais um pedaço da pizza na boca, pensando em como abordaria

113

o próximo assunto. — Queria lhe dizer que fui agredida. Recebi dois murros na barriga.

Imediatamente, a expressão serena de Nicolas transformou-se, endurecendo à medida que seus olhos esfriavam.

— Quem bateu em você? Vou agora mesmo atrás do sujeito que fez isso. Você sabe quem ele é? E por que não me telefonou na hora em que isso aconteceu?

Miah não encontrou alternativa a não ser rir.

— Ninguém me espancou nem nada parecido, e acho que, se isso tivesse acontecido, eu teria usado meu microfone para me defender — ela tocou na barriga. — Foi ele. O bebê.

— O bebê? Do que está falando?

— Você se lembra de que, no início da gestação, aconteceram algumas coisas muito ruins comigo? Tive visões, sonhos e até a certeza de que a criança havia se movido, quando era um simples feto malformado.

— Sim, eu me lembro.

— Pois voltou a acontecer. A criatura surtou e espancou meu útero com tanta força que foi milagre a bolsa não ter se rompido — de forma bem resumida, Miah contou a Nicolas o que sentira, quando a criança se agitou com força em sua barriga. — Depois, fui à casa de Marian conversar com ela. Dentre várias coisas, ela mencionou aborto...

— Você sabe que eu nunca concordaria com...

— Calma — ela interrompeu Nicolas, antes que ele esbravejasse. — Se não tirei o bebê até agora, é porque não farei isso. Marian tem uma compreensão bem inteligente sobre o aborto, considerando o lado espiritual. Ela não é favorável à legalização do aborto nem nada do tipo, mas disse que cada espírito precisa passar por experiências inerentes a ele para se fortalecer. Disse também que o que conta é a consciência de cada um, além de suas crenças. Pelo menos, foi o que entendi.

— E o que isso tem a ver com nosso filho, Miah?

— Já lhe disse que não tenho uma sensação muito legal sobre essa criança. Na verdade, tenho um pouco de medo dela. Também já lhe disse que não queria que ela nascesse. Acho que isso possa estar ligado a outras vidas, Nicolas. Esse espírito me odeia, e esse ódio todo só pode ter surgido em outras encarnações.

— A bruxa Angelique era uma mulher muito boa.

— Mas vivemos outras existências depois disso e não sabemos o que eu fiz para essa alma, que visivelmente está muito danada da vida comigo. — Ela riu, mesmo que naquele momento quisesse chorar de preocupação.

— E qual é a possibilidade de esse espírito que está chegando ser um dos homens que morreram quando você tentou se defender? Sei que isso aconteceu há poucos anos, contudo, é uma possibilidade, não? Então, não se trata de alguém que você encontrou em outros tempos, e sim nesta vida mesmo. Eles poderiam retornar à Terra em tão pouco tempo?

— Não entendo muito disso, mas acredito que Marian possa nos explicar melhor. Não creio, no entanto, que a raiva que esse espírito nutre por mim tenha se originado na atualidade. No sonho que tive certa vez, me vi em uma caverna e tenho certeza de que usava roupas antigas. Vi o rosto de um adulto no corpo de um bebê, e não era ninguém que eu conhecesse ou de quem me lembrasse. E ele me disse: "Olá, mamãe. Estou chegando para ficarmos juntos outra vez".

— Qual é a probabilidade de seus sonhos serem criados por sua imaginação?

Miah não respondeu, e Nicolas sabia que não era necessário. Ele mesmo já tivera sua cota de sonhos perturbadores entre a bruxa Angelique e o inquisidor Sebastian. Aquilo fora real e vívido demais para ser mera traquinagem de sua criatividade.

Antes de responder, Nicolas cortou mais dois pedaços de pizza, invertendo os sabores. Calabresa para Miah e muçarela para ele.

— Sei que não imaginei nem inventei nada disso. Esse sonho não foi como qualquer outro. Foi como se eu estivesse revivendo algo que já aconteceu.

A campainha tocou de repente e assustou os dois.

— Não estamos esperando visitas, né? — Ela olhou para a porta.

— Não, não estamos. — Nicolas saiu da mesa e foi até a porta. Espiou pelo olho mágico e voltou-se para Miah, com um sorriso peralta nos lábios. — É minha mãe. Parece que veio sozinha.

— Ah, que inferno! — Miah fechou os olhos e fez uma careta. — É certo o ditado de que não há horário para o diabo perturbar alguém.

Nicolas destrancou a porta e, imediatamente, foi enrodilhado pelos braços poderosos de Lourdes Bartole, que o obrigaram a se curvar de modo que ela pudesse estalar um beijo barulhento em sua bochecha.

Quando ele conseguiu se desvencilhar dos tentáculos grudentos da mãe, percebeu que ela mudara o visual. Luzes violetas coloriam os cabelos de Lourdes, que haviam sido tingidos num tom de loiro escuro. O rosto rechonchudo da mãe estava bem maquiado, e os lábios, tingidos por um batom muito vermelho. Ela era bem mais baixa que o filho e contemplava-o com seus olhinhos atentos e orgulhosos.

— Que saudade do meu amado filho mais velho! — Lourdes exclamou com exagerada alegria. — E que parece se esquecer de que tem uma mãe que o ama tanto.

Ele preferiu responder com um sorriso e recolheu a sacola de papel que ela trazia. Espiou o conteúdo e fechou a porta.

— O que você trouxe aqui?

— Uma roupinha para meu netinho ou minha netinha. Escolhi um macacão amarelo para combinar com ambos os sexos — Lourdes parou na sala, olhou para a mesa onde estavam os pratos, a caixa de pizza e, por fim, para Miah. Depois, virou-se para Nicolas e perguntou: — Está sozinho, meu amor?

— Além de Miah e do nosso filho, sim.

— Ah, eu não a enxerguei ali! — Lourdes fez uma careta, como se chupasse um limão. — Boa noite, madame!

— Você não me enxergou, porque suas vistas estão cansadas devido ao peso da idade! — sorriu Miah. — Aliás, eu diria exaustas, prestes a sucumbirem e cegá-la de vez.

— Ou talvez porque você esteja escondida atrás de uma barriga enorme, que a deixa com a aparência de uma pera meio torta enfiada num vestido azul — rebateu Lourdes, desafiadora.

Ainda sorrindo, Miah levantou-se da mesa.

— A diferença entre nós duas, querida sogrinha, é que, daqui a uns cinco meses, estarei magra de novo. Quanto à sua barriga estufada, sinto lembrá-la de que a carregará eternamente como um jabuti levando o próprio casco.

— Mulheres da minha vida, por favor, já chega dessa discussão tola — interferiu Nicolas, que segurou a mãe pelo pulso e a trouxe para mais perto da mesa. — Estávamos jantando. Está servida?

Lourdes lançou um olhar contrariado para a pizza e para os pedaços nos pratos. Ao erguer a cabeça para fitar o filho, não escondeu sua irritação.

— Isso é o jantar de vocês? Mas será que essa alma embrutecida e ignorante com quem se casou nem sequer sabe lhe preparar um jantar decente? Quer adoecer meu bebê?

— Aceita de muçarela ou calabresa? — Miah retrucou somente para alfinetar a sogra.

— Você sabe que não me importo com comida, mãe. Já era assim desde que eu morava sozinho.

— Bons tempos aqueles! — Os olhos de Lourdes tornaram-se sonhadores. — Naquela época, eu ainda sonhava em vê-lo se casar com uma mulher decente, bonita e humilde, mas, infelizmente, meus projetos para você foram esmagados.

— Na certa, pelo peso de sua língua! — tornou Miah sem se abalar.

Desta vez, Lourdes a ignorou:

— Nic, meu amor, desde que vim passar uma temporada nesta cidade, você pouco visitou a mim e aos seus irmãos, por isso, decidi vê-lo hoje para saber se estava tudo bem com você, porque, caso não estivesse, eu viraria uma leoa.

— Miah cuida muito bem de mim, e eu cuido muito bem dela, mãe — garantiu Nicolas. — É assim que um casamento deve funcionar. E pode ter certeza de que sabemos nos virar. Somos independentes, mesmo tendo uma vida em comum.

— Não sei se estou convencida disso! — Lourdes mexeu nos cabelos, alisando uma mecha num tom lilás. — O papel de uma mãe é cuidar dos filhos, não importa a idade que tenham. Você e seus irmãos são meu tesouro, minha criação perfeita, a razão do meu viver.

Lourdes afastou-se até um aparador e passou o dedo sobre o móvel. Ergueu-o, analisou a pele e apontou-o para Nicolas.

— Sabe o que é isso?

— Um dedo que mais parece uma linguicinha — opinou Miah, ainda perto da mesa.

— Não, querida! — Lourdes voltou-se para ela e mostrou um sorriso duro. — Isso é o resultado do seu desleixo com a casa e com meu filho. Vejo pó neste móvel, assim como deve haver também em muitos outros, e não me espantaria se encontrasse teias de aranha balançando sobre eles. Sua missão, como responsável pelo lar, é cuidar da limpeza, manutenção e organização dos ambientes, ou vai me dizer que não sabia disso?

— Ou seja, ao me casar, me tornei automaticamente uma faxineira e empregada da casa! É isso? — Miah cruzou os braços.

— E o que esperava, sua hipócrita? Uma vida de rainha?

— Mãe, nós temos uma diarista, que vem aqui duas vezes por semana — Nicolas falava com voz calma e pausada. — Pó aparece em todo lugar. É comum. Miah está trabalhando, como você sabe muito bem, e eu quase não fico aqui. Com os dois fora de casa praticamente o dia inteiro, fica difícil arranjar tempo para limpar minuciosamente cada canto. Pare de xeretar nossa vida e de implicar com nossas coisas.

Fingindo não ter ouvido nada do que o filho acabara de lhe dizer, Lourdes caminhou rapidamente até o quarto principal. Implorando por paciência, Miah foi atrás da sogra e perguntou:

— O que você quer aqui?

— Ver o espaço em que dormem! — Lourdes acendeu a luz do dormitório e varreu os olhos pelo aposento. — Quem arrumou aquela cama? A colcha está tão torta que parece ter sido colocada por um homem embriagado. Sem falar dessas fronhas horrorosas! Só podem ter sido sugestão de uma tal repórter magricela, que, atualmente, está parecendo uma paciente em tratamento de barriga d'água.

— Encerrado o horário de visitas! — Miah cutucou a sogra no ombro. — Agradecemos pela roupinha que trouxe para o bebê e que deve ser linda, mas você precisa ir embora. Não deve andar sozinha à noite por esta cidade para não provocar infarto em qualquer bandido ou criminoso que encontre por seu caminho, ao lhes mostrar essa cara linda com que Deus a castigou. Ainda que, sem assassinos, meu marido perca o emprego.

— Nic, viu como ela me trata? — Lourdes fungou, fingindo um choro que não viria. — Vai deixar que ela fale comigo desse jeito?

— Mãe, você é muito encrenqueira. Pare de cuidar da nossa vida. Somos adultos e bem crescidinhos! — para tentar desviar o assunto, Nicolas abriu a sacola e desembrulhou o presente que Lourdes trouxera. Exibiu a roupinha amarela, com detalhes brancos nas laterais. — Adoramos o mimo, não é, meu amor?

— E o sexo? — Lourdes virou-se para Miah.

— Todos os dias, sem falta! — Ela sorriu irônica.

— Estou me referindo ao sexo do bebê! — Lourdes colocou as mãos nos quadris e não conteve a indignação. — Onde já se viu, meu filho? A insolente de sua esposa já está com sete meses de gravidez e ainda não sabe o sexo do meu neto!

— Decidimos que será uma surpresa, embora tenhamos motivos para pensar que será um menino — informou Nicolas.

— Surpresa? Só saberão na hora do parto? Quando ela estiver mugindo como uma vaca ao dar cria? Nem um chá de revelação? Nadinha?

— Ela só ouve o que ela quer, amor... — atalhou Miah pacientemente.

— Noto que você é relapsa com muitas outras coisas! — Lourdes olhou para Miah com repulsa e só não cuspiu no chão por estar dentro de um apartamento. — Além de não cuidar direito do meu filho nem limpar a casa com esmero, não parece interessada no bebê. Aposto que o outro quarto está vazio. Estou preocupada.

A paciência de Miah esgotou-se:

— Olha, por que não cuida de sua vida e aproveita para dar um jeito nesses cabelos meio louros e meio roxos, que não combinaram em nada com você? Aliás, nenhum penteado combina com essa cabeça redonda que você tem! Se raspasse seus cabelos, daria a impressão de que pendurou uma bola de boliche no pescoço, portanto...

— Vou embora, meu amor, já que você não me defende em nenhum momento e ainda permite que ela destrua minha imagem! — A voz de Lourdes ficou melíflua e chorosa. — Adeus, Nic. Saiba que sua mãe sempre o amará muito.

— Sem drama, mãe... — Nicolas beijou o alto da cabeça de Lourdes. — Obrigado pela visita e pelo presente, mas se lembre de que Miah e eu conseguiremos dar um jeito em tudo aqui.

Ele acompanhou-a até a porta, e, antes de sair, Lourdes voltou-se para trás e olhou para Miah:

— Desejo que sofra horrores ao dar à luz. E eu estarei atrás do vidro da maternidade rolando no chão de tanto rir.

— Cuidado para que não a internem, achando que está convulsionando! — devolveu Miah de bom humor. — E saiba que já sofro horrores nas ocasiões em que a encontro e me lembro de que você existe. Boa noite, sogrinha!

Quando Lourdes saiu, Nicolas respirou fundo e olhou para Miah com ar de cumplicidade. Ambos começaram a rir e retornaram à mesa, em que o restante de uma pizza fria os aguardava.

119

Capítulo 15

Com o céu noturno pontuado de nuvens carregadas, que encobriam lua e estrelas, o cenário ficava ainda mais escuro e sombrio. As árvores, que transformavam a floresta em uma muralha de troncos e vegetação úmida, também pareciam esconder qualquer forma viva atrás delas. Para que lado estava a saída? De qual direção vinha o inimigo?

A jovem parou de correr e apoiou a mão no tronco grosso de uma árvore que parecia ter mais de um século de existência. A outra mão levou ao peito, como se assim pudesse conter a respiração ofegante. Seu coração estava tão descompassado que parecia prestes a explodir a qualquer momento. A garganta e os lábios estavam ressecados o bastante para fazê-la sentir dor. Não havia riacho ou cascata por perto onde pudesse matar a sede. Não havia uma cabana abandonada onde pudesse se deitar e descansar por algumas horas. Tudo o que tinha de fazer era correr, antes que fosse alcançada por seu algoz.

Tentou firmar a vista na escuridão entre as árvores, girando o corpo para olhar para todos os lados. Será que conseguira despistá-lo? Ou ele estava vendo-a parada ali, brincando de gato e rato, apenas aguardando o momento certo para atacá-la?

Olhou para cima e cogitou a possibilidade de escalar aquela árvore. Já havia rasgado boa parte da longa saia do vestido para facilitar sua fuga. Arrancaria o restante, se fosse necessário. Por sorte, fazia calor, então, se fosse preciso, ela não se importaria de ficar nua por algumas horas. Pelo menos até amanhecer ou seu perseguidor desistir e tomar outro rumo.

Com os ouvidos apurados, não conseguiu captar nenhum som que lhe soasse alarmante, além dos sussurros das folhas e dos galhos que se mexiam ao sabor da brisa fresca. Ouviu corujas chirriando, lobos uivando e cobras deslizando por arbustos pequenos. Ela não temia os animais nem temia a natureza. Conhecia os espíritos que habitavam a floresta e rezara a eles pedindo-lhes proteção. Ela tinha conhecimento sobre muitas coisas. Coisas que outras pessoas não faziam ideia de que existiam. Sua família ensinara-lhe tudo sobre a cura, sobre a magia pura e benéfica e sobre o poder que ela guardava dentro de si, porém, não a ensinaram como deveria usá-los.

Gravetos secos estalaram próximos dali. Assustada, ela ergueu os braços para cima e pisou numa saliência protuberante no tronco grosso da árvore. Dali, pegou impulso e pendurou-se num galho acima, içando seu corpo para conseguir sentar-se sobre ele. Embora fosse magra, sabia que o galho não resistiria por muito tempo ao seu peso. Além disso, ali permaneceria tão visível quanto se estivesse no chão.

Equilibrou-se novamente e saltou para um galho mais grosso, uns seis palmos acima do primeiro. A barra rasgada de seu vestido enroscou-se em algumas folhas, prendendo-a durante alguns segundos. A mulher forçou a roupa para trás, quebrando as pequeninas ramificações que a detinham. Atenta à movimentação ao redor, saltou para outros dois galhos, subindo na direção da copa da árvore. Por sorte, as folhagens eram espessas o bastante para ocultá-la até que o perigo passasse.

Enrolou a saia sobre as coxas, revelando suas pernas arranhadas. Seus pais ralhariam com ela, se soubessem que não estava mais usando as meias de seda, pois esquentavam e incomodavam muito suas pernas. Ademais, quem ousaria conferir o que uma jovem de dezesseis anos vestia por baixo de seu vestido?

O voo repentino de uma coruja de penugem rajada sobressaltou-a. Não notara que a ave estava ali, tão próxima a ela. Notou, contudo, que não fora ela quem assustara o animal, mas, sim, alguém que caminhava alguns metros abaixo. Na escuridão, seus olhos observavam o homem que andava devagar sob o chão de terra fofa, coberta por musgo, gravetos e folhas mortas.

— Sei que você está por perto — gritou o homem, andando lentamente, espreitando cada movimento no entorno. — Consigo sentir o aroma do seu medo.

"Afaste-se! Vá para longe!", ela pensou, acompanhando os movimentos dele.

— Por que não vem ao meu encontro, minha donzela? Deveria saber que cometeu um grande erro ao fugir de mim, ao me abandonar, pois isso não ficará assim.

O homem passou pela árvore em que ela estava e seguiu em frente, revelando a aljava com algumas flechas, que estava presa às suas costas. Ela sabia o quanto sua mira era precisa e o quanto eram fatais seus disparos certeiros.

Ele afastou-se, e suas botas pesadas continuaram quebrando gravetos e amassando folhas. Ela sabia que ele voltaria, mas descer da árvore ainda era arriscado demais. Por quanto tempo mais ele a caçaria? Por quantas horas mais ela aguentaria ficar sentada naquele galho?

As sombras da floresta engoliram-no, fazendo-o sumir de seu campo de visão. Ela mexeu nos cabelos, que despontavam do lenço que usava. Cachos negros desciam até seus seios, marcados por ferimentos ocasionados pelo homem que acabara de passar por ali. Havia outros ferimentos, mais intensos e mais profundos, que cortaram sua pele profundamente, contudo, os maiores machucados ela carregava na alma.

A distração momentânea fê-la perder o foco por alguns instantes. Sua boca, que se tornava mais seca a cada instante, clamava por um gole de água. Sua respiração normalizara-se um pouco, mesmo que seu coração ainda batesse rápido demais. Será que aquele esconderijo era seguro? E se ele a visse ali em cima? E se ele aguardasse naquela região até o sol surgir, quando a claridade da luz matinal a delatasse?

Em dezesseis anos de vida, jamais usara o suposto poder que seus pais diziam habitar dentro dela. Ela sabia criar poções revitalizantes, que algumas pessoas do vilarejo juravam ter o poder da cura, mas, além disso, nunca conjurara sua força interior, o dom natural que sua mãe jurava que ela possuía. Fosse lá o que ela realmente trouxesse em seu íntimo, só poderia utilizar aquilo para o bem. A palavra "bruxa" era totalmente proibida numa época em que os inquisidores caçavam pessoas semelhantes a ela, com dons parecidos e poderes misteriosos. A Igreja ordenava-lhes toda sorte de castigos e torturas, e alguns deles a faziam estremecer e chorar somente ao imaginar que realmente existiam.

Ela ouviu novamente alguns estalos e olhou para baixo. Para seu espanto e horror, o homem que, embora não fosse um inquisidor, era tão cruel e horrível quanto um, estava parado em cima das raízes grossas e ondulantes da árvore em que ela se abrigava. Ele olhava para os lados, enquanto as flechas que carregava despontavam por cima de seu ombro direito como um aviso do que acontecia com quem ousava desafiá-lo.

Daquele ponto em que estava, se erguesse a cabeça para o alto, a veria nitidamente. Ela até poderia tentar subir mais alguns galhos, mas a movimentação e os ruídos que isso provocaria chamariam a atenção dele.

Devagar, ela alcançou um galho menor e mais fino, repleto de folhas grossas e muito verdes. Puxou-o em sua direção com todo o cuidado, envergando-o bastante para que as folhas a camuflassem mais um pouco. A madeira rangeu, mas resistiu. Sabia que seu disfarce não seria suficiente para escondê-la dos olhos perspicazes de seu perseguidor. Do homem que a tomara como esposa.

— Onde você está? Por que não aparece? Não há por que temer seu marido.

A voz dele, grossa e gutural, parecia cortar o silêncio como uma adaga de lâmina afiada. A respiração da jovem tornou-se novamente ofegante. Sabia que estava em pânico e que o medo poderia denunciá-la. Puxou um pouco mais o galho com as folhas para encobri-la, ao mesmo tempo em que rezava para que saísse dali. De tantas árvores que havia naquela floresta, por que ele se detivera justamente ali?

A resposta chegara como um golpe desferido por um punho fechado. Ele estava apenas brincando com ela, assustando-a ao máximo, deixando-a pensar que poderia escapar livremente. Ele sabia o tempo todo que ela estava naquela árvore.

Com o coração ainda mais acelerado, ela puxou novamente o galho para si, porém, desta vez, ele não suportou a envergadura e partiu-se, provocando um estalo que soou como um tiro. Ela desequilibrou-se e por pouco não caiu lá de cima.

Ela viu-o levantar a cabeça muito devagar. Viu-o olhar para cima, e os olhos dele, cheios de ódios, encontrarem-se com os dela. Viu os lábios dele abrirem-se em um sorriso frio, assustador e perverso. Ela sabia quanta maldade e perfídia aquele coração abrigava.

Ainda sorrindo, com o olhar fixo nela, ele murmurou:

— Precisa de ajuda para descer, Angelique?

Ela balançou a cabeça para os lados, sentindo vontade de chorar. Quis gritar, correr, agredi-lo, contudo, nem sequer conseguiu se mover daquele lugar. Sabia também que seria inútil manter-se ali, uma vez que já fora descoberta. Não havia outra saída a não ser juntar-se ao homem que mais temia.

Descer da árvore foi muito mais difícil do que subir. Ela arranhou os braços e o rosto, quebrou alguns galhos, mas conseguiu chegar no chão. Ele, então, agarrou-a pela cintura com as duas mãos, usando de uma força que quase a fez gemer, como se quisesse pressioná-la até romper seus ossos.

— Você não foi uma boa garota quando decidiu fugir de mim — ele falava com o rosto tão próximo ao dela que sua saliva respingava nos lábios da jovem.

— Por favor, deixe-me em paz.

— Haverá paz, enquanto você fizer tudo o que quero. Estamos entendidos?

Ela meneou a cabeça em concordância. Ele sorriu e acariciou o rosto dela com aparente ternura. Subitamente, contudo, puxou os cachos da jovem, que despontavam do lenço, o que fez a cabeça de Angelique inclinar, enquanto ela gritava de dor.

— Você deve obedecer a mim, Angelique. Sou seu proprietário, desde que seus pais a doaram para mim.

— Eles não fizeram isso, e você sabe muito bem disso.

— Como ousa me contrariar? — ele soltou os cabelos dela e usou a mesma mão para esbofeteá-la na face. — Como se atreve a discordar de minhas palavras? — Ele desferiu outro tapa, ainda mais forte que o primeiro, que arrancou um filete de sangue do nariz dela.

— Pare com isso, por favor.

— Acha mesmo que vou parar? Tem certeza disso?

Ele ergueu a mão para desferir o terceiro tapa em Angelique, que, nesse momento, ergueu o joelho e atingiu-o na genitália, fazendo-o urrar de dor. A jovem empurrou-o para trás com força, voltou-lhe as costas e começou a correr, já arrependida de não ter se despido daqueles trajes que em nada favoreciam sua fuga.

Ela concentrou todas as forças nas próprias pernas e começou a correr a esmo, sem ter ideia da direção de onde viera. Atrás de si, ouvia as passadas pesadas do homem, que pareciam cada vez mais próximas. Já podia imaginar uma flecha mortífera atravessando seu corpo, colocando fim àquela perseguição doentia e banal.

Se havia realmente um poder dentro dela, ela precisava utilizá-lo. Uma vez morta, de nada adiantaria aprender ou esperar por qualquer coisa. Se não reagisse, aquele homem, que acreditava ser o proprietário dela, certamente a mataria, encontraria outra mulher e iniciaria um novo ciclo de tortura e horror.

Sem parar de correr, ela recitou algumas palavras, que brotaram de sua garganta sem que precisasse pensar, como se fossem ditas por outra pessoa:

"Nesta noite sem lua, hoje e agora,
desperto o poder que há em mim, sem demora.
E que essa força combata o mal e a crueldade,
sem dor, sem pena e sem dificuldade.
Que eu volte a conquistar a paz
e que ela habite minha alma pertinaz.
Assim, clamo por justiça, proteção e amor,

pois almejo um mundo sem sofrimento e dor.
Com minha força, saúdo a vida
e com ela selo toda e qualquer ferida."

A ventania chegou com força, as árvores inclinaram-se, como se reverenciassem a chegada da realeza, e as aves noturnas alçaram voo, todas ao mesmo tempo. Angelique permitiu-se parar por alguns instantes e voltar o rosto para trás, quando viu o homem ser arremessado para longe, como se tivesse sido empurrado por uma força invisível. Novamente, ela começou a correr, alargando os passos e saltando sobre galhos caídos ou raízes robustas.

Algo diferente pairava no ar. Algo bom, puro e generoso. Seria aquele o seu poder? Seria ela uma bruxa ou uma feiticeira? Se fosse descoberta pela Igreja, nem mesmo seus poderes poderiam salvá-la.

Angelique avistou ao longe, camuflado pela névoa que a floresta liberava, um monstro enorme e assustador, com a bocarra aberta e enegrecida. Ao chegar mais perto, quase riu de si mesma ao perceber que a boca era, na realidade, a entrada de uma caverna ou uma gruta, incrustada na base de uma montanha, que se erguia ao céu nublado. Jamais estivera naquela região e não fazia ideia de quais perigos encontraria naquele local. Fosse o que fosse, seria mais seguro do que se ver frente a frente com seu caçador.

Angelique adentrou aquela passagem e desejou ter uma tocha ou uma vela para iluminar seu caminho. Viu-se em um ambiente muito escuro e úmido, de tal forma que não conseguia divisar a altura do teto ou onde estavam as paredes. Tateando para os lados e para cima, caminhou por aquele terreno escorregadio, sem saber ao certo o que deveria fazer. Ao olhar para trás, não viu mais a entrada.

Estava sozinha e perdida na mais completa escuridão.

Respirou fundo e fechou os olhos, tanto para controlar sua respiração, quanto para tentar ouvir alguma coisa. Ele a vira entrar ali? Dentro de poucos instantes, seus dedos suados e fortes a agarrariam na penumbra? Ela seria morta dentro de uma caverna misteriosa?

Ao reabrir os olhos, percebeu que sua vista estava começando a se acostumar ao ambiente, de modo que contornos e protuberâncias, antes ocultos pelas trevas, agora estavam visíveis. Notou estalactites pontudas e crateras no chão, que pareciam levar a um abismo sem fundo.

De repente, teve a impressão de que sabia para onde deveria ir. Era como se a mesma força invisível que sentira havia pouco a guiasse para frente. Angelique continuou andando, desviando-se das armadilhas naturais e apurou os ouvidos ao ouvir os resmungos de um bebê.

125

O que uma criança estaria fazendo naquele lugar? Será que estava ficando louca?

Cada vez mais convicta de que conhecia aquele local, ela prosseguiu caverna adentro. Alguns passos depois, viu-se em uma área aberta iluminada, pois duas tochas fixas às paredes de pedra clareavam o ambiente. Notou também um pequeno círculo de água no centro daquele lugar, como uma pequena lagoa de águas obscuras, e viu, do outro lado da água, uma tina de madeira. Era lá que estava o bebê, que agora chorava com toda a força que possuía.

Ela não queria vê-lo. Era como se já soubesse o que aconteceria, contudo, sentiu que estava sendo empurrada naquela direção, de tal forma que não podia reagir.

Contemplou o reflexo de seu rosto belo e jovem nas águas, que refletiram sua imagem como um espelho trêmulo. Estranhamente, não sentiu vontade de beber daquela água, mesmo que sua boca ansiasse pelo líquido. Vestida como estava, mergulhou e nadou até chegar ao outro lado. Alcançou a tina e afastou o tecido de seda branca que escondia o rostinho da criança. Ela quase podia adivinhar o que veria a seguir.

Mas ali estava a criança mais linda que ela já vira. Era um menino, e ele estava nu. Os olhos do bebê estavam fechados e a boca aberta, em um pranto dolorido e comovente. Suas mãos e pernas se mexiam muito, certamente reclamando de fome. Que ser desumano teria sido capaz de abandonar aquela criança ali?

Angelique ergueu o bebê no colo, encostando-o às suas roupas molhadas, e o ninou com delicadeza, o que o fez conter o choro aos poucos. Nesse momento, ouviu um estalo atrás de si e virou-se rapidamente. Do outro lado da água, por onde acabara de passar, estava o homem que a agredira. A flecha estava presa ao arco, pronta para ser disparada.

— Sabe quem é essa criança, sua maldita? — ele rugiu com ódio.

— Não sei.

— Olhe de novo.

Ela virou a cabeça para olhar novamente o bebê e, para seu espanto, notou que segurava apenas o tecido branco que o envolvia. Assustada, virou-se novamente para o homem, que sorria com frieza. Seu sorriso nem parecia humano. Foi com a voz carregada de raiva e revolta que ele murmurou:

— Essa criança sou eu! Estou voltando para ficarmos juntos outra vez e podermos acertar nossas contas! Você não perde por esperar, Angelique!

E a flecha que ele disparou em seguida cortou o vento ao voar em sua direção.

Capítulo 16

O grito de Miah rasgou o silêncio do quarto, fazendo Nicolas pular da cama. Assustado, ele envolveu-a ao perceber que o perigo não era real. Fora apenas um pesadelo. Na parede, o relógio marcava três e meia da manhã.

— Calma! Está tudo bem. — Ele abraçou-a com força, beijando-a repetidas vezes nos lábios. — Estou aqui com você.

— A flecha. — Por instinto, Miah apalpou o próprio peito e a barriga volumosa.

— Que flecha? — Nicolas acendeu a luz do abajur na mesa de cabeceira, mas, ao ver o rosto molhado de Miah, que poderia ser de lágrimas ou de suor, decidiu se levantar e acender a luz do quarto. — Do que você está falando?

— Acho que compreendi tudo — arfou Miah.

— E eu não estou compreendendo nada.

— Esse bebê, amor... acho que sei quem ele é.

Percebendo que o assunto seria mais demorado do que imaginara, Nicolas esfregou os olhos sonolentos, perguntando-se mentalmente se ele teria outra noite maldormida.

— Isso é algo que eu gostaria de saber. — Ele sentou-se de volta na cama. — Pode começar a me contar.

— Você se lembra de que, no início da gestação, sonhei que estava em uma caverna e que o bebê tinha o rosto de um homem adulto? Isso aconteceu quando você estava procurando o responsável pelo envenenamento da filha do prefeito.

— Você sabe o quanto minha memória é boa, Miah. Pule a introdução e vá direto ao ponto.

— Deixe-me contar os detalhes. Eu sonhei com Angelique.

Nicolas empalideceu um pouco. Ouvir aquele nome era o que ele menos queria naquele momento.

— Como assim sonhou? Até então, eu havia sido o único a ter o privilégio de conhecer, por meio de sonhos, uma das bruxas mais poderosas que já existiu.

Miah soltou uma risadinha nervosa, passou as mãos pelo rosto, que, afinal, estava suado e não úmido de lágrimas.

— Era a mesma Angelique, mas uma versão mais jovem dela. Era praticamente uma adolescente. Ela estava fugindo de um homem.

— De Sebastian? — como lembranças de um filme de terror, surgiram na mente de Nicolas as imagens do violento inquisidor decepando vítimas com sua espada mortal.

— Não. Creio que, nessa época, eles ainda não se conheciam. Angelique nem mesmo sabia usar seus poderes. Aliás, ela aprendeu a usá-los naquela noite.

— Que noite?

Miah fez uma pausa e lamentou não ter trazido para o quarto uma jarra com água. Por fim, tentou resumir tudo o que conseguiu recordar-se. Falou sobre a floresta escura, sobre a moça no alto da árvore e sobre o homem a perseguindo. Contou sobre a fuga e sobre a maneira como Angelique utilizou seus poderes contra o seu perseguidor, quando ele a encontrou.

— Ela conjurou umas palavras rimadas e atirou o cara longe, quando se pôs a fugir dele outra vez. Acha que estou brincando?

— Já sonhei com ela fazendo esse espetáculo também. Tenha certeza de que ela se tornou muito poderosa.

— Ela estava descobrindo seus poderes. Anos mais tarde, quando provavelmente já dominava seu dom, conheceu Sebastian. Angelique já era uma mulher formada, mas, na época do meu sonho, era apenas uma menina assustada. O sujeito dizia que era o marido dela.

— A danada nunca contou que era casada — Nicolas riu.

— Amor, não brinque com essas coisas. Nunca tive um sonho tão real. Estou impressionada e apavorada ao mesmo tempo. Eu fui Angelique. Se já sabia disso, hoje tive a mais contundente das confirmações.

Nicolas lançou um olhar para Miah como se dissesse "eu bem que te avisei".

— E o que isso tudo tem a ver com nosso filho?

— Angelique estava fugindo desesperadamente do homem. Ele era mau e a agredia. Não acredito que fossem realmente casados. Acho que ele a raptou ou a desposou à base de ameaças. Ela não o amava e queria livrar-se dele. Durante a fuga em uma floresta densa, cujo aroma ainda consigo sentir, ela usou de magia para detê-lo temporariamente. Logo depois, viu-se em uma caverna, na mesma caverna do sonho que tive meses atrás. Tudo o que eu tinha sonhado se repetiu. A escuridão do lugar, o lago no centro da caverna, o bebê se esgoelando de tanto chorar, Angelique nadando para chegar até ele...

— E o bebê com cabeça de adulto apareceu depois? — completou Nicolas.

— Pois foi justamente essa parte que estava diferente, e isso me chamou a atenção. A jovem pegou o bebê, e ele tinha um rostinho fofo, desses que a gente quer fazer guti-guti.

— Não vou fazer guti-guti para meu filho — protestou Nicolas.

— Preste atenção, querido. Você está zombando do meu relato, mas isso pode explicar minha relação com essa criança. É importante. — Miah tocou na barriga de novo. — O bebê era uma gracinha, e a jovem conseguiu fazê-lo parar de chorar. Então, de repente, ela ouviu algo e ergueu a cabeça. O caçador maluco estava do outro lado da água lhe fazendo ameaças e disse que o bebê era ele mesmo. Disse que estava voltando para se juntar a Angelique e que ela não perdia por esperar. Quando Angelique tornou a olhar para a criança, descobriu que não estava segurando nada. Ao virar-se novamente para seu algoz, viu-o disparar uma flecha contra ela.

— Ele pode tê-la ferido, mas não a matado, já que Angelique, anos depois, conheceu Sebastian e morreu ao lado dele na fogueira.

— Não sei se ela foi atingida pela flecha, pois acordei nesse momento. — Miah mexeu nos cabelos curtos, que estavam encharcados de suor. — Como Angelique sou eu, essa criatura que me odiava está retornando para ser nosso filho, Nicolas. Ou seja, estamos com sérios problemas à vista...

— Pode não ser tão ruim assim, Miah — consolou Nicolas. — Tenho certeza de que essa criança não nascerá com a cabeça deformada, parecendo um adulto.

— Sei que não, mas o espírito dele é o mesmo desse homem, do suposto marido de Angelique. Ele reencarnou e já está me infernizando antes mesmo de nascer, o que deve explicar os movimentos bruscos no útero e esses sonhos perturbadores.

— Por um bom tempo, ele será um bebezinho, uma criança. Somente aos sete anos, ele terá a personalidade completamente formada. Até lá, ele terá recebido toda a nossa criação, que inclui bons modos, educação e conceitos.

— Nada disso o impedirá de me odiar. Aparentemente, ele não tem nada contra você. Talvez nem sequer o tenha conhecido nessa existência. Não vou amamentar um bebê que me olhe com fúria e sinta o desejo de morder meu mamilo com aquela boca banguela.

Nicolas viu-se obrigado a rir.

— Como já lhe disse muitas vezes, sou testemunha viva do quanto essa encarnação foi marcante para nós. Por meio dos sonhos, encontrei muitas respostas, embora ainda haja tantas outras perguntas a serem respondidas. Sinceramente, eu gostaria de saber o que aconteceu com Angelique e Sebastian após a morte. O que eles fizeram quando chegaram ao mundo espiritual? Continuaram juntos ou se separaram, uma vez que ela era uma mulher generosa e ele um homem tirano e assassino? Como planejaram a próxima reencarnação? Quais outras vidas eu e você já vivemos, antes desta?

— Eu também não faço a menor ideia de quais seriam essas respostas. A vida guarda muitos mistérios, principalmente quando se trata de questões espirituais. Pelo menos para nós, que somos leigos no assunto, tudo é novo e diferente. Há pouco tempo, antes de conhecer você e Marian, eu nem sequer acreditava em reencarnação ou em vida após a morte.

Miah fez uma pausa e enxugou o suor do rosto com as duas mãos.

— Sabe, Nicolas, eu nunca tive uma expectativa do nascimento dessa criança e acho que você também não. Quando soube que eu estava grávida, você comemorou, ficou feliz e ainda me levou a Curaçao para curtirmos nossa lua de mel, que estava meses atrasada. Tudo, no entanto, girou em torno de nós dois e não dessa criança. Será que estamos preparados para sermos pais?

Nicolas acomodou melhor o travesseiro atrás de suas costas, pois, pelo jeito, a conversa iria longe.

— E por que não estaríamos?

— Sinto vontade de arrancar minha língua, quando devo admitir que sua mãe pode ter razão em algo que ela diz. Sua mãe está certa em me chamar de mãe relapsa. Temos um quarto vago neste apartamento, que permanece exatamente como estava antes de sabermos de minha gravidez. Faltam apenas dois meses para a criatura nascer, e nós não compramos nada nem decoramos o quarto para recebê-lo. Falta de tempo ou falta de interesse?

— Isso pode ser resolvido facilmente.

— Verdade, realmente pode, mas nunca discutimos isso, assim como nunca conversamos sobre possíveis nomes para a criança. O que outros casais fazem? Quando a mulher está grávida de sete meses, os pais definem o nome do bebê, não? Principalmente quando já sabem o sexo da criança. Ou os casais decidem isso na maternidade?

— Não faço a menor ideia — declarou Nicolas, desanimado.

— Apostamos que seja um menino, de acordo com esses sonhos inquietantes, mas, ainda assim, podemos estar enganados. E se vier uma menina? Que nome daremos a ela? — Miah inclinou o corpo para encostar a cabeça no ombro do marido. — Eu tenho visto minha barriga crescer cada vez mais. Apenas isso. Somos um casal instruído, com bastante conhecimento sobre muitas coisas. Então, por que agimos como se não houvesse um novo membro da família a caminho? Cadê nossa empolgação, nossa ansiedade pela chegada do bebê? Em vez disso, conversei ontem com Marian sobre aborto. Não é estranho e contraditório?

— Não acha que tudo isso aconteceu porque você teve esse sonho com o bebê, e nós nos deixamos impressionar por ele?

— Ou será que, em nosso íntimo, sabemos que teremos dificuldade de amar essa criança? Se realmente for um inimigo meu, que quer resolver assuntos pendentes comigo, já adianto que não vou me esforçar para agradá-lo.

— Temos ainda dois meses pela frente até o parto. Podemos nos organizar melhor daqui para frente — considerou Nicolas. — Vamos decorar o quarto, comprar algumas roupinhas, um berço e aqueles frufrus que ficam pendurados fazendo barulho para distrair o pequeno ser. Também podemos pensar em um chá de bebê, assim economizaríamos com fraldas, mamadeiras etc.

Miah sorriu.

— Acho que você tem razão. Se não nos preparamos para sermos pais até agora, temos de mudar isso de hoje em diante. Independente de quem esteja reencarnando, como você mesmo disse, será nosso filho e receberá nossa criação. Vamos ensinar a ele apenas coisas boas para evitar que siga por caminhos tortuosos na vida. Imagine se nosso filho se tornar um criminoso?

À mente de Nicolas, surgiu a imagem dele mesmo, com vários fios grisalhos na cabeça, dando voz de prisão ao próprio filho.

— Isso não vai acontecer. E, agora, acho que a melhor coisa que devemos fazer é tentar nos esquecer desse pesadelo para que tenhamos mais algumas horas de sono. Amanhã é sábado, e eu irei a Ribeirão Preto com Elias para descobrirmos mais detalhes sobre Franco Mendonça.

— O cara que morreu no hotel?

— Exatamente. Temos cada vez mais razões para acreditar que essas três pessoas foram assassinadas por meio de algum método relacionado à hipnose. Penso até que...

Notando que Nicolas começaria a falar sobre o caso, o que o faria perder o sono de vez, Miah beijou-o na boca e deitou-se.

— Apague a luz, e vamos dormir, amor. Merecemos um pouco de descanso, sem pensarmos em assassinos à solta ou em bebês perversos.

Como ela tinha razão, Nicolas obedeceu sem discutir. Instantes depois, ambos mergulharam em um sono profundo, e, para Miah, um sono sem sonhos desta vez.

***

Na manhã seguinte, pizza requentada e sucos de laranja e de melancia compunham o café da manhã de Nicolas e Miah, que já estavam vestidos e arrumados, prontos para sair.

— Soube que minhas reportagens ao vivo têm levantado a audiência da TV da Cidade — Miah bebeu um gole do suco de laranja. — Sei que não devo cuspir no prato em que comi, mas gostaria de ver a cara que a alta cúpula do Canal Local faz quando fica sabendo disso.

— Provavelmente, eles devem se arrepender até o âmago da alma, quando se lembram de que praticamente a enxotaram de lá. É uma pena que não conheçam o ditado que diz: "Quem foi rei nunca perde a coroa".

— Não seria a majestade?

— É a mesma coisa! — Nicolas mordeu um pedaço da pizza, que parecia estar ainda mais saborosa do que na noite anterior. — Eles a perderam, Miah, porque são orgulhosos e burros demais. Felizes são seus novos empregadores.

— Serena e Fagner são incríveis, justos, corretos, trabalhadores, inteligentes e dedicados à emissora. Eles nunca cresceram mais por falta de verba, patrocinadores e de uma boa audiência.

— Mas, desde que eles passaram a contar com a bela Miah Fiorentino em seu time, tudo isso vem mudando.

— Puxa-saco — brincou Miah, rindo.

O celular de Nicolas tocou, e ele viu no visor o rosto sorridente de Ema Linhares.

— Alô? Bom dia, doutora!

— O dia é sempre bom, quando começa com novidades promissoras. — A voz dela soava animada. — Obtive há pouco os primeiros resultados preliminares dos exames toxicológicos que solicitei ao laboratório. Eu praticamente obriguei a equipe a trabalhar neste caso, senão nunca teria conseguido essa resposta em menos de vinte e quatro horas.

— E o que conseguiu de importante? Por favor, alegre meu sábado.

— Acho que posso contribuir com isso, Bartole. Sei que você detesta jargões médicos, portanto, serei didática o máximo possível. As três vítimas possuem algo em comum, além de terem tirado a própria vida. Regiane, Franco e José traziam uma substância desconhecida em sua corrente sanguínea.

— Como desconhecida?

— Precisaríamos de mais dias para atestarmos com convicção do que se trata, todavia, sei que seu tempo é curto e que os responsáveis têm grandes chances de escaparem ilesos se demorarmos muito. Assim, podemos afirmar que essa substância pode ser algum tipo de sedativo manipulado em laboratórios ilícitos e vendido no mercado negro. Acredite, Bartole, esse mercado é mais vasto do que você pode imaginar.

Nicolas olhou para Miah e colocou o celular em modo viva-voz.

— Quando a senhora fala em sedativos, estamos falando de medicamentos para dormir, correto?

— Mais ou menos. Sedativos são substâncias que têm a capacidade de reduzir a atividade cerebral, sendo recomendados para casos em que haja uma excitação exagerada. Poderíamos citar a insônia, como exemplo. Podem reduzir a ansiedade e são comumente indicados para pacientes com depressão.

— Ótimo. Pelo que soubemos, Regiane já passou por uma intensa fase depressiva em algum momento da vida.

— Possivelmente, os outros dois homens também, contudo, arrisco dizer que eles não sabiam que estavam tomando aquela substância, tanto que ela foi misturada ao uísque de José, que era da mesma marca do uísque ingerido por Franco.

— E que continha o mesmo produto?

— Exatamente! — com seu jeito de professora dedicada, Ema continuou: — Esses medicamentos, conhecidos como sedativos, podem ser indicados como analgésicos e até antiepiléticos, pois diminuem a agitação do Sistema Nervoso Central. Doses menores induzem o paciente ao sono, e doses maiores causam efeitos hipnóticos. Muitos levam à dependência severa.

Miah olhou fixamente para o marido, sabendo que aquilo era exatamente o que Nicolas queria ouvir.

— Ainda assim, Bartole, essa substância sofreu alguma alteração para resultar em algo que diminuísse as atividades cerebrais dessas pessoas, mas sem induzi-las ao sono. O objetivo era conseguir alguém parcialmente anestesiado, sedado e hipnotizado, mas que ainda fosse capaz de exercer suas funções motoras ou mentais.

— Traduzindo por miúdos...

— Basicamente, transformaram essas três vítimas em zumbis ou algo do tipo. Acredito que nem eles mesmos se deram conta de que foram drogados e que não estavam em seu estado de comportamento normal.

— Se na mistura desse bolo acrescentarmos que os três foram realmente hipnotizados por alguém, teríamos alvos fáceis.

— Verdadeiras marionetes — concluiu Ema. — Farei meu relatório e o enviarei à delegacia. Depois, continuarei pesquisando mais coisas sobre essas pessoas.

— Regiane não tomou o uísque. Ela estava jantando, quando saiu da mesa, subiu na laje da casa e saltou lá de cima. Se o marido realmente for inocente...

— Alguém adicionou a substância à comida dela ou diretamente em seu prato, já que o marido e os filhos certamente partilharam o mesmo jantar. Descubra a origem dessa refeição, e provavelmente chegaremos a um nome suspeito.

— Obrigado, doutora. A senhora, mais uma vez, foi incrível.

— "Tamo juntos" — respondeu Ema, desligando em seguida.

— É sério que agora ela usa gírias para se comunicar? — sorriu Nicolas.

— O que entendi é que o marido bondoso de Regiane não lhe contou toda a história, Nicolas — refletiu Miah. — Alguém mais esteve na casa naquela noite, a menos que eles tenham pedido marmitex, e a comida dela tenha vindo separada.

— Não acredito nessa possibilidade. Continuo achando que Elivelton foi sincero. A menos que...

Miah nem precisou esperar Nicolas terminar de falar, pois ela mesma completou a frase.

— A menos que a própria Regiane tenha colocado a substância em seu prato.

Capítulo 17

A distância até Ribeirão Preto foi vencida em pouco tempo. Elias assumiu o volante do carro e não demorou muito para que ele e Nicolas chegassem à cidade vizinha, muito maior em número de munícipes, comércios e indústrias. Em seguida, procuraram a delegacia na qual Masao os aguardava.

O delegado, filho de japoneses, era um homem com cerca de quarenta anos, tinha menos de um metro e sessenta de altura e um corpo franzino e envergado. Apesar disso, seu rosto exibia uma beleza jovial, com destaque para seus olhos levemente puxados, que pareciam brilhar diante da excitação em ajudar os colegas que vieram de outra cidade buscar ajuda. Trazia pendurado no pescoço seu distintivo, com o brasão da polícia em alto relevo.

Com uma indisfarçável inveja, Elias observou o quanto aquela delegacia era maior, mais bonita e muito mais bem equipada do que a dele. A própria sala de Masao era duas vezes maior que a de Elias e contava com ar-condicionado, cafeteira elétrica, frigobar e uma televisão fixada à parede. No lugar do computador antiquado como o que Elias dispunha havia um *notebook* branco equipado com mouse sem fio. A cadeira estofada do delegado parecia tão confortável que um homem cansado dormiria por horas sentado nela sem se queixar.

Após cumprimentar os visitantes, Masao indicou-lhes duas cadeiras, igualmente confortáveis.

— Desde que você entrou em contato comigo, Elias, confesso-lhe que fiquei intrigado. Há inúmeros casos de suicídios por mês em nossa cidade. Se cada um deles for a fachada de um homicídio oculto, eu e toda a minha equipe precisaremos rever muitas questões.

— Tenho anos de experiência como delegado, mas admito que jamais me deparei com uma investigação tão complexa quanto essa. — Elias coçou seu nariz extremamente comprido. — Nem sequer temos suspeitos, porque ainda não obtivemos provas circunstanciais de que essas pessoas foram assassinadas. Temos testemunhas que relatam o suicídio de cada uma delas.

— E como posso ajudá-los? — indagou Masao sendo solícito.

— Uma das vítimas, Franco Mendonça, residia nesta cidade. Ele administrava algumas concessionárias. — Nicolas estendeu-lhe uma foto da vítima, que conseguira pela internet. — Já o viu antes?

Masao analisou o retrato e assentiu com a cabeça.

— Comprei meu último carro com ele. Lembro-me de quando ele brincou comigo dizendo que faria um desconto especial em meu veículo, somente pelo fato de eu ser um delegado de polícia.

— Há quanto tempo foi isso? — questionou Nicolas.

— Um mês... quarenta dias. — Masao deu de ombros. — Como ele se matou?

— Um tiro na cabeça — revelou Elias. — A morte ocorreu dentro da banheira de um hotel em nosso município. Estava acompanhado pela amante, mas temos motivos para acreditar que não foi ela quem atirou nele e simulou uma cena que sugerisse um suicídio.

Masao voltou a concordar com a cabeça. Em sua profissão, aprendera a nunca duvidar das palavras de outro delegado.

— Como estamos em sua área de jurisdição, gostaríamos de visitar a matriz da concessionária na qual Franco trabalhava e que nos acompanhasse, Masao — prosseguiu Elias com firmeza. — Já conseguimos o endereço. Chegando lá, gostaríamos de conversar com o gerente, supervisor ou qualquer pessoa que responda pela empresa na ausência do patrão. Depois, pretendemos passar pela residência de Franco. Ele era casado, e a esposa já teve ter tomado conhecimento de sua morte. Notícias ruins correm depressa.

— Farei o que me pedem — prontificou-se Masao. — Mas confesso que ainda não consegui compreender como um homem que se matou foi, na realidade, assassinado.

— O que sabemos até agora é que alguém o drogou e o hipnotizou. Ele atirou em si mesmo, mas, provavelmente, jamais o teria feito se estivesse em seu estado pleno de lucidez.

Masao olhava para Nicolas e assim que o investigador terminou de falar, ele opinou:

— Provar para os tribunais que um suicídio foi induzido e que isso se configura como homicídio será uma tarefa bastante complicada, principalmente se foi a própria vítima quem atirou contra si.

— Sabemos disso e por isso estamos aqui. — Nicolas sorriu. — Sua ajuda será primordial para solucionar esse caso tão difícil.

— Então, vamos agir. — Sem demora, Masao ergueu-se de sua elegante cadeira e indicou a porta de saída aos colegas.

Em menos de vinte minutos, os três chegaram à concessionária na qual Franco trabalhava. A loja ocupava um quarteirão inteiro, e todas as suas paredes eram de vidro. Em um salão imenso, com piso de lajota branca, que reluzia de tão limpo, e um ar-condicionado que faria qualquer pessoa chorar de alívio por se ver livre dos trinta graus que fazia do lado de fora da loja, carros de diversas marcas e de vários modelos estavam espalhados. Alguns eram seminovos, e outros, novos, pareciam tão intocados quanto jovens donzelas. Assim como Elias suspirara de inveja ao ver sala de Masao, Nicolas lançou um olhar comprido para alguns modelos importados, cujo valor, preso ao para-brisa dos carros, não caberia em seu bolso nem mesmo se ele trabalhasse até os cem anos. Ele pensou no sucesso que faria se fosse dono de um automóvel daqueles.

Um homem usando terno e gravata saiu de trás de uma mesa e aproximou-se depressa. Nicolas percebeu que ele mancava um pouco, puxando a perna direita. Estendeu a mão direita para frente, na qual se via um anel com uma caveira incrustada destacando-se em seu dedo do meio.

Ele abriu um sorriso branco tão refrescante quanto o ar que refrigerava o ambiente.

— Doutor Masao, que alegria em vê-lo! Aposto que trouxe seus amigos para ver e, quem sabe, adquirir uma dessas máquinas especiais. Podemos realizar um *test drive*. Os senhores têm preferência por veículos novos ou seminovos? Temos...

— Minha preferência é por gente morta — cortou Nicolas, mostrando sua identificação. — Gostaríamos de lhe fazer algumas perguntas. Conversamos ontem de madrugada pelo telefone, está lembrado?

O sorriso do sujeito apagou-se, e seus lábios pareceram perder a elasticidade.

— Não estamos aqui por causa de carros — acrescentou Elias, tentando ser mais suave do que Nicolas e exibindo também seu distintivo. — Acreditamos que sua colaboração possa ser crucial em uma investigação.

137

— Acho que não estou entendendo... — Ele virou-se para Masao, buscando auxílio com o olhar.

— O senhor é o gerente? — quis saber Nicolas.

— Supervisor. Meu nome é Leandro. O doutor Masao sabe que...

— Sim, ele já nos contou que comprou um carro aqui. Viemos falar sobre Franco Mendonça.

A palidez que cobriu o rosto de Leandro ficou evidente. Ele ergueu a mão para massagear a bochecha, e a caveira em seu anel brilhou sob a lâmpada fluorescente.

— Já lhe contei o que sabia sobre ele. Também fui informado por Yumi sobre sua morte. Todos nós estamos abalados...

— Porém, a loja continua em funcionamento em pleno sábado! — observou Nicolas. — Você, que no momento está substituindo seu patrão, decidiu não decretar luto oficial? Os funcionários não poderão ir ao velório e ao enterro, tão logo o corpo seja liberado?

Leandro estava incomodado, nervoso e assustado. Os dois delegados e Nicolas podiam perceber isso sem dificuldade.

— Podemos conversar em meu escritório? Eu me sentiria mais à vontade lá.

Todos concordaram, e ele caminhou na frente, arrastando sua perna. Pouco depois, entraram em uma sala circular, que dava vista para o salão em que os veículos estavam estacionados. Leandro indicou duas cadeiras e puxou uma terceira da mesa vizinha. Depois que os quatro se sentaram, ele expôs:

— Não tenho muitas coisas a acrescentar em relação ao que já lhe disse por telefone, senhor Bortolas...

— Bartole — corrigiu Nicolas com voz áspera.

— Ah, sim, perdoe-me. O senhor Franco sempre foi o homem mais sério que já conheci... — Os olhos de Leandro brilharam de orgulho. — E não digo no sentido de ser carrancudo, mas de trabalhar com seriedade. Era simpático com todos os funcionários, porém, duro quando necessário. Sempre foi muito justo e tinha uma visão de *marketing* que fugia ao alcance de qualquer um de nós. Trabalhamos juntos por quase uma década. Ainda não me conformo com o que aconteceu.

— Depois de tanto tempo trabalhando juntos num mesmo espaço, vocês certamente se tornaram mais íntimos, não? Confidenciado um ao outros assuntos que não tinham nada a ver com o ambiente de trabalho, estou certo? — arriscou Nicolas.

— Bem... — Leandro pigarreou. — Eu sabia sobre ele e Yumi, mas isso não era da minha conta. Também sabia que ele já havia tido outras mulheres antes, e que Branca fazia vista grossa a tudo isso. Branca era a esposa de Franco.

— O que poderia nos dizer sobre ela? — Foi a vez de Elias perguntar.

— Ela só esteve uma ou duas vezes aqui durante todos esses anos. Sempre me pareceu distante dos negócios do marido. Franco dizia que ela não entendia nada sobre carros, embora fosse proprietária de um modelo como aquele ali. — Leandro indicou um sedã branco importado através do vidro. — Ela gosta de veículos automáticos. Quanto à personalidade, Branca é o tipo de mulher acostumada a dar ordens. Deve ser muito chata dentro de casa. Sinto pelos empregados. Longe de querer fazer fofoca, posso apostar que ela também tenha seus amantes.

— Por que pensa assim?— Adiantou-se Masao.

— Ora, doutor! Uma mulher como aquela, bonita e gananciosa, não se contentaria com a rotina da vida conjugal e sexual com o marido, podendo desfrutar de algo mais... picante, por exemplo. Sei lá, é apenas um palpite meu.

— Franco queixou-se da esposa nos últimos dias? — indagou Nicolas.

— Não. Ele estava tão focado na inauguração da nova filial em sua cidade que não falava de nada além disso.

— Ele deixou filhos? — indagou Nicolas novamente.

— Não, nem mesmo de consideração. Branca é a herdeira absoluta de sua fortuna.

"Essa é uma informação muito interessante", considerou Nicolas.

— O senhor me contou por telefone que viu seu patrão protagonizar situações estranhas recentemente. O que viu exatamente?

— Era como se Franco tivesse enlouquecido. Eu o vi dançando entre os carros, sem que nenhuma música estivesse tocando. Às vezes, quando ele realizava uma venda grande, demonstrava contentamento, mas não a ponto de beirar o ridículo. Ele girava em torno de si mesmo com os braços abertos, olhava para o teto, murmurava algumas palavras para si e ria, ria muito, como se estivesse ouvindo a piada mais engraçada do ano.

— Você conseguiu ouvir o que ele estava dizendo? — questionou Elias.

— Disse que a luz estava preenchendo-o por dentro e que ele era um ser feito de luz. Ouvi também ele dizer que, quando uma verdade fosse revelada ao mundo, nada mais seria como antes.

— O que aconteceu depois? Ele voltou ao normal? Quanto tempo durou essa fase?

Leandro olhou para Nicolas e deu de ombros.

— Não prestei muita atenção nisso. Acho que ele estava em transe, sabe? Ficou desse jeito durante uns dez minutos. Todos os funcionários se assustaram. Alguns tiveram certeza de que ele estava alcoolizado.

— Ele bebia? — perquiriu Masao.

— Apenas socialmente, mas nunca ficou embriagado, pelo menos não que eu saiba. Como já lhes disse, Franco era muito formal, discreto e cuidadoso com a própria imagem. Ele não estava bem naquele dia.

— Após essa ocasião, ele voltou a apresentar algum comportamento estranho? — Nicolas perguntou.

— Não. Nesse dia, ele foi recobrando aos poucos seu estado normal. Aqui mesmo, neste escritório, perguntei a ele se estava bem. Sabem qual foi a resposta? Franco me contou que não se lembrava do que havia feito. Ficou tão incrédulo que precisou verificar as imagens das câmeras de vídeo para constatar que eu não estava inventando algo assim.

— Ele comentou alguma coisa que tenha lhe soado estranho? — a indagação veio de Elias.

— Bem, ele apenas me disse que havia conhecido uma nova religião.

A resposta de Leandro deixou Nicolas ainda mais interessado.

— O que ele lhe contou exatamente? Por favor, tente se lembrar com a maior riqueza de detalhes possível.

— Ele contou que estava frequentando uma congregação, mas que aquilo era segredo. Não queriam que essa nova doutrina que ele havia conhecido fosse revelada. Achei esquisito, pois me pareceu algo ilícito. Quando há muita preocupação em esconder algo, é porque tem coisa errada por trás. Franco me disse que haviam lhe mostrado que ele era feito de luz, mas, quando fiz mais perguntas, ele pareceu se arrepender por ter iniciado o assunto e mudou o rumo da conversa. Nunca mais voltamos a falar sobre isso, e nunca pedi o endereço dessa congregação. Não faço ideia de onde fica.

— Alguma vez ele mencionou algo sobre hipnose? — perguntou Nicolas.

— Apenas numa época em que o casamento dele com Branca estava em crise. Creio que sempre esteve, mas ele demorou algum tempo para perceber isso. Ainda assim, nunca se divorciaram. Há casamentos em que marido e mulher mal se suportam, porém, não se separam... — Leandro cruzou os dedos das mãos sobre a mesa. — Nesse período em que o relacionamento dos dois estava abalado, Franco entrou em uma depressão severa e realizou um tratamento com dois psicólogos em uma cidade vizinha...

— Andréia e Frederico Assunção — Nicolas revelou os nomes.

140

— Já faz alguns anos, mas acho que os nomes eram esses. — Leandro pigarreou. — Eles o ajudaram bastante a se reerguer. À época, achei que Franco nunca mais fosse se recuperar dessa depressão. E sabe como ele se curou? Dizendo que Branca não lhe interessava mais e que se divertiria com as amantes. Yumi foi a quinta ou a sexta que ele arranjou. Impossível Branca nunca ter desconfiado de nada, não acham?

— Ele comentou algo sobre ter tido contato com esses mesmos psicólogos recentemente?

Leandro olhou para Elias, que lhe fizera a indagação.

— Não, doutor. Nunca mais tocou no nome deles. É por isso que a concessionária está aberta, mas saiba que dispensarei os funcionários assim que eu receber mais informações sobre o destino do corpo. Eu aprendi a amar aquele homem de uma maneira muito profissional. Se ninguém colocou uma bala na cabeça dele, fazendo parecer que foi Franco quem fez isso, nunca conseguirei imaginar um motivo para ele ter acabado consigo mesmo.

— Em breve, nós descobriremos que motivo foi esse — garantiu Nicolas, dando por encerrado seu interrogatório.

Capítulo 18

A próxima parada dos investigadores foi a residência de Franco, uma mansão antiga que ficava na esquina de uma rua arborizada e bastante silenciosa. De acordo com Masao, as famílias mais abastadas de Ribeirão Preto residiam naquele bairro, o que poderia ser confirmado com um olhar rápido para as casas imensas e os veículos de luxo que circulavam por ali. Uma propriedade parecia ser mais imponente que a outra, como se um concurso de imóvel mais suntuoso da cidade estivesse em vigor.

Após atravessarem um jardim florido e muito bem cuidado, os três homens foram recebidos à porta da mansão pela própria viúva de Franco. Branca tinha cerca de cinquenta anos, mas as inúmeras plásticas faciais e a maquiagem muito bem aplicada tornavam-na dez anos mais jovem. Ela usava uma túnica preta de mangas largas e calça jeans em um tom escuro. Suas sandálias, que qualquer mulher saberia que custavam uma fortuna, tinham saltos altos e tiras prateadas. Seus olhos azuis pareciam esfumaçados, como se uma fina névoa impedisse as pessoas de enxergá-los mais profundamente. Usava os cabelos loiros em um corte curto e moderno. O resultado era uma mulher muito bonita e elegante. Não usava nenhuma joia ou adorno.

Ela cumprimentou Nicolas e os dois delegados com apertos firmes de mão e indicou o interior da casa. Os tons pastéis predominavam nos móveis, na pintura das paredes e até mesmo nas cortinas. No centro da ampla sala, um tapete muito espesso, também em tom pastel, revelava o excelente trabalho do tecelão que o confeccionara.

Branca indicou-lhes o sofá em formato de L, com sete assentos. Ela acomodou-se com elegância em uma poltrona confortável, deixando transparecer em sua postura altiva que a presença da polícia em sua casa não a intimidava nem um pouco. Depois que eles recusaram o café e a água que ela lhes ofereceu, Branca iniciou:

— Creio que a presença de vocês aqui tenha algo a ver com a morte do meu marido. Já sabem quem o matou?

— Por que tem tanta certeza de que Franco foi assassinado? — perguntou Nicolas.

— Meu marido nunca se mataria. Conheço o homem com quem me casei. Sei que ele estava acompanhado por uma amante, assim como sei o nome dela e tenho certeza de que ela é a assassina — Branca cruzou as pernas. — Yumi já está presa?

— Nós temos razões para acreditar que Yumi seja inocente — contrapôs Nicolas. — Ela está sob vigilância, mesmo que não tenha um álibi forte a seu favor. Todavia, nossa investigação vem nos guiando por outro caminho.

Branca arqueou as sobrancelhas bem-feitas.

— E eu poderia saber qual é?

— Nos últimos dias, seu marido apresentou algum comportamento diferente? — Foi a vez de Elias indagar. — Comentou algo que tenha lhe causado estranheza? A senhora soube de alguma coisa que não lhe pareceu natural?

— Ele só queria inaugurar mais uma concessionária. — Branca fechou os olhos e, quando os abriu, eles estavam marejados. — Há tempos estava com esse projeto em mente, e a parceria com vários fabricantes de veículos o favoreceu. Não consigo acreditar que Franco não voltará para casa. Não sabem o quanto ele me faz falta.

— O corpo será liberado em breve para o velório — acrescentou Elias.

— Não quero um corpo! — Branca bateu suas pestanas, e duas lágrimas pingaram ao mesmo tempo. — Quero Franco vivo, entrando por aquela porta. Só o que desejo é meu marido de volta.

— A senhora é a única herdeira de todos os bens de Franco? — Nicolas encarou-a e manteve os olhos nos dela.

— O que está querendo insinuar com isso? — Os olhos azuis esfumaçados pareceram ganhar vida. — Sua pergunta me ofende!

— Trata-se de uma questão simples, que visa a uma resposta igualmente simples — retrucou Nicolas com naturalidade. — A senhora sabe de todos os seus direitos e pode pedir que um advogado a acompanhe durante nossa conversa.

— Achei que isso não seria necessário, mas pelo visto... Ele está na cozinha. Pedirei que venha participar da conversa — Branca levantou-se e afastou-se na direção oposta a que Nicolas e os delegados haviam entrado.

— Não me surpreende saber que ela não está sozinha — murmurou Masao.

— Isso não. No entanto, onde estão os empregados da casa? — Nicolas coçou o queixo. — Ela os dispensou por motivo de luto? Tenho certeza absoluta de que Franco e Branca nunca pegaram em uma vassoura para varrer este belo tapete.

— Sabemos que Franco não deixou herdeiros, além da esposa — considerou Elias. — Tanto ela quanto Yumi são suspeitas, sim, principalmente se considerarmos apenas a morte dele. Contudo, como ligar essas duas mulheres às mortes de Regiane e de José?

— Essa ligação existe, Elias, só não conseguimos descobrir ainda do que se trata exatamente — explicou Nicolas. — As três vítimas estão interligadas pelas mortes, que ocorreram no mesmo horário e envolvendo a mesma substância desconhecida encontrada no organismo delas. Infelizmente, o que não temos ainda é o motivo real para tais mortes terem acontecido. Franco, o mais rico de todos, poderia ter concorrentes e adversários no mundo dos negócios. Além disso, tinha uma amante e uma esposa que parece ser mais fria e falsa do que uma moeda de latão. Ele era o maior alvo de todos. O que não se encaixa nessa história é uma dona de casa e um homem em situação de rua. A morte desses dois favoreceria a quem?

Eles ouviram o ruído dos saltos de Branca aproximando-se novamente. Ela entrou na sala como uma grande atriz surgindo em cena no palco de um teatro. Atrás dela vinha um homem com cerca de trinta anos, musculoso e tão bonito quanto um ator que faria par com ela. Usava camiseta regata, bermuda com muitos bolsos e calçava chinelos. Se aqueles eram os trajes dos advogados, Nicolas decidiu que passaria a trabalhar com uma saia escocesa e um poncho peruano jogado nas costas.

— Este é o doutor Humberto, advogado da família — apresentou Branca, arrumando os cabelos dourados. — Gostaria que ele assistisse à nossa conversa.

Humberto sentou-se na poltrona em que Branca estivera acomodada minutos antes, enquanto ela, desta vez, optou por permanecer de pé, postando-se atrás do advogado.

— Branca me disse que se sentiu desrespeitada por uma pergunta dos senhores acerca do espólio de Franco…

— Apenas lhe perguntei se ela é sua única herdeira, e tudo indica que sim — expôs Nicolas com serenidade. — Uma pergunta de praxe, nem um pouco ofensiva.

Humberto franziu a testa, o que lhe concedeu um charme adicional.

— Sim, a senhora Mendonça é a única herdeira. O senhor Mendonça já havia deixado o testamento pronto, e ela, inclusive, participou de sua elaboração. Na época, o marido de minha cliente nunca poderia imaginar que viveria tão pouco.

— Não queremos saber o valor exato do montante que será herdado pela senhora Branca, mesmo sabendo que estamos falando de uma quantia alta... — Elias fez uma pausa, e, ao tornar a falar, sua voz estava mais endurecida: — Onde a senhora estava na noite em que seu marido atirou contra si mesmo, senhora Mendonça?

— Espere um pouco. Deixe-me ver se entendi! — Branca colocou uma mão na cintura. — Sou suspeita de algo, mesmo que todos saibam que a mulher que esteve com ele no momento da morte foi a amante? Yumi, que estava no local, é menos suspeita do que eu, que moro em outra cidade?

— Pedimos a gentileza de responder à pergunta do senhor delegado — atalhou Nicolas.

Branca baixou o olhar para Humberto, mas, como o advogado permaneceu calado, ela compreendeu que precisaria responder.

— Eu estava aqui, nesta casa. Não sou muito de sair, a menos quando tenho compromissos com minhas amigas. Franco havia me telefonado para dizer que já estava hospedado no hotel. Foi a última vez em que conversamos. Quando recebi o telefonema seguinte, era a polícia me informando sobre o suicídio. — Mais duas lágrimas verteram de seus olhos. — Ainda não me recuperei do choque.

— Essa última ligação dele foi rápida? Lembra-se de tê-lo ouvido falar algo sobre a luz ou a grande verdade?

Se Branca era realmente uma ótima atriz, soube disfarçar muito bem, pois não deixou que nenhuma emoção transparecesse em seu rosto após ouvir as perguntas de Nicolas.

— Não faço ideia do que sejam essas coisas. — Branca deu de ombros. — Ele me contou que estava no Hotel Star e que falaria comigo antes de dormir. Nunca fomos um casal meloso, em que marido e mulher precisam se falar a cada cinco minutos.

Ela baixou as mãos e colocou-as sobre os ombros de Humberto. O gesto não passou despercebido para Nicolas.

— Alguma vez ele lhe falou sobre hipnose? — sondou Elias.

— Nunca.

— Ele teve depressão em algum período de sua vida? — indagou Nicolas.

145

— Sim, na época em que enfrentamos uma grave crise em nosso casamento, mas ele se recuperou bem e nunca mais apresentou recaídas — explicou Branca. De repente, a mulher pareceu recordar-se de algo. — Agora estou me lembrando de algo que ele me falou. Franco me contou que um amigo chamado Abner Matias Lopes ou Martins Lopes, não me recordo direito, estava trabalhando na cozinha desse mesmo hotel. Meu marido tinha essa mania de apresentar as pessoas com nome e sobrenome.

Nicolas trocou um breve olhar com Elias, gravando mentalmente aquela informação.

— Ele lhe disse algo em especial sobre esse homem?

— Não. Aliás, para mim, esse comentário foi de pouca importância e acabei não me atentando a isso. Acham que ele pode estar envolvido com a morte de Franco?

— Investigaremos melhor, antes de termos certeza da resposta para essa pergunta — explicou Elias.

Nicolas manteve-se calado, percorrendo com o olhar as expressões de Humberto e de Branca. Deteve-se por um instante nas mãos bem cuidadas da viúva, que se mantiveram firmes sobre os ombros do advogado. Como sabia que sua próxima pergunta mexeria com os brios de Branca, respirou fundo antes de disparar:

— Assim como seu marido, a senhora também mantém relações extraconjugais?

Como Nicolas já previra, Humberto empalideceu e remexeu-se na poltrona com grande agitação. Igualmente lívida, Branca abriu os braços e movimentou-os para cima e para baixo, como um gigantesco urubu tentando alçar voo.

— Aonde pretende chegar com esses insultos, investigador? — O tom de Branca já não era mais sereno e gélido. Agora, tornara-se ácido e cortante. — Minha vida pessoal não interessa a nenhum de vocês.

— Entrarei com um processo contra esse homem, querida. — Humberto deixou a poltrona e alcançou a viúva, envolvendo-a com um braço. Depois, olhou com ódio para Nicolas. — Minha cliente não tem mais condições de continuar a conversa. Observem seus tremores, suas lágrimas. Ao menos respeitem seu luto, respeitem seus sentimentos e a fase dolorosa pela qual ela está passando.

Nicolas também se levantou:

— E o senhor respeite o corpo do homem que está deitado sobre uma mesa fria no IML[4] . As circunstâncias que envolvem o suicídio de Franco Mendonça são as mais estranhas possíveis, portanto, qualquer

---

4   Instituto Médico Legal.

pista que obtivermos poderá nos levar mais depressa à conclusão do caso. Saber se a relação entre vocês dois é estritamente profissional ou se já fizeram um bate-coxa embaixo dos lençóis não é problema nosso. Nós apenas queremos respostas, e, se vocês nos omitirem algo, terão problemas.

Elias olhou rapidamente para Masao como se dissesse "Bartole é assim mesmo".

— Não temos mais nada a declarar — argumentou Humberto, um pouco mais brando. — Só queremos ficar sozinhos, por favor. Quando Branca estiver melhor, prometo que voltará a colaborar com os senhores.

Nicolas pousou seu cartão de visita sobre uma mesinha de centro, e Masao fez o mesmo.

— Entrem em contato com qualquer um desses telefones, embora eu e o doutor Elias estejamos à frente do caso.

Humberto assentiu, ainda abraçado a Branca. Do lado de fora da casa, Elias declarou o que todos já sabiam:

— Branca e o advogado mantêm uma relação às escondidas, o que os torna suspeitos.

— Sim, se Franco fosse nossa única vítima. Mas, pelo que tudo indica, temos um novo caminho por onde seguir. Vamos encaminhar o nome do funcionário do hotel para Moira e pedir que ela faça uma pesquisa sobre esse homem — antes de entrar no carro, Nicolas enviou uma mensagem à policial com os dados de que ela precisaria.

Mais tarde, Nicolas e Elias agradeceram Masao pela iniciativa de auxiliá-los, cooperando com o trabalho dos colegas da cidade vizinha. Masao, por sua vez, garantiu que se manteria à disposição deles.

No percurso de retorno à cidade, Nicolas optou por assumir o volante. Estavam passando pelo monumento que ficava na entrada do município, quando Moira os contatou pelo rádio.

— Bartole, já pesquisei sobre o tal Abner. Ele é funcionário do hotel há apenas dois meses, e o mais interessante foi descobrir de quem ele é primo.

— Não faça suspense, Moira. De quem Abner é primo?

— De Sadraque, o cara da lanchonete que deu o uísque a José.

Nicolas agradeceu e encerrou o chamado, olhando para o delegado com um sorriso largo nos lábios.

— Lembra-se daquela ligação entre as vítimas, Elias? Parece que acabamos de encontrá-la.

147

Capítulo 19

— Você prefere ser feliz e livre das preocupações mundanas da sociedade ou continuar amargando na ignorância do desconhecimento, sem descobrir o que realmente existe dentro de si?

A pergunta feita pelo homem que estava no centro do círculo reverberou nos ouvidos de Cleide. Assim como ocorrera nas reuniões anteriores das quais ela participara, todas as pessoas presentes estavam descalças, sentadas sobre almofadas coloridas no meio de um salão, cujas paredes estavam pintadas de azul-claro. As duas únicas janelas, que davam para a rua, mantinham-se sempre vedadas. Cleide nunca as vira abertas. O ar era renovado graças aos exaustores e ventiladores que estavam em funcionamento. Além de um quadro branco em uma parede e um projetor de imagens, não havia quaisquer outros objetos naquele recinto.

Além dela, estavam ali três homens e uma mulher. Disseram que naquele dia as chefias participariam da reunião. Era assim que eles chamavam os líderes da congregação. Cleide julgava que essas pessoas eram uma espécie de apóstolos ou bispos. Não fazia ideia se eram homens ou mulheres, pois nunca tivera a chance de conhecê-los pessoalmente.

Nos três encontros anteriores de que participara, o porta-voz foi Frederico ou sua esposa, Andréia, que era a psicóloga de Cleide. A vida exterior de cada um deveria permanecer eternamente em sigilo. Ao saírem dali, ninguém deveria saber que Abner era cozinheiro, que Sadraque era dono de uma lanchonete ou que Cleide era professora. A vida na sociedade era infinitamente desprezível, se comparada a todas as maravilhas que estavam sendo apresentadas a ela em cada reunião.

— Quero ser feliz e livre — ela declarou, com os olhos brilhando e focando o rosto bonito de Frederico.

— Ficamos muito felizes em saber disso. — Frederico uniu as palmas das mãos. — Você sabia que é controlada por muitas forças poderosas? Por forças invisíveis que estão além de sua capacidade de compreensão?

— Sim. Deus, Jesus e Nossa Senhora.

Houve um instante de silêncio até que o grupo rompeu em uma gargalhada descontraída. Cleide corou, enrubescendo até a raiz dos cabelos.

— Desculpe-me, mas eu disse algo errado? — perguntou timidamente.

— Esses nomes que você mencionou são apenas figuras míticas criadas pela imaginação crua e primitiva dos homens. — Andréia ainda sorria enquanto falava. — É como falar em fadas, elfos ou gnomos. Tudo não passa de lendas e mitos.

— Então, quais seriam as forças que me controlam?

— Sua luz interior. — Frederico fechou os olhos. — Daqui, deste ponto em que estou sentado, consigo visualizar seu eu interior infinito, a fonte pura e maculada de energia que brota dentro de você. Como está prestes a se tornar nossa irmã, ligada por uma mesma unidade após o batismo concedido pelas chefias, a grandiosidade de sua luz se integrará à nossa. É capaz de perceber tamanha beleza e virtude?

Sem saber ao certo como deveria agir, Cleide repetiu o gesto de Frederico e também cerrou os olhos. Vinda de algum lugar, ela ouviu uma música de notas leves e fluidas.

— Sinta sua paz interior, minha irmã — continuou Frederico. — Sinta toda a sua glória, sua castidade, sua honra e sua candura. Sinta a luz movimentando-se em suas veias, integrando-se à sua corrente sanguínea. Sinta dentro de si toda a força que ela lhe concede, como a verdadeira fonte da vida.

— Ainda não estou conseguindo perceber toda essa perfeição — comentou Cleide com os olhos fechados.

— Mas vai perceber. — Frederico abriu os olhos e fez um sinal para Sadraque. O homem saiu do salão e retornou logo depois trazendo um copo de vidro cheio de um líquido castanho. — Abra os olhos, irmã na luz.

Cleide obedeceu e deparou-se com o copo estendido diante de si. Agradeceu a Sadraque, que tornou a se sentar, e cheirou o líquido. O forte odor de álcool deixou-a um pouco zonza.

— Desculpem-me, mas bebidas alcoólicas me fazem passar mal. — Ela pousou o copo no chão.

149

Andréia saiu de sua posição e sentou-se em frente a Cleide. Tomou as mãos da outra e as manteve entre as suas.

— Querida, olhe para mim. Olhe fixamente para meus olhos.

Cleide tornou a obedecer. Com a voz ensaiada e muito suave, Andréia continuou:

— A luz precisa que você se una a nós, pois, somente assim, poderá se libertar dos males que a afetam. Somente assim, você conseguirá romper os ranços dessa depressão que a corrói por dentro, desde que seu noivo a abandonou no dia de seu casamento. Não almeja um futuro feliz?

— É o que mais quero.

— Então, continue olhando dentro dos meus olhos. Não pisque, não desvie o olhar. — Andréia inclinou o rosto para frente, enquanto seu nariz quase tocava o de Cleide. — Você disse que não conseguiu perceber o poder da luz em seu interior, por isso, lhe peço que beba esse bálsamo e se deixe levar por sua natureza genuína. Eu sou luz, você é luz, somos todos luz. Quando a humanidade descobrir a grande verdade que nós já conhecemos e que agora você também conhece, o mundo será um lugar muito melhor onde se viver. Beba, querida.

De forma quase automática, Cleide pegou o copo e entornou de uma só vez a bebida na boca. Ela fazia caretas enquanto bebia, mas ingeriu todo o líquido sem pausar. Novamente, colocou o copo no chão, enxugou as lágrimas que pingaram de seus olhos e voltou a se concentrar em Andréia. Por dentro, um calor intenso a envolveu.

— Seu batismo finalmente começará — anunciou Frederico. — As chefias estão chegando. Você será uma das nossas. Repita o que compreendeu.

— As chefias chegarão, e eu serei uma de vocês — replicou Cleide, voz baixa.

— Você aceita a luz dentro de si? — questionou Andréia, ainda com seus olhos verdes fixos nos de Cleide.

— Aceito.

— Você jura fidelidade e sigilo em nome desta congregação e de seus novos irmãos? — indagou Frederico.

— Juro, em nome da luz.

— Ótimo. — Frederico olhou para um ponto na lateral do ventilador. — Ela está pronta.

Cleide sentia a cabeça rodar e o coração disparado. Aquela bebida era muito forte, mas parecia que algo maior estava acontecendo com a mulher. Era como se todos os seus cinco sentidos estivessem em alerta, mais sensíveis e também mais apurados. Cleide sentia o suor escorrendo por seu rosto e percorrendo suas costas, mas aprendera a confiar naquelas pessoas, que haviam lhe apresentado a grande verdade e mostrado que ela era realmente capaz de ser feliz.

O grupo movimentou-se de lugar. Todos ficaram de pé, e Cleide repetiu o gesto. Cada vez mais grogue, ela viu quando duas pessoas usando capuz para encobrir o rosto surgiram na sala. Imediatamente, os membros da reunião curvaram-se para reverenciar as chefias. Mais uma vez, Cleide repetiu o gesto.

— Saudações, chefias — iniciou Frederico, endireitando a coluna. — Hoje, presente conosco, está uma nova irmã. Ela está prestes a romper o véu da ignorância e conhecer a grande verdade que temos a revelar para o mundo.

— Ela já ingeriu o bálsamo libertador — acrescentou Andréia. — Seu contrato de fidelidade com nossa congregação está em ordem. Cleide está pronta para ingressar no próximo ciclo.

— Por gentileza, venha até aqui — convidou uma das pessoas que se autonomeavam de chefias, com voz indefinível. — O momento pelo qual você aguardou sua vida inteira chegou. Desconecte-se de seus erros e do seu passado. A mulher desprezada pelo noivo não existirá mais.

Cleide assentiu e aproximou-se daqueles dois seres tão singulares, cujos rostos ela não podia ver. Ela sentiu que precisaria apoiar-se, ou suas pernas não a sustentariam mais de pé.

— Conheça a grande verdade neste momento. Abra-se para receber o que há de melhor em si. — Completou a outra pessoa, que liderava o grupo. — Sinta a luz abrilhantando sua alma. Consegue senti-la?

Cleide meneou novamente a cabeça em concordância, embora seus sentidos estivessem trôpegos demais naquele momento. A bebida, que ela acreditava ser uísque, a deixara péssima. As vozes daquelas pessoas começaram a distanciar-se, perder-se em um buraco sem fim. As últimas palavras das quais Cleide se lembrou antes de perder a consciência foi que ela encontrara a luz.

Uma hora depois, o grupo estava novamente reunido, com exceção de Cleide. Sadraque fora encarregado de levá-la até as proximidades do endereço em que ela morava, mas já estava de volta. Eles sempre buscavam seus novos integrantes e sempre os deixavam próximos de suas casas. A localização da congregação jamais era compartilhada com alguém.

— Ela seguirá corretamente nossas recomendações — começou Andréia, usando um tom de voz mais impessoal. — O efeito da hipnose aliado ao que colocamos em sua bebida, praticamente a colocou em nossas mãos.

151

— O que ela deixará em seu testamento? — quis saber uma das chefias.

— A casa, um carro seminovo e cerca de trinta mil reais que tem em uma conta poupança. São suas economias dos últimos anos — Andréia revirou os olhos, como se estivesse falando de míseros trocados. — Já está tudo certo. A grana está naquela conta de sempre. Na última vez em que eu a hipnotizei, a obriguei a assinar um documento no qual sua casa e seu carro serão vendidos a uma pessoa, cujo nome obviamente não existe. Repetiremos os esquemas anteriores.

— Para quando vocês planejaram a sua transferência para a luz?

— Hoje à noite, às dezenove horas. Modificamos o horário para não levantar ainda mais as suspeitas da polícia — tranquilizou Frederico.

— Por falar em polícia, parece que o tal investigador intenciona nos causar alguma dor de cabeça — a segunda chefia cruzou os braços num gesto autoritário. — Pesquisamos sobre ele e soubemos que ele é rápido, sagaz e inteligente. Já solucionou casos bem difíceis e sempre com sucesso.

— Ele não pode nos acusar de nada — pela primeira vez, Abner manifestou-se. — Afinal, essas pessoas se suicidam sozinhas. Não há a presença de outras pessoas no local que levante a suspeita de assassinato.

— Mas ele já sabe mais do que deveria — argumentou Frederico. — Informações sobre a nossa técnica de trabalho chegaram ao conhecimento do canalha. Ele precisa sair do nosso caminho, com urgência.

— Não apenas ele, mas todos os policiais envolvidos no caso — a chefia que falara anteriormente, decretou: — Todos precisam morrer e suas mortes devem ser rápidas. Abner e Sadraque, vocês cuidarão disso. Acabem com o tal Bartole e, em seguida, tirem de cena o delegado e os policiais militares envolvidos com a investigação. A esposa do investigador é repórter e também está metendo o bedelho onde não é chamada. Está grávida, o que facilitará o trabalho de vocês. Eliminem todos.

— Faremos isso agora mesmo, com todo o cuidado e zelo que tal tarefa requer — completou Sadraque. — Que a luz esteja conosco!

— Somos todos luz — disseram os demais em uníssono.

Capítulo 20

Marian estava terminando de servir o almoço em seu prato, quando ouviu um barulho na porta, indicando que alguém chegara. Antes mesmo de olhar naquela direção, sentiu uma energia péssima, que lhe causou calafrios. Enzo entrou na casa e parecia tão alcoolizado quanto na manhã anterior. Era meio-dia em ponto, e ele já estava em um estado tão lastimável. Aquilo tinha de acabar, ou seria o casamento que acabaria.

Ela largou a comida no prato e foi ao encontro do marido para confrontá-lo:

— Antigamente, você se permitia vários dias de intervalo entre uma crise de bebedeira e outra. Agora, pelo jeito, será todos os dias.

— Vá cuidar de sua vida, sua vagabunda! — Ele cuspiu tanto as palavras quanto a saliva.

— Enzo, não permitirei essa falta de respeito dentro de nossa casa. Como se não bastasse seu comportamento inadequado, ainda sou obrigada a aturar a presença de espíritos zombeteiros e desocupados que você traz consigo a cada vez que bebe desse jeito.

— Espíritos não existem, sua tolinha. Essa conversa mole não me engana! — Enzo escorou-se na porta, que cedeu ao seu peso e bateu. Com o movimento dela, ele perdeu o equilíbrio e caiu no chão. — O que está esperando para me ajudar a levantar?

Após uma breve hesitação, Marian estendeu-lhe a mão direita, mas, em vez de segurá-la, Enzo movimentou a dele e desferiu um tapa forte no rosto da esposa. Antes que ela tivesse tempo para reagir, ele ergueu-se com agilidade, mesmo considerando seu estado de embriaguez, e prendeu-a pelo pescoço com o braço, aplicando-lhe uma gravata.

Marian tentava desvencilhar-se do braço dele, mas logo notou que suas forças não eram páreas para lidar com um homem que, de repente, começara a agir como um louco. Ela começou a debater-se ao perceber que o fluxo de oxigênio para o cérebro estava sendo cortado, mas Enzo decidiu soltá-la, empurrando-a para o chão.

Ela caiu de joelhos e afastou os cabelos da frente do rosto, tossindo e massageando a garganta, que doía terrivelmente. Ainda abaixada, virou a cabeça para Enzo e percebeu que os olhos que a encaravam em nada lembravam os de seu marido.

— Você se acha muito esperta, não é? — Enzo agachou-se diante dela e, quando Marian tentou desviar o olhar, ele segurou-a pelo queixo e obrigou-a a fitá-lo. — Onde estão seus amiguinhos invisíveis agora? Os espíritos do bem? Por que eles não a socorrem?

— Enzo, você está sob a influência de muitos espíritos perturbados. — Ela tossiu tentando normalizar o ritmo da respiração. — Você não é assim, então, não se deixe dominar por eles.

— Não vou cair nesse papo furado. — Ele apertou com mais força o queixo dela. — Sou um homem da ciência. O fato de eu ter me casado com você não me obriga a acreditar nessas babaquices de espiritualidade.

O hálito de Enzo exalava um odor fétido de álcool. Seus olhos verdes estavam avermelhados e vítreos. Marian empurrou a mão do marido para o lado e tentou se levantar rapidamente, mas Enzo foi mais rápido e segurou-a pelos cabelos com tanta força que ela gritou.

— Tenho notado que você se considera minha proprietária. Achou que eu nunca descobriria? Gosta de bancar a louca com esses quadros inúteis e ainda alega pintar sob inspiração espiritual. Só o que existe é o que pode ser comprovado cientificamente, entendeu? E lembre-se: sou seu marido, e não seu brinquedinho.

— Você está me machucando, Enzo. Por favor, solte-me para que possamos conversar.

Ele não a soltou, mas afrouxou a mão que mantinha grudada nos cabelos dela.

— O que teríamos para conversar, querida? Absolutamente nada. Estou cansado de suas manias esquisitas e de seu costume de tentar me doutrinar a crer naquilo em que você acredita.

— Eu sempre o respeitei e nunca o forcei a nada. Quando nos casamos, você já sabia das minhas crenças, e eu, das suas. — Desesperada, Marian olhou para os lados à procura de algum objeto com que pudesse se defender, mas todos pareciam estar a quilômetros de distância. — Por que está me tratando assim?

154

— Você realmente me ama, Marian? Ou, durante todos esses meses em que passamos a morar juntos, você tem fingido um sentimento que nunca existiu?

— Você não está em condições de conversar agora. Solte meus cabelos, Enzo! Você está me machucando!

Enzo demorou alguns instantes, parecendo considerar se a atenderia ou não. Nesse momento, recebeu uma violenta cotovelada na barriga, e a dor fez seu rosto crispar-se. Marian não hesitou e empurrou-o para trás, ao mesmo tempo em que impulsionava o corpo para frente. Conseguiu livrar-se do marido e disparou na direção do quarto. Quando estava quase alcançando a porta, Enzo jogou-se sobre ela, e ambos caíram no chão. O peso do corpo dele sobre as costas de Maria deixou-a com falta de ar, o que arrancou lágrimas de seus olhos.

— Vai chorar, amorzinho? — mantendo Marian de bruços, debaixo do seu corpo, Enzo encostou a boca na nuca da esposa. — Por que não pede ajuda aos seus espíritos bonzinhos? Você não vive falando deles o tempo todo? Parece, no entanto, que eles não podem vir em seu socorro agora.

Ela tentou responder, mas sua voz transformou-se num gemido de dor. Sendo esmagada por Enzo, Marian começou a perder o fôlego novamente. Seu rosto estava pressionado contra o mármore frio que revestia o piso.

— Eu entendi qual era a sua intenção quando você falava dos espíritos da minha mulher e da minha filha, que morreram naquele acidente desgraçado. Você não queria me consolar! Queria me enlouquecer! Sempre que me lembro delas, eu me culpo e, quando isso acontece, busco consolo na bebida. Eu sou o culpado pela morte delas. Eu causei aquele acidente, sabia?

— Enzo, por favor...

— Está feliz, sua imbecil?! — Tomado por uma raiva incontrolável, Enzo tornou a segurá-la pelos cabelos, erguendo a cabeça de Marian para jogá-la com força para baixo. — Isso é o que você é! Uma charlatã que brincou com meus sentimentos, tentando me seduzir com esse papo furado sobre gente morta.

— O que você quer de mim? — Marian conseguiu balbuciar.

— Você vai saber agora.

Enzo saiu de cima de Marian e tentou arrancar a saia que ela usava, forçando a peça para baixo. Esse foi o erro dele. Marian fechou as duas mãos e aplicou um murro duplo contra o estômago do marido, já dolorido por causa da cotovelada. Ele soltou um resmungo no momento em que ela conseguiu se levantar novamente, mas, desta vez, em vez de correr, ela só se afastou alguns passos, sem perdê-lo de vista.

— Você precisa de ajuda, Enzo — ela avisou, sentindo o próprio rosto doer mais a cada segundo. — Sua mente não está trabalhando com coerência. Há uma grande influência espiritual negativa sobre você. Eu posso ajudá-lo.

— Você vai me ajudar a fazer outra coisa. — Ágil como um gato, ele deu um pulo e agarrou as pernas de Marian, puxando-a para baixo com toda a força. — Algo que eu sei que você quer, mas que não tem me agradado direito. Vou ensiná-la como se faz sexo de verdade, pois, somente assim, você garantirá que eu não arranje outra mulher.

Marian deslizou as unhas pelo rosto do marido, mas isso só deixou Enzo ainda mais ensandecido. Ele envolveu o corpo dela com os braços, como se fosse abraçá-la, e empurrou-a no sofá. No trajeto, derrubaram um porta-retratos com a imagem dos dois no dia do casamento, e ele fez questão de pisar na fotografia.

Marian tentou gritar, mas Enzo desferiu um tapa tão forte no rosto da esposa, fazendo-a quase perder os sentidos. Sem pensar duas vezes, ele agrediu-a novamente, enquanto desafivelava o cinto da calça. Tonta, ela sentiu tudo escurecer por alguns segundos, mas o desejo ferrenho de não deixar que Enzo a tocasse foi mais forte, e Marian conseguiu se manter consciente.

— Vou denunciá-lo à polícia, Enzo — ela ameaçou em um sopro de voz.

— Vai chamar seu irmãozinho? Acha que tenho medo dele? Além disso, já lhe mandei calar a boca — ao dizer isso, Enzo desferiu um soco no queixo de Marian, que despencou sobre o sofá, inerte. — Assim está melhor.

Enquanto ela gemia, Enzo despiu a calça e fez o mesmo com a saia que Marian estava usando. Quando a viu de calcinha, sentiu um calor tomar conta do seu corpo. Tudo aquilo pertencia a ele, mas tomá-la à revelia o preencheu com uma satisfação mórbida. Quem sabe assim Marian aprenderia como ele realmente gostava de transar e parava de bancar a maria-mole durante os momentos de intimidade.

Ela tornou a abrir os olhos, quando Enzo tirou sua calcinha. Envolvida por um torpor, como alguém em um estado anestésico, a mente de Marian ordenou que algo fosse feito imediatamente. Mesmo que seu corpo não estivesse disposto a obedecer, ela sabia que tinha de fazer algo ou seria estuprada dentro de sua própria casa e por seu próprio marido, que estava completamente fora de si.

Quando sentiu que suas pernas estavam sendo afastadas, Marian enfiou a mão debaixo de uma almofada e encontrou o controle remoto da televisão, que ela sempre costumava deixar ali. Usou o objeto para atingir a testa de Enzo, mas ele mal pareceu sentir o impacto. Sua súbita obsessão pelo corpo da esposa era maior do que qualquer influência externa.

Marian acertou a testa de Enzo mais uma vez, porém, ele tomou o controle remoto da mão da esposa e atirou-o do outro lado da sala. Desesperada, ela atacou o único local que parecia mais vulnerável naquele momento. Fechou a mão e esmagou os órgãos genitais de Enzo com um golpe certeiro.

Ele uivou como um lobo ao se separar da alcateia. Marian rolou de lado, despencou do sofá para o chão, esbarrou na mesinha de centro e rastejou para trás do outro estofado. Enzo ainda estava no mesmo lugar, tentando se recuperar da dor, enquanto Marian corria para fora do apartamento.

Marian chegou ao corredor e gritou, pedindo socorro, enquanto descia as escadas em desabalada carreira. Quando alcançou o primeiro andar, encontrou uma senhora de cabelos grisalhos, que tinha aberto a porta e a fitava com olhos esbugalhados. Foi só então que Marian se deu conta de que estava nua da cintura para baixo.

Sem hesitar, já que não tinha tempo para ficar constrangida, ela correu para dentro do apartamento da mulher e a obrigou a fechar a porta, trancando-a por dentro.

— Acabei de sofrer uma tentativa de estupro. — Foi tudo o que ela disse, enquanto sua voz se confundia com o pranto que estava preso em sua garganta. — Ele ainda está lá em cima, em meu apartamento. Por favor, me empreste uma roupa. Vou procurar a polícia.

Automaticamente, a vizinha fez que sim com a cabeça. Quando conseguiu se recuperar do choque, ela foi ao seu quarto procurar algo para que aquela moça pudesse vestir. Retornou com um vestido longo, de estampa simples, que serviu perfeitamente em Marian. Ela agradeceu a vizinha pela ajuda e saiu à rua, onde encontrou um táxi sem dificuldade. Mas, em vez de ir à delegacia, informou ao taxista o endereço de um grande amigo.

Capítulo 21

Alheio ao que estava acontecendo com sua irmã, Nicolas dirigia tranquilamente com Mike no banco do carona. Após chegar de Ribeirão Preto, almoçou no Caseiros com Elias e Mike — e pagou o almoço do policial mais uma vez —, onde combinaram os próximos encaminhamentos da investigação. O calor não dava trégua, e os termômetros marcavam trinta e seis graus, mesmo que toda a população jurasse que a sensação térmica já passara dos quarenta.

Com poucas palavras, Nicolas resumiu o resultado de sua visita ao distrito vizinho. Ao final da narrativa, Mike considerou:

— Temos um supervisor da concessionária suspeito, uma viúva suspeita e seu amante advogado, igualmente suspeitos.

— Exatamente. A questão é que eu não estava conseguindo encontrar uma ligação entre essas pessoas e nossas duas outras vítimas. Agora, parece que as coisas se tornaram um pouco mais claras. O funcionário do hotel, que estava trabalhando na cozinha, provavelmente serviu algo a Franco ou o hipnotizou. As imagens das câmeras certamente estão adulteradas. Esse sujeito chamado Abner é primo de Sadraque, o cara que ofereceu um presente de grego a José, ou seja, o uísque batizado. Por último, temos Regiane, que não ingeriu bebida alcoólica, mas foi drogada com o mesmo componente que os demais. Tanto ela quanto Franco foram clientes do casal 20, Frederico e Andréia. Aposto minha amizade com você que José, mesmo vivendo em situação de rua, passou pelo atendimento desses psicólogos. O que não compreendo é o interesse deles num homem tão humilde.

— Ou em uma dona de casa — acrescentou Mike.

— Qual é o objetivo da indução ao suicídio? Fizeram três pessoas tirarem a própria vida. Ao que tudo indica, temos quatro nomes envolvidos: Frederico e Andréia, que são psicólogos renomados e que cobram caro por suas consultas, Sadraque e Abner. Por que perderiam tempo com José e Regiane? Tenho duas hipóteses, mas nenhuma delas me convence muito: dinheiro ou vingança. No caso de Franco, as duas opções fazem sentido, mas com Regiane e José não se encaixam. Não eram ricos nem aparentavam ter inimigos.

— Por alguma razão, eles deveriam morrer. Estamos a caminho do endereço das famílias que perderam um membro por suicídio nos últimos doze meses. Temos o homem que foi traído pela esposa e tomou muitos comprimidos, a jovem depressiva que se enforcou e o rapaz que sofria *bullying* e cortou os pulsos. — Mike abriu a caderneta e conferiu as informações contidas ali. — Moira disse que a jovem se enforcou em abril, por volta das vinte e três horas. O homem morreu de overdose dois meses depois. E o rapaz cortou os pulsos no banheiro de casa, no mês retrasado, no período da manhã. Nenhum dos três tinha tanto dinheiro quanto Franco, assim como nenhum vivia em condições tão precárias quanto José.

Nicolas olhou para o GPS e virou na próxima rua à esquerda.

— Há muitas perguntas sem respostas, e talvez estejamos andando em círculos. É possível que essas mortes anteriores nada tenham a ver com as que estamos investigando agora. Está tudo muito incerto, entende?

— Tão incerto quanto meu futuro com Ariadne... — Mike baixou a cabeça. — Acho que desta vez não vamos nos reconciliar.

— Vocês sempre voltam. Estou tão acostumado com isso que nem me importo mais.

— Tentei ligar para ela hoje de manhã... não que eu quisesse dar o braço a torcer, mas... só queria ouvir a voz dela. Ariadne não me atendeu...

— Coitadinho! — quase sorrindo, Nicolas embicou o carro em uma vaga entre um caminhão e uma van. — Não sabia que ela o deixava tão mal assim.

— Não deixa! Sou superior a tudo isso. — Mike fechou a cara. — Aliás, algumas garotas com quem me envolvi no passado estão doidinhas para ter a oportunidade de tocar neste corpo másculo e negro. Por que eu me humilharia por sua irmã, que nem é a mais gata da cidade?

— Só você pode responder a essa pergunta, Mike. — Nicolas desceu do carro e olhou para o amigo por cima do capô. — Eu lhe pago o almoço durante quinze dias, se você e Ariadne não fizerem as pazes até segunda-feira.

— Bartole, com comida não se brinca.

— Com certeza, não, o que significa que nem você está a fim de apostar, porque sabe que sairá perdendo. Você ama minha irmã, e acredito que ela o ame também. Mas se brigaram porque você come muito, talvez tenha que conversar com ela sobre isso, não acha?

— Ela que me procure ou que retorne à minha ligação, pois até agora não tive sinal dela. E, como estou solteiro, talvez aceite o convite de Lalá para irmos ao cinema hoje à noite assistir *Vingadores*.

— Eu não confiaria em uma mulher chamada Lalá — provocou Nicolas.

— É Larayane — justificou Mike.

— Eu confiaria menos ainda.

— Ei!

Nicolas voltou-se para trás ao ouvir a exclamação irritada e deparou-se com um homem baixo e atarracado, com uma barriga maior que a de Miah. Com cara de poucos amigos, ele desceu da van como um pequeno touro pronto para avançar contra o tecido vermelho do toureiro.

— Você colou sua sucata na traseira da minha van. Como vou sair agora, se há outro carro na minha frente? É cego por acaso ou um completo idiota?

— Boa tarde para o senhor também! — replicou Nicolas com calma. — A educação deixa as pessoas mais bonitas, sabia?

— Que se dane a educação! Tire agora mesmo sua lata-velha de trás da minha van ou teremos grandes problemas, meu chapa!

Nicolas avaliou o motorista irritadiço. Chutando alto, ele não tinha mais de um metro e meio. Era um conjunto de braços, pernas, uma cabeça que brotava dos ombros e barriga de gestante.

— Meu carro ficará onde está e, se você não conseguir manobrar para sair dali, terá de rever suas habilidades na direção. Posso lhe indicar uma autoescola que...

O homenzinho rosnou como uma fera, inclinou a cabeça para frente e atirou-se contra Nicolas como se fosse um aríete. O impacto, rápido e inesperado, atingiu Nicolas no estômago e derrubou-o sentado no chão. Certo de sua vitória, o motorista ensandecido aprumou o corpo e preparou-se para atacar o investigador novamente, desta vez usando suas pernas curtas para chutá-lo.

Nicolas reagiu com rapidez, esticou uma perna para frente e atingiu o adversário no joelho. O baixinho arfou e gemeu quando recebeu um novo golpe na coxa, que o fez cair também. Furioso demais para se dar por vencido, ele colocou-se de pé rapidamente.

Nicolas sacou o distintivo e o exibiu:

— Se você não parar com essa palhaçada, vou prendê-lo por agredir um...

O homem estapeou a própria barriga e soltou um grito furioso de guerra. Jogou-se novamente contra Nicolas, agitando os braços entre murros e bofetadas. Mike só teve tempo de ver o distintivo de Nicolas sair voando e teve certeza absoluta de que aquela história não terminaria bem.

Quando o sujeito avançou mais uma vez, Nicolas revidou o golpe com um soco na cabeça do agressor, que mal pareceu sentir o impacto. Ele, então, sentiu o distintivo escorregar de seus dedos. Nicolas dobrou o joelho e atingiu o homem na barriga, dando outro golpe forte na testa, que deixou o barrigudo um tanto zonzo.

Mike não perdeu tempo e sacou as algemas com a mão esquerda, mantendo a direita sobre o cabo da arma.

— O senhor está preso por agredir um investigador de polícia, após ele se identificar e bem diante de um policial militar fardado! — avisou Nicolas, sentindo dores intensas no abdome.

— Bah! Acha que tenho medo, é? — O sujeito massageou a cabeça e a testa.

— Pode prendê-lo, Mike.

Mike aproximou-se com as algemas, mas o motorista da van pulou para trás e fechou as mãos em punho:

— Tente colocar essa coisa em mim, e eu arrebentarei sua cara!

— Vamos acrescentar ameaça aos policiais em serviço em sua lista de transgressões — prometeu Nicolas. — Você já está queimado demais para tentar mais bobagens.

— Pois, então, tentem me prender!

Ao dizer isso, ele gritou novamente e lançou-se com os punhos cerrados mais uma vez contra Nicolas, que o recebeu com um soco fortíssimo no rosto. Os olhos do baixinho giraram nas órbitas antes que ele desfalecesse.

— Algeme-o, Mike, e acione uma viatura para levar esse presente à delegacia — ordenou Nicolas, recolhendo seu distintivo do chão. — Tudo isso só para atrasar nosso lado.

Quando a viatura chegou, e os policiais colocaram o motorista briguento no porta-malas, ele já havia recuperado os sentidos. O homem começou a xingar os policiais, prometendo que quebraria a cara de todos eles quando pudesse.

— Essa foi a cabeça mais dura que eu já vi. — Nicolas ergueu a camisa e revelou a barriga, onde um hematoma arroxeado surgira acima do umbigo. — E eu que imaginava que teria uma tarde tranquila.

— Estou reparando nas gordurinhas de que lhe falei. Eu disse que você estava engordando, Bartole. Daqui a pouco, sua pança estará como a do homem que acabamos de prender.

Com orgulho, Nicolas passou a mão pelos gominhos definidos de sua barriga.

161

— Pura inveja sua. Não há barriga mais sarada e durinha do que a minha! — Ele baixou a camisa. — E agora vamos trabalhar ou não encerraremos esse caso, se continuarmos a perder tempo falando sobre as barrigas alheias.

— Ele está mudando de assunto para não assumir a verdade... — murmurou Mike baixinho, já que não era corajoso o bastante para dizer aquilo em voz alta.

***

A mulher que os recebeu na porta de casa tinha manchas escuras em torno dos olhos. Era magra, e seu rosto era sulcado por linhas de expressão salientes. Deveria ter cerca de quarenta anos, mas a ausência de maquiagem e a pele maltratada a envelheciam muito mais. Usava os cabelos castanhos amarrados em um rabo de cavalo curto e chamava-se Dirce.

— Vocês aceitam água, café ou um suco? — Ela ofereceu-lhes, após lhes indicar o sofá. — Preparei pães de queijo quase agora. Estão quentinhos ainda.

— Estamos bem, obrigado — respondeu Nicolas bem depressa, antes que Mike dissesse o contrário. — Há alguns meses, mais especificamente sete meses atrás, seu marido tirou a própria vida ao ingerir remédios controlados. A polícia recebeu a informação de que ele havia deixado uma carta, em que se despedia por não suportar o peso da traição.

— Pelo menos foi isso o que tentaram me fazer acreditar. — Uma sombra de tristeza cruzou o olhar da mulher.

— Como assim? A senhora não o traiu? — sondou Nicolas.

— Eu jamais trairia Benjamim. Fui criada dentro dos preceitos de uma igreja evangélica. Eu o conheci em um dos cultos, e nós nos aproximamos. Graças à nossa crença na mesma fé, tínhamos muitas coisas em comum. Depois que nos casamos, viemos morar nesta casa e ficamos juntos por três anos.

— Então, supostamente, ele descobriu que a senhora o traía, não se conformou com isso e tomou os medicamentos.

— Sim, mas não acredito nisso. Benjamim sempre soube que eu não tinha outro homem nem me relacionava com ninguém que ele não conhecesse. A Bíblia fala sobre as consequências do adultério e também sobre as do suicídio. Assim como eu nunca o trairia, meu marido nunca se mataria. Tentei contar isso para o investigador da época, mas ele não me deu ouvidos.

Nicolas ficou subitamente interessado na conversa.

162

— A senhora se recorda do nome desse investigador? — Nicolas questionou, embora já tivesse ideia do nome que escutaria.

— Evaristo Duarte. Não me esqueci disso, porque Evaristo era o nome do meu pai, e Duarte, o sobrenome de Benjamim.

— A senhora tentou convencê-lo de que não acreditava na teoria de suicídio de seu marido, mas não foi ouvida por ele? Foi isso?

— Isso mesmo. Exatamente. — Dirce deu de ombros. — Ele disse que a carta era a conclusão de tudo e que a culpada era eu. Dias depois, o caso foi esquecido, e nunca mais encontrei respostas. Mesmo com minhas desconfianças, não tornei a procurar a polícia, porque sabia que não seria ouvida. Sei que obrigaram meu marido a tomar aqueles remédios e a escrever aquela carta. Benjamim era temente a Deus. Nunca se mataria.

— A morte dele aconteceu nesta casa?

— Não. Benjamim era funcionário de uma sorveteria. O patrão dele o encontrou caído no banheiro, com a boca espumando, e havia vários comprimidos espalhados diante dele. Não faço ideia de onde vieram aqueles remédios, porque ele não tomava medicação controlada. Encontraram a tal carta no bolso da calça de Benjamim. A caligrafia era realmente a dele, porém, o texto não condizia com suas palavras. Ele me acusava de adultério, algo que eu jamais faria. E, ainda que tivesse feito, meu marido conversaria comigo. Acredite, senhor, Benjamim nunca se mataria.

— Antes da morte de seu marido, ele apresentou algum comportamento estranho? Ele lhe pareceu esquisito em alguns momentos, como se estivesse hipnotizado?

Os olhos de Dirce brilharam.

— Como o senhor sabe disso? Na véspera da morte de Benjamim, ele chegou do trabalho com o olhar vidrado e com um sorriso permanente nos lábios. Achei que fosse o demônio tentando possuí-lo. O Diabo é capaz de coisas macabras, sabe? Só que ele começou a falar que era feito de luz e que...

— Todos conheceriam a grande verdade — completou Nicolas.

— Foi exatamente o que ele disse. Um dia depois, ele estava morto. Nunca soube dizer o que isso significava.

— Seu marido teve depressão? Em caso afirmativo, realizou tratamento com os psicólogos Frederico e Andréia Assunção?

— Quando a mãe dele faleceu, Benjamim ficou muito deprimido. O pastor de nossa igreja tentou conversar com ele, mostrar a palavra de Deus, mas nem o tratamento de evangelização resolveu muito. O pastor, então, sugeriu que ele procurasse ajuda psicológica.

— Foi seu pastor quem lhes indicou esses psicólogos?

163

— Não. Nós fizemos uma busca em alguns sites e encontramos boas referências sobre esse casal. De fato, Benjamim se sentiu muito melhor após algumas sessões.

— Há algo mais que a senhora tenha desejado dizer à polícia na época, mas preferiu se calar por acreditar que não seria ouvida?

— Todo o dinheiro que Benjamim e eu tínhamos em uma conta no nome dele desapareceu — revelou Dirce, e a sombra de tristeza em seus olhos acentuou-se.

— Qual era esse valor?

— Cerca de cinquenta mil reais. Quando a mãe dele faleceu, Benjamim vendeu a casa dela e depositou o dinheiro. Não precisaríamos dele, portanto, era melhor mantê-lo guardado no banco. Logo após o enterro de meu marido, assim que me recuperei um pouco do baque da morte dele, fui ao banco e descobri que a conta estava zerada. O gerente me contou que ele havia transferido o valor para outra conta, que também foi esvaziada e encerrada em seguida. Tenho certeza de que o homem com quem me casei nunca faria isso, senhor.

— Por que a senhora não procurou a polícia para dar queixa do desaparecimento do dinheiro?

— Não havia nada que eu pudesse fazer, pois, aparentemente, foi o próprio Benjamim, ainda em vida, quem transferiu o dinheiro para a outra conta. Assim, acredito que ninguém consideraria o que aconteceu uma fraude ou um roubo, portanto, nada seria feito. Como já lhe disse, não acreditaram em mim.

— Eu acredito na senhora — afirmou Nicolas muito sério.

— Voltou a acontecer, não é mesmo? Assisti à reportagem daquela mocinha que está grávida. Ela contou que outras três pessoas se suicidaram no mesmo dia e na mesma hora. Seja lá o que aconteceu, acredito que tenha a ver com as pessoas que mataram meu marido. Sim, porque aqui dentro — Dirce levou a mão ao coração —, eu tenho plena convicção de que Benjamim foi assassinado.

***

— Parece que estamos começando a enxergar a profundidade desse lago — murmurou Mike, de volta ao carro de Nicolas. — Quem quer que esteja por trás isso, quer dinheiro.

— Ainda assim, Regiane e José não tinham nada... — Nicolas parou de falar, quando um pensamento inesperado surgiu em sua mente. Ele acionou o rádio e ouviu em seguida a voz do delegado: — Elias, acabo de ter uma ideia.

— Eu ia mesmo chamá-lo, Bartole. O comandante Alain entrou em contato e convocou uma reunião extraordinária hoje à tarde. Trará consigo a capitã Rangel.

— Em pleno sábado à tarde? Não acredito nisso.

— É melhor se preparar. Certamente, a capitã foi chorar as pitangas para o comandante. O tom de voz dele não estava amigável.

— Nunca está. Sei que o comandante Alain é casado. Conheci a esposa dele em meu casamento com Miah.

— E o que isso tem a ver com a reunião? — Estranhou Elias.

— Eu gostaria de entender de onde surge tanta amargura e irritação em uma pessoa só. Não sei como a esposa o suporta. — Nicolas respirou fundo. — Elias, eu o chamei, porque preciso de uma gentileza. Designe dois policiais, de preferência que um deles seja Moira, para conversar novamente com Nena e Elivelton. Quero saber se José e Regiane deixaram algo valioso, seja uma propriedade ou um valor depositado no banco.

— Bartole, estamos falando de um homem em situação de rua...

— José tinha dinheiro ou herdaria algo de alguém. — Cortou Nicolas. — Tenho certeza de que encontraremos algo interessante deixado por Regiane também. Essa é a razão, Elias. Eles estão matando pessoas que têm algum bem disponível. Cinquenta mil de um, vinte do outro, um carro luxuoso de mais um... e, assim, a galinha vai enchedo o papo. Para obterem resultados satisfatórios, essas pessoas têm feito uso de hipnose, drogas alucinógenas e daquele papinho sobre a luz para enganar as pessoas, tirar delas o que possuem de valioso e fazer tudo parecer suicídio. Essa não foi a primeira vez que eles atacaram. — Nicolas resumiu a conversa que tivera com Dirce. — Mike e eu estamos nos dirigindo aos dois próximos endereços. Tenho certeza de que ouviremos algo semelhante. Mantenha Sadraque sob vigilância e tente descobrir quem é o tal Abner, do Hotel Star. Coloque policiais à paisana para segui-lo também. Esse cara faz parte da quadrilha. Peço que também apresse os técnicos que estão com as imagens da câmera do hotel, pois aposto todas as minhas fichas que elas foram adulteradas.

— Não sei por que ainda me admiro com essa sua vontade ferrenha de trabalhar.

— Na realidade, é uma vontade ferrenha de fazer justiça e colocar os criminosos no lugar que eles merecem estar. Até mais tarde, delegado.

165

Capítulo 22

A próxima parada de Nicolas e Mike foi uma casa de estrutura bem diferente da de Dirce. O imóvel era maior e aparentava ser mais bem cuidado. Havia um carro na garagem e dois cachorros no quintal que latiam o tempo todo.

Um casal os aguardava na entrada da casa. A mulher, com um sorriso sem graça, desculpou-se:

— Machado e Assis são assim mesmo. Adoram conhecer novos amigos. Nós lhes demos esses nomes, porque somos fãs do grande escritor brasileiro. Sou Paula, e esse é Aécio, meu marido.

Nicolas esticou a mão direita para cumprimentá-los:

— Obrigado por nos receberem.

— Sabemos que nada mais pode ser feito por Sabrina. — A voz do homem ficou embargada, denotando emoção. — Ela era nossa única filha. Tinha apenas vinte e dois anos.

— Ela estava passando por uma fase depressiva? — questionou Nicolas, assim que entrou em uma sala ampla e muito bem decorada. Tudo em volta sugeria limpeza e organização.

— Desde a puberdade, Sabrina dava indícios de depressão. — A mãe da jovem, assim como o marido, trazia uma variedade de sentimentos em seu tom de voz. — Era muito ansiosa, tinha síndrome do pânico e bipolaridade. Tentou o suicídio quando completou quinze anos e foi bem-sucedida ao repetir o ato sete anos depois.

— Sabemos que ela se enforcou na garagem.

— Isso mesmo. Quando fecho os olhos, ainda me recordo da cena, pois fui eu quem a encontrou. — Os olhos de Aécio estavam marejados. — O senhor tem filhos?

— Está a caminho — respondeu Nicolas.

— Cuide dele com muito amor e carinho, lembrando que, às vezes, nem isso será o bastante — continuou Aécio. — Atente-se a qualquer sinal estranho que o deixe alerta. Minha esposa e eu nos culpamos até hoje, pois nos consideramos negligentes em algumas questões. Fizemos tudo o que podíamos por Sabrina, mas, se não foi o suficiente, é porque deveríamos ter feito ainda mais. De qualquer forma, não sei se entendi o motivo de sua visita, senhor Bartole. Sei que o senhor lida com homicídios...

— Nós os procuramos, porque estamos seguindo uma linha investigativa após três pessoas tirarem a própria vida recentemente — esclareceu Nicolas. — Precisamos que nos digam tudo o que sabem e se lembram sobre Sabrina, pois, se estivermos certos, vocês nunca mais se culparão, mesmo que nada possa trazê-la de volta.

— Se possível, nos digam também o nome do profissional com quem sua filha se consultava — acrescentou Mike.

Nicolas já esperava pela resposta que ouviu:

— Sabrina era paciente do casal Assunção, psicólogos renomados de nossa cidade — declarou Aécio. — O que isso tem a ver com a morte dela?

— Senhor... só preciso que me respondam uma coisa: Sabrina lhes disse algo sobre a luz ou a grande verdade?

Os pais de Sabrina entreolharam-se e balançaram a cabeça afirmativamente.

— Ela comentou algo sobre uma congregação que estava frequentando.

— Congregação? — Nicolas conteve a respiração. — Algo como uma igreja?

— Nunca soubemos do que se tratava exatamente, porque Sabrina nos dizia que deveria manter o segredo por algum tempo. — Aécio deu de ombros. — Não temos certeza se era um grupo de estudos religiosos, embora parecesse que sim, ou apenas uma reunião entre amigos. Não conhecíamos direito as amizades de Sabrina, por isso admitimos que fomos negligentes.

— Esses encontros ocorriam dentro da cidade?

— Sim, porque ela ficava fora por umas duas horas ou menos. — Paula encostou seu corpo no do marido. — Os olhos de nossa filha mostravam uma euforia diferente, quando ela falava da luz que havia

167

dentro dela. Julgamos que isso estava sendo positivo para Sabrina e que a auxiliaria a se recuperar da depressão.

— Quando vocês conversaram com ela pela última vez, Sabrina lhes disse alguma coisa que lhes pareceu fora do comum?

Aécio olhou fixamente para Nicolas.

— Disse que ela se encontraria com a luz e que sua transferência para a próxima fase se completaria. Jamais nos ocorreu que isso tivesse a ver com sua morte. Ela nos contou também que as chefias da congregação haviam realizado seu batismo, transformando-a em irmã dos demais membros. Pode parecer descuido ou desatenção, mas, se era algo que a fazia feliz, achamos que não deveríamos questioná-la muito.

— Ela comentou algo sobre como essas chefias eram? — interessou-se Mike.

— Não. Sinto muito.

— Sabrina tinha algo de valor? Dinheiro no banco, um carro de bom valor no mercado ou alguma propriedade em seu nome?

— Quando ela completou dezoito anos, comprei algumas ações em uma empresa de cosméticos e coloquei todas em nome dela. — Uma lágrima escorreu pelo rosto de Aécio, que a enxugou rapidamente. — Nos últimos quatro anos, essas ações sofreram altas e quedas. Por sorte, estavam com um valor bem acima do que na época em que as adquiri. Antes de morrer, Sabrina vendeu todas elas e deu sumiço no dinheiro.

— Como assim?

— Não sabemos — explicou Paula. — O dinheiro simplesmente evaporou, como se ela o tivesse entregado a alguém. Não se dá fim em quarenta mil reais tão facilmente, mas foi o que ela fez. Só soubemos disso após sua morte.

— Na época, vocês procuraram a polícia?

— Sim, mas o investigador Duarte não relacionou a morte dela com homicídio. — Aécio deu de ombros. — Ademais, não era possível rastrear o destino do dinheiro. Contratamos um excelente detetive, que, no entanto, não nos trouxe resultados positivos. Ao final, desistimos de tentar compreender o que houve.

— Vocês acham que Sabrina não se matou? — Súplica, desespero e tristeza vibravam juntos na voz de Paula. Era uma mãe com muitas indagações ainda sobre o suicídio da única filha. — Alguém dessa tal congregação pode estar envolvido? Eles ficaram com o dinheiro das ações?

— É o que também queremos descobrir. — Nicolas encarou Aécio e depois olhou para Paula. — Acreditamos, sim, que Sabrina tenha preparado a corda e se enforcado por conta própria, sem o auxílio de alguém,

168

no entanto, também temos razões para crer que ela foi induzida a fazer isso.

— Não se pode obrigar uma pessoa a se matar — contestou Paula.

— Principalmente, quando você não está sob a mira de uma arma.

— Só se a pessoa estiver drogada ou hipnotizada, aí tudo é possível. — Nicolas estendeu-lhes seu cartão. — Entrem em contato comigo imediatamente, caso se recordem de algo. Pretendo ajudá-los a encontrar respostas para preencher as lacunas em branco e, principalmente, para que se reconheçam como os pais maravilhosos que foram para Sabrina. Com isso, acredito que nunca mais se culparão pela morte dela.

***

Nicolas estava dirigindo rumo ao terceiro e último endereço, quando Mike quebrou o silêncio repentinamente:

— Quando eu boto o tico e o teco para funcionar, normalmente consigo chegar a boas conclusões. Aparentemente, temos um grupo de assassinos atuando em conjunto para seduzir pessoas depressivas e ficar com o dinheiro delas e, para isso, usam substâncias alucinógenas e contam com dois psicólogos especialistas em hipnose. E, fechando com chave de ouro, esse grupo inventou uma historinha convincente sobre irmandade, luz e outras porcarias. Eles conseguem deixar essas pessoas maluquinhas, a ponto de as fazerem acabar com a própria vida, mas não sem antes lhes entregar o baú do tesouro.

Nicolas parou em um semáforo e voltou-se para Mike com um sorriso nos lábios.

— Acredito que, se eu não abrir bem meus olhos, vou perder meu cargo para você. Mike, você é praticamente outro investigador de homicídios! Deixaria o Duarte no chinelo.

Como o elogio de Nicolas lhe pareceu sincero, Mike abriu um sorriso escancarado.

— Arre égua, Bartole! Ganhei meu dia hoje! Cara, não sabe como ouvir isso me deixou feliz.

— Sua linha de raciocínio é perfeita. Provavelmente, é exatamente o que está acontecendo. Uma galera do mal, esperta e criminosa, escolhe uma vítima que seja paciente de Andréia e Frederico após fazer uma ótima seleção, já que conhece os pacientes a fundo e sabe das necessidades que cada um tem para que possam voltar a desfrutar de uma vida plena e feliz. Eles fazem perguntas, hipnotizam as pessoas e descobrem se têm dinheiro em jogo. Feito isso, apresentam as pobres almas para a tal congregação, uma espécie de reunião idiota, regada a palavras bonitas e convincentes, em que persuadem as vítimas a fazerem o que eles querem. Com isso, as pessoas acreditam que ficarão iluminadas como um holofote se conhecerem a luz misteriosa, privilégio dos virtuosos de alma pura. Acrescente mais alguma droga que mexe com todo o sistema nervoso da vítima, misture com outra sessão básica de hipnose e pronto: a criatura se torna uma marionete nas mãos dessa gente.

— Quantas outras vítimas eles já fizeram, mascarando as mortes por trás de suicídios aparentes?

— Também me faço essa pergunta a todo momento e tenho medo da resposta. — Nicolas olhou para o GPS e, em seguida, para a casa do lado de fora. — O rapaz que sofria *bullying* morava aqui.

— Bartole, se esse grupo está atuando há mais tempo do que imaginamos... Se investigarmos as mortes por suicídio dos últimos cinco anos e todas estiverem interligadas ou apresentarem semelhanças com as mais recentes... Meu Deus! Seria o caso mais macabro em que já trabalhei durante toda a minha vida.

— Espero que possamos retirar essas pessoas da sociedade o quanto antes e as encarcerar numa cela à altura do que elas mereçam. Ainda assim, esbarramos em três problemas: não sabemos a identidade das tais chefias do grupo, não fazemos a menor ideia de onde funciona a sede da tal congregação e, principalmente, não temos provas concretas que acusem Sadraque, Abner, Andréia e Frederico desses possíveis crimes. Sabemos que eles são responsáveis, mas não temos meios para detê-los ainda.

— Andréia e Frederico tinham pinta de mandachuvas. Podem ser os líderes.

— Não creio, Mike. Eles devem ter a função de recrutar as vítimas e conduzir o processo da hipnose. As chefias devem ser as cabeças pensantes da quadrilha. Pessoas inteligentes, endinheiradas e poderosas. Talvez tenham contatos influentes.

— E podem atuar em outras cidades, já que Franco morava em Ribeirão Preto.

— Pois é. Como acabei de lhe dizer, meu receio é descobrirmos que eles sejam os responsáveis diretos por um número gigantesco de vítimas.

Pensando naquela hipótese funesta, Nicolas desceu do carro, caminhou até o portão de madeira bem envernizado e tocou o interfone. Uma voz feminina surgiu:

— Pois não?

— Sou o investigador Nicolas Bartole. Estou acompanhado do policial Mike. Gostaria de conversar sobre Henrique Lopes.

Houve um instante de silêncio, e, logo depois, os dois policiais ouviram o clique destravando a fechadura automática que abria o portão. Nicolas empurrou-o para frente e ouviu Mike sussurrar:

— Bartole, já lhe disse que pode me apresentar como Michael. Soa mais americano.

— E você acha que as pessoas estão interessadas nisso?

Sem dar tempo de Mike responder, Nicolas foi andando por entre vários vasos de plantas. Havia uma tesoura de jardinagem no chão, húmus repletos de minhocas e uma infinidade de plantas que apenas Thierry conseguia identificar. Quem quer que morasse naquela casa, gostava do contato com a natureza.

Desta vez, uma senhora na faixa dos sessenta anos os esperava na porta. Ela tinha um sorriso simpático, apesar do olhar triste. Apoiava-se em uma bengala com cabo de prata e, na outra mão, segurava um cigarro que terminava de fumar.

— Perdoem-me por recebê-los assim. Morro, mas não me livro desse vício maldito. — Mostrando que era boa de pontaria, ela atirou a bituca do cigarro em uma lixeira presa à parede e soprou para cima uma última onda de fumaça.

— A senhora é a mãe de Henrique?

O sorriso dela ampliou-se, mas o humor não chegou aos olhos.

— Sou uma delas. Eu me chamo Nair. Venham por aqui, rapazes.

Nicolas e Mike seguiram atrás dela, que caminhava rapidamente, batucando a bengala no piso de madeira encerada. Ao parar na sala de estar, ela colocou a mão em concha ao lado da boca e gritou:

— Amorzinho, temos homens na casa. Venha ver como são bonitos.

Outra mulher da mesma faixa etária apareceu da escada em caracol, que levava ao piso superior. Era corpulenta e tinha braços fortes e ombros largos. Ao contrário da companheira, não utilizava bengala. Sorriu para Nicolas e Mike e ofereceu-lhes a mão direita:

— Sejam bem-vindos. Sou Clotilde. Como podemos ajudá-los?

Nicolas mostrou o distintivo, e Clotilde apenas meneou a cabeça em assentimento.

— Henrique morava nesta casa?

— Sim, ele era nosso filho — explicou Clotilde. — Como já deve ter notado, Nair é minha companheira. Estamos juntas há trinta anos. Depois de doze anos de convivência, pensamos em adotar uma criança. Conseguimos um lindo bebezinho a quem chamamos de Henrique. Nós o recolhemos de um orfanato na cidade vizinha. Fomos felizes durante dezoito anos. Foi o melhor garoto que já conheci.

— Ele nunca teve qualquer tipo de preconceito com o fato de ter duas mães. — Nair sentou-se em uma poltrona e colocou a bengala sobre as pernas. — Orgulhava-se de ter sido adotado por nós duas e não escondia isso de ninguém. Talvez tenha sido esse o erro dele, pois foi a partir daí que o sofrimento do nosso filho começou. Os colegas da escola o insultavam, perguntando como era ter duas mães "sapatão". Sabemos que os jovens costumam ser muito perversos quando querem. Aos poucos, Henrique foi se retraindo até chegar ao ponto em que não suportou mais a pressão. Eles o atacavam de outras maneiras também. Diziam que ele era gordo demais e o apelidavam de coisas horríveis. Nós o transferimos de escola, o que não resolveu muito. Logo descobriram sobre nós, e o tormento recomeçou. Como vocês já devem saber, Henrique cortou os pulsos dentro de seu quarto.

— Não estamos completamente recuperadas de sua morte. — Clotilde cruzou os braços. — E penso que nunca nos recuperaremos. A dor da perda é muito destrutiva.

— Alguma vez ele fez referência a alguma congregação ou citou palavras como a luz e a grande verdade? — inquiriu Nicolas.

As duas balançaram a cabeça para os lados.

— Nunca. Por quê? — quis saber Nair.

— Nem demonstrou um comportamento diferente, como se estivesse fora de si?

— Não. — Uma palidez repentina descoloriu a face de Clotilde. — Ele agiu normalmente até o último dia, quando simplesmente pegou uma faca pequena e dilacerou os próprios pulsos. Quando o encontramos no dia seguinte, ele já estava morto. Não havia mais nada que pudéssemos fazer. Depois de tudo isso, refletimos se não fomos culpadas pela morte de nosso filho. Henrique guardou para si uma dor muito grande e carregou sozinho um calvário mais pesado do que seus ombros poderiam suportar. Acho que o fato de ser filho adotivo de duas mulheres, no fim das contas, foi muito complexo para ele.

— Após a morte de Henrique, as senhoras notaram se algo de valor desapareceu? Alguma soma em uma conta bancária talvez?

— Nunca tivemos nada. Como pode notar, não somos ricas. Nossa casa é simples. Tudo continuou como sempre foi — Nair tamborilou os dedos sobre a bengala. — O que deveria ter acontecido? Por que estão falando de nosso filho tantos meses após sua morte?

172

— Estamos investigando outras mortes que, de alguma forma, possam estar interligadas à do seu filho. De qualquer forma, agradecemos a atenção. Obrigado.

Elas acompanharam Nicolas e Mike até a saída. Ao que parecia, aquele caso não estava relacionado aos demais, contudo, Nicolas ainda não estava totalmente convencido disso, o que não passou despercebido por Mike:

— Acha que elas mentiram, Bartole?

— Não sei. Talvez. Talvez, o grupo as tenha ameaçado, aproveitando-se do fato de que elas são duas senhoras e moram sozinhas. É possível que elas tenham escondido algo por medo ou que o caso de Henrique realmente tenha sido um suicídio, sem nenhuma relação com nossa investigação.

— Tenho a impressão de que, quanto mais cavamos, mais sujeira encontramos.

— Chegará um momento em que pararemos de cavar, Mike. Resta saber o que descobriremos até lá.

Capítulo 23

Gravar uma reportagem ao vivo era sempre uma experiência desafiadora, e não importavam as circunstâncias que Miah tivesse de enfrentar. Quando uma matéria não podia ser editada, e algum erro, porventura, acontecia, ela fazia o possível para que passasse despercebido, uma vez que milhares de pares de olhos estavam fixos nela naquele momento. Estar ao vivo era, acima de tudo, um teste ao seu profissionalismo.

A reportagem do momento era sobre suicídio. Ela havia entrevistado alguns transeuntes e perguntado o que achavam de uma pessoa tirar a própria vida. O que a levava a um ato tão extremo? Desespero, medo, aflição, desmotivação, pressão ou doenças como a depressão?

Diante da câmera brilhantemente empunhada por Ed, Miah explicou que os índices mostravam que as taxas de suicídio ao redor do mundo haviam diminuído com o passar dos anos, mas que o Brasil seguia na contramão, pois as estatísticas apontavam um número crescente de pessoas, principalmente adolescentes, que haviam dado fim à vida.

Ela estava gostando muito de trabalhar com a equipe da TV da Cidade. Serena e Fagner davam-lhe carta branca para conduzir suas próprias reportagens, o que parecia ser uma escolha acertada, já que o resultado mostrado na audiência diária indicava que, a cada dia, mais pessoas sintonizavam seus televisores na emissora para assistir ao que Miah Fiorentino tinha a lhes dizer. Uns dias antes, o casal proprietário do canal lhe dissera que já recebera cartas, telefonemas e e-mails de telespectadores preocupados com a qualidade jornalística das reportagens, quando Miah tivesse de se afastar por alguns meses devido à sua licença-maternidade.

Ela não sabia ao certo o motivo de ser tão querida pelas pessoas. Mesmo antes de seu segredo se tornar público, Miah já era uma profissional requisitada, quando ainda trabalhava no Canal local. Após o tempo em que permaneceu reclusa na penitenciária, aguardando pelo julgamento que a absolveu, seu nome tornou-se um dos mais comentados nos círculos de fofoca da cidade e, quando retornou à televisão, cobrindo com exclusividade a reportagem que mostrou a prisão ao vivo do assassino da filha do prefeito, tornou a mergulhar na piscina do sucesso de onde nunca mais saiu.

Miah acreditava que abordar em suas matérias um assunto que tivesse a ver com a investigação de Nicolas ajudaria aos dois. A população estava preocupada, ansiosa e curiosa com o fato inédito de três pessoas terem se matado na mesma noite. Estranhas teorias da conspiração surgiram para tentar explicar o fato: as pessoas foram convencidas a se matar por forças espirituais malignas; foram pressionadas por assassinos treinados que as queriam mortas; ou estavam sob a influência de seres de outros planetas. A própria Miah teria montado mentalmente essas possibilidades para tentar desvendar o mistério que envolvia aquela situação, se não estivesse a par do andamento da investigação de seu marido.

Segurando o microfone com o logotipo da emissora, Miah encarava o olho frio da câmera. Sabia que havia do outro lado um número imenso de pessoas assistindo-a.

— Qual é o valor da vida? Por que dar fim a algo tão precioso? Alguma vez já lhe ocorreu a ideia de se matar? Em caso positivo, por que desistiu? Procurou ajuda? Se estiver pensando em acabar com tudo, por que não procura alguém de sua confiança para ter uma conversa franca? Talvez você esteja precisando ser ouvido, talvez queira desabafar. E, se não tiver ninguém com quem queira se abrir, entre em contato com o número 188 a partir de qualquer lugar do Brasil. É uma ligação gratuita, em que você conversará com um representante do CVV, o Centro de Valorização à Vida. Funciona 24 horas por dia, sete dias por semana, com muito respeito e educação, sempre garantindo o anonimato das pessoas atendidas e o sigilo do conteúdo das conversas. Um voluntário treinado estará a postos para atendê-lo e para ouvir seu desabafo. Lembre-se: você não está sozinho. Busque apoio emocional antes de tomar qualquer decisão drástica e precipitada. Você também pode acessar o site cvv.org.br, em que encontrará mais informações. A vida é muito importante...

Foi nesse momento que Miah viu sua barriga explodir. Seu ventre avantajado estourou como uma melancia ao ser atirada com força no chão. Ela, então, viu o sangue espirrar e manchar a calça clara que Ed vestia e viu também um bebê malformado, todo manchado de sangue, ligado a ela pelo cordão umbilical, escorregar pelo buraco que surgira e cair sobre seus pés. Miah baixou o olhar e gritou assustada. Nesse momento, a criança virou o rostinho ensanguentado para ela e sorriu, e dentes amarelados como os de um homem adulto surgiram em sua boquinha. Ela sentiu uma vertigem muito forte e mal notou quando o microfone escapuliu de sua mão. Ouviu Ed gritar alguma coisa, mas era como se ele estivesse falando do outro lado de uma parede de vidro. A vertigem transformou-se em uma tontura ainda mais forte, e ela desmaiou.

Quando abriu os olhos novamente, Miah viu vários rostos com máscara de proteção debruçados sobre ela. Demorou alguns instantes para se situar e perceber que estava dentro de uma ambulância e monitorada pelos paramédicos. Havia algum aparelho ligado ao seu corpo, que monitorava sua pressão e seus batimentos cardíacos.

Miah ergueu a cabeça um pouco para trás e enxergou um rosto familiar. Por fim, tentou sorrir para Ed, que a encarava com olhos repletos de medo e preocupação.

— O que houve? — ela balbuciou com voz fraca.

— Não se preocupe com nada agora — Ed respondeu. — Estamos a caminho do hospital.

— Hospital? Por quê?

Miah não precisou esperar pela resposta, pois se lembrou do instante em que sua barriga estourou como uma bexiga cheia de doces. Ela baixou o olhar e viu a elevação em seu ventre.

— Meu bebê...

— Está tudo bem — respondeu um paramédico. — A senhora sofreu um desmaio repentino. Sua pressão caiu, o que justifica o ocorrido. Estava trabalhando de pé, debaixo de um sol muito forte. De qualquer forma, está se recuperando rapidamente. Acreditamos que não será necessário interná-la.

— Vocês têm certeza de que está tudo bem com meu filho? — por um breve instante, Miah quis que não estivesse.

— Claro! — O paramédico pareceu sorrir por trás da máscara. — Daqui a pouco, a senhora será liberada para retornar para casa, logo após a avaliação médica. Apenas pedimos que descanse durante o fim de semana.

Miah assentiu e decidiu ficar calada. Ao que parecia, tivera outra visão com seu filho. Aquela não fora a primeira, e ela imaginava que não seria a última. Como se já não bastassem os sonhos assustadores com o bebê, Angelique e seu perseguidor, agora Miah também era assombrada por visões horríveis que a deixavam péssima. Qual seria a explicação espiritual para aquela situação?

Antes mesmo de dar entrada no hospital, ela já se sentia revigorada novamente. Na queda repentina ao perder os sentidos, Miah arranhara os joelhos e os cotovelos, mas exames preliminares mostraram que tanto ela quanto o bebê estavam saudáveis. Não havia barriga estourada nem criança com muitos dentes. Aparentemente, tudo estava normal. Conforme o paramédico dissera, fora apenas uma queda de pressão provocada pelo calor forte. Obviamente, Miah não acreditava nessa hipótese.

Após realizar alguns exames que atestaram que nada de mais grave acontecera com ela ou com o bebê, Miah foi liberada pelo médico, que a afastou de suas atividades pelo restante do dia. Ed a aguardava na recepção e falava com alguém pelo celular. Ele estava tão nervoso e preocupado quanto estaria se fosse o pai da criança.

— Por Deus, ela está voltando! — ele explicou para alguém ao telefone. — Miah, quer nos matar do coração? Fagner e Serena estão preocupadíssimos.

— Vou tranquilizá-los! — Sorrindo, ela conversou com os patrões e fez o possível para convencê-los de que estava melhor. Sustentou a explicação da queda de pressão e pediu-lhes desculpas por ter desmaiado ao vivo.

— Nossos telefones estão tocando sem parar. Estamos recebendo uma ligação atrás da outra de telespectadores preocupados com sua saúde — explicou Serena um pouco mais calma. — Você estava bem, falando e olhando para câmera, quando ficou pálida de repente, olhou para baixo e caiu logo em seguida. Ed cortou a transmissão, mas era tarde demais.

— Obrigada pela preocupação e pelo carinho. Vou para casa descansar. Eu havia almoçado, mas os trinta e seis graus lá fora deixam qualquer ser humano molenga.

Miah devolveu o celular a Ed, que limpou o suor da testa.

— Vou deixá-la em casa, Miah. Procurei o telefone de Nicolas em minha agenda e descobri que não tenho o contato dele. Posso ligar para a delegacia?

— Não. Ele está ocupado com a investigação e, se souber disso, ficará nervoso e perderá o foco. Além de tudo, estou bem. — Os lindos olhos cor de mel de Miah pareceram encher-se de vida. — Contarei tudo a Nicolas quando ele chegar em casa. Fique tranquilo.

Ed concordou com a cabeça e, como se estivesse guiando uma idosa, conduziu Miah com todo o cuidado e zelo até seu carro para levá-la para casa.

***

Marian tocou a campainha do apartamento e aguardou. Já estivera ali várias vezes, de forma que sua entrada foi liberada pelo porteiro sem que precisasse solicitar autorização ao morador. O som da campainha era o de pássaros silvestres cantarolando para reverenciar um novo amanhecer, bem típico do homem que morava ali.

A porta abriu-se, e Thierry apareceu com um sorriso largo no rosto, no entanto, o sorriso dele foi a última coisa em que Marian reparou.

Thierry usava uma calça apertada com uns dez tons diferentes de verde. Listras tortas, como se tivessem sido feitas por um homem embriagado, preenchiam toda a estampa, de forma que os tons mais claros do verde se mesclavam aos mais escuros. Um cinto, cuja fivela tinha o formato de uma lua cheia prateada, ajudava a prender a camiseta cor de abóbora, com mangas num tom ardido de rosa. Um colar de miçangas coloridas ornava seu pescoço e combinava com as lentes lilases dos óculos que ele usava. Os cabelos loiros estavam amarrados em dois coques pequeninos no alto da cabeça. Sobre eles, duas estrelinhas brilhavam, tão prateadas quanto à lua do cinto. Por fim, Thierry estava calçado com pantufas macias com o formato de unicórnio.

— Marian Bartole em minha porta? — ele anunciou com um sorriso ainda mais largo. — Vou dar gritinhos de emoção!

Thierry começou a gritar e a pular, fazendo seu colar de miçangas dançar junto com ele, contudo, bastou reparar atentamente para os olhos de Marian e para o sinal arroxeado em torno do seu pescoço para perceber que o motivo da visita de sua amiga era bastante grave.

— Querida, você está bem?

— Não!

Sensível, Marian abraçou-o e deu livre curso às lágrimas. Aquela era a primeira vez que Thierry a via chorar, pois sempre a enxergara como uma mulher forte, inteligente e focada nos estudos espirituais. Compreendeu que, independentemente dos conhecimentos que ela tinha do mundo invisível, Marian também era humana.

— Meu amor, deixe-me segurar sua mãozinha. Venha até aqui, fofolete.

178

Ele conduziu-a pelos tapetes coloridos até uma poltrona reclinável e forçou a amiga a sentar-se. Thierry, então, acomodou-se no chão, aos pés de Marian, e manteve uma das mãos da amiga entre as suas, como se desejasse aquecê-la.

— Passei pela floricultura, mas, como já estava fechada, vim direto para cá. Nem telefonei antes para lhe perguntar se poderia me atender. Talvez esteja ocupado.

— Aos sábados, eu fecho a floricultura ao meio-dia, a não ser que eu precise atender a algum evento. Aí fico até mais tarde preparando os arranjos e a decoração floral. Mereço curtir um pouco meu fim de semana.

— Eu sei. Obrigada por me receber.

— O que aconteceu com você? Foi assaltada ou ameaçada por um homem mau?

— Quase isso... — Marian passou as costas da mão pelo rosto. — Desculpe, Thierry, você sabe que não sou de chorar à toa.

— E quem está preocupado com isso? — Ele ergueu as mãos, e ela notou um anel colorido em cada dedo. Todos tinham o formato de flores. — Eu choro à toa. Se você me disser que alguém morreu, saiba que, mesmo sem eu conhecer a criatura, vou me debulhar em lágrimas por algum tempo até me restabelecer de novo.

— Gostaria que não comentasse com ninguém o que vou lhe contar. Por favor.

— Marian, posso ser tudo, menos fofoqueiro. Repare que minha língua não é comprida — Thierry colocou a língua para fora, o que quase fez Marian sorrir.

— Se eu não confiasse em você, não teria vindo aqui. Enzo e eu brigamos.

— O quê?! — Assustado, Thierry abriu a boca. — Como você brigou com aquele médico tão bonitão? Meu sonho é passar mal e ser examinado inteiramente nu por ele.

— Talvez você mude de ideia, quando eu lhe contar o que aconteceu... — Marian soltou um suspiro. — Ele me agrediu e tentou me estuprar. Saí fugida de casa e vim procurar sua ajuda.

Os olhos verdes de Thierry cresceram tanto que pareciam querer pular para fora das órbitas. Marian contou-lhe as recentes mudanças no comportamento de Enzo, que incluíam noites fora de casa e períodos de embriaguez que a assustavam.

— Ele saiu para trabalhar ontem à noite dizendo que cobriria o plantão noturno e só reapareceu hoje. Eu ia almoçar quando ele chegou e começou a discutir comigo. Enzo me agrediu e depois tentou... ele

179

quis... — Marian não conseguiu terminar a frase. Os horrores vivencia-dos havia pouco ainda estavam muito vívidos em sua memória.

— Querida, você precisa se separar dele e contar o que aconte-ceu aos seus irmãos, principalmente a Nicolas. Homens que batem em mulheres ou as obrigam a fazer o que eles querem não ganham minha estima. Odeio covardia.

— Se Nicolas souber disso, a confusão será redobrada. Você co-nhece meu irmão e sabe como ele é estourado. Nicolas vai tirar satisfa-ção com Enzo e iniciar outra briga. Não quero dar sequência a toda essa violência. Quanto a me separar, confesso que não é meu objetivo por ora. Eu o amo. Casei-me com ele por amor.

— E eu não sei disso? — Thierry puxou a mão de Marian até seus lábios, pousando um beijo nela. — Mas o amor não é conivente com agressões físicas ou maus-tratos, concorda?

— Acredito que Enzo esteja agindo assim em grande parte por influência de uma horda de espíritos obsessores, que se uniram a ele por afinidade de pensamentos e ações. Também sei que cada um é in-teiramente responsável por seus atos e que Enzo tem seu livre-arbítrio, independente da presença desses espíritos. Uma coisa não justifica a outra, mas interfere.

— Ele precisaria passar por um tratamento em um centro espírita?

— Seria o mais indicado, mas ele não vai aceitar. Enzo se diz um homem da ciência, que não acredita em nada que seus olhos não possam ver ou em nada que não tenha comprovação científica. Até então, ele res-peitava minha fé na espiritualidade, mas agora me julga uma mulher doida.

— E o que você pretende fazer? — Thierry esticou uma mão e to-cou de leve no pescoço dela. — Ele quis te estrangular?

— Entre outras coisas. Inclusive, a roupa que estou vestindo per-tence a uma vizinha do meu prédio, pois saí do meu apartamento literal-mente nua. Nunca passei por tanta vergonha e humilhação! — Marian suspirou novamente. — O correto seria eu procurar a Delegacia da Mu-lher para denunciá-lo, mas, em vez disso, vou procurar a polícia de outra forma. Vou conversar com o pai dele, o major Lucena. Mal se reencon-trou com o filho após mais de trinta anos separados e já terá de lidar com um problema desse naipe. Volto a repetir que jamais concordei com qualquer faceta da violência.

— Está certíssima, amiga. Enzo deverá arcar com a responsabili-dade de seus atos. Imagine se ele sair por aí esbofeteando a mulhera-da? — Thierry esfregou a própria bochecha, como se tivesse levado um tapa. — Tenho uma pomada que vai clarear esse hematoma rapidinho.

180

Quanto a permanecer aqui, saiba que minha casa também é sua. Pode dormir em meu quarto de hóspedes pelo tempo que desejar. Recentemente, eu o decorei com o tema "profundezas do oceano", portanto, você se sentirá no fundo do mar. Venha conhecê-lo.

Thierry tomou-a pela mão, passou pelo banheiro, onde pegou a pomada, e levou Marian para o quarto. Quando ele apertou o interruptor para acender a luz, ela não conteve a surpresa ao ver o quarto mais lindo em que estivera em toda a sua vida.

As paredes estavam pintadas em vários tons de azul, partindo do mais escuro para o mais claro à medida que subia na direção do teto. Tubarões, arraias e cardumes de peixes coloridos foram desenhados com perfeição impressionante e pareciam realmente nadar entre bolhas de ar. Próximos aos rodapés, corais verdes, vermelhos e lilases entrelaçavam-se. No teto, a pintura era esbranquiçada, como se alguém olhasse na direção da superfície, onde o sol brilhava intensamente além da água.

A colcha e as fronhas também retratavam peixes, e um abajur, que Thierry se apressou em ligar, refletia na parede algumas toninhas perseguindo peixinhos miúdos.

— Acho que nunca mais vou querer voltar para minha casa. Este quarto ficou fantástico, Thierry! Parabéns!

— Obrigado! Pretendo fazer o mesmo com meu quarto, mas ainda não escolhi o tema. Talvez eu queira retratar algo gelado, como a Antártida, ou uma visão fora do planeta, como se estivesse à deriva no espaço sideral.

— E eu que pensava que paredes brancas, uma cama e um guarda-roupa já eram suficientes para montar um quarto.

Thierry sorriu e levou Marian até a cama, fazendo-a se sentar.

— Você é uma estudiosa da espiritualidade e já leu e pesquisou muito sobre o assunto. Se nós somos totalmente responsáveis pelo que plantamos, sejam coisas boas ou ruins, também devemos arcar com o preço dessa colheita, não é mesmo? — Marian anuiu, e Thierry continuou: — Então, por que você está passando por essa situação? É uma mulher boa, um anjo de auréola e asas esplendorosas. Não deveria vivenciar apenas momentos bons, já que o bem atrai o bem?

— Eu encaro essa situação, que é tão nova para mim, como uma experiência pela qual preciso passar para o amadurecimento do meu espírito, afinal, nada acontece à toa, de forma aleatória. Sei que preciso ajudar Enzo a voltar a ser o que era antes, pois, se seguir pelo caminho do alcoolismo, será demitido do hospital em breve. Pessoas obsidiadas necessitam de auxílio espiritual, bem como os irmãos astrais que perturbam suas vítimas. Ainda não sei direito como farei para levar Enzo a uma casa espírita, principalmente neste momento, em que ele está tão suscetível às influências inferiores. As orações ajudam muito, pois elas funcionam como uma medicação para a alma. A oração acalma, tranquiliza, alimenta, cura e funciona como uma ponte iluminada, que transporta boas vibrações da parte de quem a faz para a pessoa que se tem em mente. Quando feita com fé, a oração opera verdadeiros milagres, pois seu poder e seu alcance ainda são desconhecidos pela ciência.

Marian fez uma pausa, pegou um dos travesseiros e estudou a fronha repleta de peixes coloridos, mas sem realmente notá-los ali.

— Não é a primeira vez que a sombra do alcoolismo marca minha vida, Thierry, por isso não quis ir à casa de Nicolas ou de minha mãe para pedir abrigo, pelo menos até as coisas se normalizarem... — Ela ergueu o olhar para Thierry. — Minha mãe foi casada com um homem chamado Antero Bartole, de quem herdou o sobrenome. Ele bebia exageradamente, e o resultado disso foi uma cirrose fatal. O fígado dele estava praticamente destruído, e nem mesmo as recomendações médicas para que deixasse a bebida foram suficientes para fazê-lo desistir do álcool. Nicolas e eu somos filhos desse homem. Eu não o conheci em vida, salvo por meio de algumas poucas fotos que minha mãe guardou dele, cuja qualidade não era das melhores. Nic tinha três anos de idade e eu, poucos meses. Minha mãe, apesar de não ser a pessoa mais amável do mundo, nos criou com muito amor e carinho e fez tudo o que pôde para que nunca nos faltasse nada.

— Ah, eu adoro a Lulu! — Empolgou-se Thierry. — Somos grandes amigos.

— Eu sei. Dona Lourdes é uma mulher maravilhosa, e não falo isso somente porque ela é minha mãe. Mesmo tendo nascido e crescido em uma cidade violenta como o Rio de Janeiro, tive a melhor educação possível. Segundo ela, quando completei um ano de idade, eu já falava várias coisas e dizia ver amiguinhos que ninguém mais via. Isso a assustava bastante, e demorou muitos anos para que ela e eu compreendêssemos o que de fato era mediunidade. Ah, e Nicolas, aos quatro anos, só gostava de uma brincadeira: polícia e ladrão. Ele só queria ser o policial para prender as outras crianças.

Thierry sorriu, tentando criar na mente a imagem de um menininho bonito de olhos azuis mandando as outras crianças para uma cadeia imaginária. E a bela Marian, tão pequenina, vendo os seres invisíveis, que ela estudaria com tanto afinco anos depois. Marian continuou:

— Minha mãe não voltou a se casar oficialmente de novo, mas, um ano após a morte de Antero, conheceu outro homem, chamado Heitor, com quem passou a viver. Dessa união, nasceram mais duas crianças: Willian, e a caçula, Ariadne. Logo após o segundo aniversário dela, Heitor, de acordo com a versão que conhecemos, envolveu-se com uma mulher rica, com quem foi morar em Rio das Ostras. Ele nos abandonou completamente e nunca mais nos deu notícias, até porque, quando já estávamos na adolescência, soubemos que ele foi assassinado por criminosos, que nunca foram presos. Se essa história é verdadeira ou não, nunca saberemos.

— Isso também não importa mais.

— Talvez, para minha mãe, essa resposta ainda signifique alguma coisa, porque sei que ela amava Heitor. Como você notou, meus três irmãos e eu fomos criados sem uma presença paterna em casa, o que deve explicar o excessivo ciúme que ela sente dos filhos. Por que acha que minha mãe implica tanto com a coitada da Miah?

— No fundo, Miah e Lulu se amam, mas não admitiriam isso nem com uma faca na garganta.

— Concordo com você. Quando eu tinha quatorze anos, sonhei com meu pai, Antero. Ele não estava bonito nem bem-vestido e se dizia arrependido por ter bebido tanto a ponto de falecer em consequência disso, o que o levou a se separar dos filhos e da esposa. Oficialmente, aquele foi meu primeiro contato com espíritos, pois, quando eu dizia ver amigos invisíveis durante a infância, ninguém me dava crédito. Um ano depois, aos quinze anos, sonhei com ele novamente. Dessa vez, ele estava com uma aparência bem melhor e me disse que alguns amigos o haviam socorrido. Sonhei com Antero muitas vezes desde então. Sei que ele ama a mim e a Nicolas, assim como ama muito minha mãe. E agora, tantos anos depois, me sinto a própria Lourdes: casada com um homem que bebe até cair. É como se um novo ciclo tivesse se iniciado, entende? Por isso, preciso ajudar Enzo e quero que ele esteja aberto a essa ajuda. Não almejo que meu marido termine como meu pai, que morreu ainda tão jovem.

— Conte comigo para o que precisar, amiga. Ele vai atendê-la e se colocar à sua disposição. Se não fizer isso, eu darei pessoalmente umas chineladas naquele bumbunzinho interessante.

Marian riu, Thierry a abraçou, e os dois amigos permaneceram assim, unidos por aquele gesto fraternal por um longo tempo.

Capítulo 24

Reuniões com o alto escalão da corporação policial nunca eram indício de coisas boas e participar delas não era uma tarefa muito agradável. Nicolas já previa qual seria a pauta daquele encontro, os assuntos abordados e o tom no qual a conversa seria conduzida. Às dezesseis horas de um sábado, incrivelmente quente, era preciso ter paciência, tolerância e disposição para aguentar Alain e Rangel, que certamente fora queixar-se ao comandante sobre seu último e tenso diálogo com Nicolas.

A sala onde todos se reuniriam já fora preparada. Havia café em uma garrafa térmica e água num garrafão sobre um suporte. Nicolas estava de pé, batucando o tampo da mesa em um clássico gesto de ansiedade.

— Nossa investigação está progredindo rapidamente! — Elias encarou-o, tentando tranquilizá-lo. — As reclamações que a capitã apresentar não devem nos intimidar. Nós trabalhamos com seriedade e profissionalismo, portanto...

— Não estou preocupado com a possibilidade de levar bronca, porque não fizemos nada de errado, Elias. — Nicolas colocou as mãos no encosto de uma cadeira. — Regiane, Franco e José se suicidaram às vinte e uma horas da quinta-feira, e hoje é sábado à tarde. Em menos de quarenta e oito horas após as mortes, temos mais informações do que qualquer outra pessoa poderia conseguir. Apresentaremos um relatório verbal ao comandante, e assunto encerrado.

Uma batida rápida na porta anunciou a presença de Moira, que colocou a cabeça para dentro da sala.

— O comandante Alain e a capitã Rangel acabaram de chegar. O investigador Duarte está com eles.

— Ah, não! — Nicolas fechou os olhos. — Isso já é demais.

— Contenha-se, Bartole. Nada de palavras duras, afiadas ou sarcásticas — alertou Elias, mesmo sabendo que orientar Nicolas era o mesmo que dar aulas de francês a um caranguejo.

— Não se preocupe. Prometo me manter tão plácido quanto um anjo recém-chegado do céu.

Ele mal acabou de falar, e a porta abriu-se para dar passagem ao comandante Alain Freitas, um homem que causava calafrios na espinha de qualquer pessoa mais sensível. Seu olhar duro e treinado após tantos anos num cargo de liderança, após lidar com toda sorte de experiências, impactava e impressionava as pessoas. Com a coluna sempre ereta, caminhava com o porte de alguém que nascera para dar ordens. Seus cabelos estavam penteados para trás, e seu rosto, sempre sisudo, estava bem barbeado. Ele esticou a mão direita para cumprimentar Elias e Nicolas.

Vindo atrás dele, chegou a capitã Teresa Rangel. Desta vez, ela estava fardada, indicando que estava em exercício de sua função. Ao contrário do comandante, manteve a mão direita sobre o cabo da arma, numa postura defensiva, deixando claro seu recado de que não cumprimentaria ninguém.

Evaristo Duarte apareceu logo em seguida. Usava terno e gravata e deveria estar derretendo por dentro das vestes devido ao calorão intenso que fazia do lado de fora da delegacia. Aparentando ter mais de sessenta anos, ele tinha o rosto enrugado, olhos castanhos sem vida e os lábios tão apertados que pareciam estar colados um no outro. Seus cabelos brancos, assim como os do comandante, estavam perfeitamente escovados, e nem um fio estava fora do lugar. Também preferiu abster-se de cumprimentar Nicolas e Elias.

— É sempre um prazer encontrá-los bem — iniciou Alain, logo após todos se sentarem. — De acordo com as informações que recebi até agora, três pessoas, que aparentemente não se conheciam, tiraram a vida no mesmo horário, de maneiras diferentes e em lugares distintos. Nosso delegado, doutor Elias Paulino, e nosso investigador, senhor Nicolas Bartole, assumiram o caso por acharem que essas mortes podem ser, na verdade, homicídios.

— Temos motivos para acreditar que as vítimas foram induzidas ao suicídio — adiantou-se Elias. — O caso é bem mais complexo do que aparenta ser.

— Uma das pessoas mortas tem parentesco com a capitã Rangel, aqui presente. — Alain virou-se para ela, que meneou a cabeça assentindo. — Ela me relatou que procurou os senhores a fim de tentar compreender o ocorrido e não teve uma boa recepção. Queixou-se diretamente a mim de que o senhor Bartole lhe faltou com ética e respeito, atitudes tão fundamentais em nossa profissão.

— Vindo de quem veio, isso não me surpreende — murmurou Duarte expondo um sorriso. — A senhora capitã não poderia esperar por tratamento melhor do que esse que recebeu.

— Esse é o principal assunto que será tratado na reunião? — Nicolas indagou.

— A capitã Rangel espera um pedido de retratação de sua parte — explicou o comandante. — E, mais do que isso, ela me apresentou inúmeros motivos para que o senhor seja substituído por Duarte, que sabemos que tem todo o preparo para concluir o caso.

Nicolas sentiu correntes da fúria fluindo dentro de si e virou-se em seguida para Elias, que, por meio de um olhar, lhe deu uma única ordem: "Mantenha-se calado".

— Essa é a sua decisão, comandante? — inquiriu Elias. — Substituir Bartole a essa altura do campeonato?

— Caro delegado, por quem me toma? — Duarte inclinou o corpo para frente. — Acha que não sou capaz de pegar o bonde andando, como se costuma dizer? Alguma vez já lhe disse quantos anos de experiência tenho como investigador policial?

— Não estou questionando seu campo profissional, que reconheço ser muito vasto... — Elias focou sua atenção em Alain. — Bartole será substituído somente porque teve uma desavença pessoal com a capitã Rangel? Desculpe-me, mas essa atitude não me parece sensata ou adequada.

— Estamos falando do meu primo, delegado — manifestou-se Teresa. — Franco está morto, e a justiça por ele ainda não foi feita. Bartole é um excelente investigador, mas, como lhe disse em minha visita anterior, perdeu todos os pontos comigo ao defender uma assassina. Aliás, como podemos confiar em um homem que se casou com uma bandida?

Os olhos azuis escuros de Nicolas pareceram ficar negros. Olhando para a capitã, ele ficou de pé:

— Sente-se, senhor Bartole — ordenou o comandante.

— Estou bem de pé e prefiro continuar assim. — Ainda encarando Rangel, ele continuou: — Sua linha de raciocínio é tão egoísta, tão mesquinha, que não lhe permite enxergar que outras pessoas, além do seu primo, têm o mesmo direito à justiça. Mais pessoas foram mortas, e essas mortes foram camufladas para parecerem suicídios. Um homem em situação de rua não é menos importante que outro que gerenciava

186

várias concessionárias e tinha o carro do ano. Hoje mesmo, nós descobrimos que outras mortes ocorridas nos últimos doze meses podem estar ligadas às atuais. Temos quatro suspeitos, e acreditamos fortemente que eles trabalhem em conjunto sob as ordens de outras duas pessoas, ainda de identidades desconhecidas, que parecem liderar a quadrilha. Enquanto um grupo de assassinos age à solta por aí, iludindo, drogando e hipnotizando pessoas inocentes, estamos nós, cinco agentes a serviço da polícia, discutindo as vontades pessoais de uma capitã, que deveria se unir a nós em prol da prisão dos verdadeiros criminosos em vez de bancar a comadre mexeriqueira.

— Como ousa? — O rosto de Teresa ficou tão pálido quanto seria possível.

— Colocar Duarte no caso, neste momento, será uma decisão imbecil e não condizente com a postura íntegra e inteligente de um homem como o comandante Alain — prosseguiu Nicolas. — Ele já teve a oportunidade dele de prender essas pessoas, e sabe o que fez? Preferiu ignorar o depoimento dos familiares.

— Do que está falando, seu moleque?! — Duarte, corado de ódio, também se levantou. — Pretende me criticar e aviltar minha imagem perante o comandante? Se você fosse tão bom, como a capitã comentou sabiamente, não seria o defensor de sua mulherzinha, que matou três homens e se safou bancando a grávida inocente! Do jeito que ela é mentirosa, é possível que aquele filho nem seja mesmo seu!

Nicolas contornou a mesa, disposto a colocar suas mãos em Duarte, mas foi detido por Elias, que se pôs em seu caminho para segurá-lo. Teresa e Alain também ficaram de pé. O comandante estava furioso.

— Que baixaria é essa em uma reunião entre pessoas de cargos tão importantes? Que exemplo nós passaremos aos nossos subalternos?

— Também tenho o direito de exigir uma retratação do que estão falando sobre Miah, senhor. — Nicolas deu um safanão para se soltar de Elias. — Ela não é objeto de discussão neste momento. O caso de minha esposa foi julgado pela justiça, que a declarou inocente e a absolveu para que retornasse à sociedade. Creio que temos assuntos muito mais urgentes para discutirmos aqui. Três pessoas estão mortas e pelo menos outras duas tiveram sua morte relacionada com os nossos suspeitos. Não sabemos quantas pessoas mais possam ser sido vítimas desse grupo. O que estamos esperando? — Nicolas bateu no relógio em seu pulso. — Um novo corpo para ser levado à doutora Ema? Uma nova família chorando pelo suicídio misterioso de um ente querido? Essas famílias contam com nossa ação como representantes da polícia. Se a capitã

187

Rangel prefere fofocar em vez de trabalhar, isso é um problema dela. Se Duarte continuará sonhando em recuperar seu posto de investigador número um da cidade, isso também é problema dele. O que não permitirei é que essa investigação seja atrapalhada por pessoas que deveriam jogar no mesmo time. Quero concluir o caso rapidamente. Preciso apenas de mais provas para prender os assassinos, além de descobrir quem são as chefias do grupo. Será que podemos conversar de forma civilizada? Se não for possível, sugiro que encerremos a reunião agora mesmo.

Um silêncio pesado recaiu sobre a sala. Alain fez um sinal e apontou para as cadeiras para que todos voltassem a se sentar. Tanto Duarte quanto Teresa ainda demonstravam sua ira através do olhar que direcionavam a Nicolas.

— Por que diz que Duarte ignorou os familiares das vítimas? — quis saber Alain.

— Três pessoas se mataram antes dessas outras três. Benjamim, um senhor evangélico que foi encontrado morto em uma sorveteria; Sabrina, uma jovem que se enforcou na garagem de casa; e Henrique, um rapaz que sofria *bullying* e cortou os pulsos. Esse último talvez fuja às regras, ou as mulheres que o criaram foram ameaçadas e não quiseram revelar mais do que sabem. Aparentemente, todas as vítimas estavam ou estiveram em depressão em algum momento da vida e procuraram ajuda com dois psicólogos: Andréia e Frederico Assunção. Mike e eu estivemos no consultório deles e pretendemos fazer outra visitinha. Os dois trabalham em um local luxuoso e têm muitos clientes. Não foram amistosos nem colaborativos.

— Ainda não entendi onde eu me encaixo nessa história! — Rosnou Duarte.

— Você foi o investigador designado para resolver esses casos, mas ignorou totalmente o apelo das famílias, que desconfiavam de que a morte de seus entes havia ocorrido em circunstâncias suspeitas. — Nicolas mal olhou para Duarte. — Eles conheciam seus entes queridos melhores do que você, por isso penso nas consequências de eu ser substituído por você no caso, de acordo com a proposta apresentada pela capitã Rangel.

— Comandante, essas acusações não condizem...

— Como, exatamente, o casal de psicólogos se tornou suspeito? — perguntou Alain, cortando ao meio a frase de Duarte.

— Eles se mostraram ariscos quando os interroguei. Foram grosseiros e pareceram assustados quando mencionei a luz e a grande verdade, que são alguns dos ensinamentos que as pessoas aprendem na congregação.

Nicolas detalhou tudo o que eles tinham conseguido até então e explicou o que aprendera a respeito de hipnose com o doutor Loureiro. Depois, relatou sua visita a Ribeirão Preto em parceria com o delegado Masao e contou um pouco sobre as visitas que fez aos suspeitos e aos familiares das vítimas. Nicolas também levantou a possibilidade de que os pacientes de Andréia e Frederico, que tinham algum bem ou dinheiro que pudessem ser transferidos a eles, haviam sido escolhidos como vítimas por essa razão. Explicou que, decerto, eles faziam propaganda do grupo que integram, convencendo as pessoas de que lá abordavam apenas coisas boas. E finalizou dizendo que, durante o processo, os alvos eram hipnotizados e drogados por uma substância desconhecida com alto poder alucinógeno.

— Temos indícios de que o grupo se oculta usando como fachada um falso colegiado, como uma espécie de associação, seita ou convenção. Meu próximo passo é intimar cada suspeito a prestar depoimento formalmente aqui na delegacia. Quero apertá-los até extrair o suco. Se um deles der com a língua nos dentes, o grupo inteiro certamente cairá. Com todo respeito, comandante, não vejo razão para mudar os envolvidos na investigação apenas porque a capitã assim o deseja. Não se mexe em time que está ganhando.

Todos os olhares se voltaram para Alain, que parecia refletir sobre as últimas palavras de Nicolas. Após alguns segundos de suspense, ele determinou:

— Bartole permanecerá à frente do caso junto com o doutor Elias. A capitã Rangel e o senhor Duarte ficarão à sua disposição, caso precisem de auxílio em algum momento até o encerramento do caso.

— Comandante, não concordo com sua posição. — Teresa fitou-o com raiva, e seus dentes pontudos projetaram-se para fora da boca. — Bartole me ofendeu com palavras rudes, quando estive aqui da última vez. É inadmissível que ele não sofra nenhuma sanção por ferir a hierarquia e...

— Capitã, quem toma as decisões aqui sou eu. — Alain levantou-se, foi até a garrafa térmica e serviu-se de café. — Nossa prioridade sempre será a conclusão de um caso, portanto, as picuinhas e as divergências pessoais não serão levadas em conta. O avanço que eles apresentaram até agora é notável, e quero que a mesma equipe continue empenhada em solucionar o caso e fazer justiça a tantas vítimas, inclusive, a seu primo.

— A capitã tem toda a razão, comandante. — Duarte remexeu-se na cadeira, cada vez mais inquieto. — Não é justo que Bartole me desmoralize diante de todos e nada lhe aconteça. Ele...

— Eu me lembro de quando o senhor assumiu as investigações desses suicídios. Sabe o quanto minha memória é excelente. — Alain soprou a borda do copo descartável antes de sorver um gole do café. — Também me recordo de que concluiu a investigação no mesmo dia, sem considerar a hipótese de assassinato ou de suicídio induzido, portanto, o senhor está fora, mas pode se colocar à inteira disposição de Bartole para o que ele necessitar.

Nicolas desejou beijar o comandante no rosto, tamanha era a sua satisfação ao ver as expressões de derrota de Rangel e de Duarte. Quase riu ao receber a descarga de ódio que ambos lhe lançaram ao mesmo tempo por meio do olhar.

— Não tendo mais nada a tratar, dou por encerrada esta reunião. — Alain atirou o copinho vazio no cesto de lixo. — Mantenham-me informado sobre cada novidade que descobrirem — ele pediu a Nicolas e Elias. — Todos estão dispensados.

Alain saiu sem olhar para trás, no entanto, Teresa e Duarte, antes de irem embora, tornaram a olhar furiosamente para Nicolas, como se cada um dissesse silenciosamente: "Você me paga".

Capítulo 25

O entardecer era digno de um cartão postal. Ver o astro-rei deitando-se lentamente detrás de algumas montanhas que ladeavam a cidade era uma visão esplêndida. O céu tinha matizes de laranja, amarelo, vermelho e lilás, compondo uma pintura perfeita que apenas Deus poderia desenhar.

Nicolas dera seu dia por concluído. Precisava descansar por algumas horas, mesmo que no dia seguinte, domingo, reiniciasse suas investigações. Ele nunca se dava folga quando tinha um caso em andamento.

Deixou a delegacia e iniciou o trajeto rumo ao seu apartamento. Havia tantas coisas em que pensar que ele simplesmente deixou a mente esvaziar-se por alguns instantes, afinal, o cérebro também precisava de repouso. Quando a mente ficava esgotada, o corpo, automaticamente, também dava sinais de exaustão. Precisava relaxar um pouco, ao menos por algumas horas.

A cidade ia se tornando mais preguiçosa à medida que o dia morria. A maior parte do comércio encerrava seu expediente por volta das quatorze horas no sábado, e, com isso, as ruas tornavam-se mais vazias e silenciosas, com exceção dos bairros em que a vida noturna se iniciava depois das dezoito horas.

Nicolas olhou pelo espelho retrovisor e viu um pequeno caminhão-baú e um automóvel sedã preto atrás dele. Outras pessoas estavam concluindo o expediente da semana e retornando para suas casas para aproveitarem seus momentos de descanso.

Quando morava no Rio de Janeiro, Nicolas curtia a vida boêmia em bairros vizinhos. Quem não gostava de se reunir com amigos e colegas de trabalho em um barzinho em frente ao mar, numa noite quente típica da cidade carioca? Bons tempos que não voltariam mais. O próprio Nicolas nunca havia imaginado que, alguns anos depois, estaria morando em uma cidade no interior do estado de São Paulo, quente como um forno, casado com uma jornalista enigmática e à espera do seu primeiro filho. Marian tinha razão quando dizia que a vida era imprevisível e repleta de surpresas.

Havia um trecho na estrada pelo qual Nicolas deveria passar que era ladeado por vegetação. Ele sabia que aquela era uma área de preservação ambiental, sob a responsabilidade do Estado. Também sabia que, se voltasse ali algumas horas depois, encontraria diversos dependentes químicos fumando maconha, crack ou injetando heroína em suas veias. Por sorte, sua área de atuação não era relacionada a entorpecentes.

Pelo retrovisor, ele viu quando o caminhão-baú virou em uma rua à direita. O sedã preto, no entanto, continuou seguindo Nicolas. Os vidros eram escuros, o que impediam o investigador de ver o motorista. O carro estava longe o suficiente para que Nicolas não conseguisse enxergar a placa e o município de origem.

Algo instigou Nicolas a prestar mais atenção no outro veículo. Ele, então, reduziu a velocidade do seu carro propositadamente, esperando que o outro o ultrapassasse, mas o que aconteceu a seguir o deixou ainda mais desconfiado. O motorista do sedã também diminuiu a velocidade do automóvel.

Automaticamente, Nicolas começou a dirigir usando apenas a mão esquerda e colocou a direita sobre o cabo de sua arma. Um Golf vermelho-escuro surgiu vindo em sua direção, com os faróis altos. Como ainda não havia anoitecido por completo, Nicolas pensou que não havia necessidade para toda aquela iluminação. O trecho em que estavam, apesar de bastante ermo, contava com as lâmpadas amareladas dos postes de iluminação.

O Golf subitamente desligou seus faróis por completo, e, no mesmo instante, o sedã piscou os dele para apagá-los também. Quando Nicolas percebeu que algo estava errado, um braço armado surgiu pela janela do Golf e disparou contra ele. O para-brisa estilhaçou-se em mil pedacinhos de vidro.

— Que droga! — Nicolas jogou o carro para o acostamento. — É uma armadilha!

Outro tiro veio por trás, destruindo também o vidro traseiro do automóvel. Com o revólver na mão, Nicolas abaixou a cabeça, desprendeu-se do cinto de segurança, deslizou para o assento do passageiro e saiu pela outra porta.

Os dois carros haviam parado, um atrás e outro na frente do veículo de Nicolas, cercando-o. Agachado, ele notou as pernas de uma pessoa que havia saltado do Golf pelo lado do motorista. De onde estava, não conseguia acompanhar a movimentação do adversário do outro automóvel.

Tanto o celular quanto o rádio de Nicolas haviam ficado dentro do carro. Na pressa, ele não pôde apanhá-los. Não havia, então, como pedir reforços. Segurando com firmeza sua arma já engatilhada, pensou no que deveria fazer e imaginou que seus inimigos o atacariam ao mesmo tempo, cada um vindo de um lado do carro. Seu corpo seria encontrado caído junto ao meio-fio e cravado de balas. Muitos lamentariam sua morte, mas a vida seguiria — como sempre segue —, e os responsáveis por aquilo permaneceriam impunes.

Nicolas jamais permitiria que isso acontecesse.

Usando o próprio carro como trincheira, ele ergueu um pouco o corpo e viu os dois homens se aproximando. Notou que ambos usavam um gorro preto que encobria toda a cabeça e que estavam armados. O primeiro, que havia saído do Golf, avistou Nicolas espreitando e tornou a atirar. Mais vidro se quebrou, e mais cacos retiniram no chão.

Outro tiro provocou um estalo alto e sacolejou o carro. Haviam atirado em um dos pneus. Ele tornou a erguer o corpo e atirou na direção de um dos vultos que vinha em sua direção. Ouviu um gemido alto seguido do som de algo caindo.

Sem perder tempo, Nicolas andou agachado e parou perto do pneu dianteiro do carro. Viu o homem que baleara colocar uma das mãos sobre o ombro, tentando recuperar a arma que derrubara. Ele atirou novamente e viu seu projétil passar de raspão na perna do criminoso, que despencou como uma fruta madura.

Ainda se mantendo agachado, ele retornou, escorando-se na lataria do carro em direção ao porta-malas. Quando espiou novamente, avistou o segundo homem retornando rapidamente para dentro do sedã. Nicolas atirou contra um dos pneus, mas errou o tiro por alguns centímetros, pois o outro assassino já se afastara em uma velocidade espantosa.

O primeiro arrastava-se no chão como uma serpente, indo na direção de onde sua arma caíra. Um rastro de sangue formava-se em seu encalço, tingindo o asfalto de vermelho-escuro. Nicolas alcançou o homem e chutou a arma para longe.

Agarrou-o pela gola da blusa e ergueu-o um pouco. Atento à movimentação da rua, ante a possibilidade de que o comparsa retornasse, Nicolas deu um puxão brusco e arrancou o gorro que escondia o rosto do homem que o atacara. Não ficou nem um pouco surpreso ao se deparar com Sadraque. Em tom de deboche, comentou:

193

— Se você desejava entrar em contato comigo, poderia ter procurado uma maneira um pouco mais diplomática, não acha?

— Vá para o inferno, seu otário! — murmurou Sadraque, entre um e outro gemido de dor.

— Como seu destino será a cadeia, você poderá me contar depois se lá é o inferno ou algo próximo disso. Lamentavelmente, meu amigo, não poderei lhe fazer companhia.

Sadraque murmurou dois ou três palavrões pesados, que nem sequer abalaram a fisionomia de Nicolas. Calmamente e sem dar as costas para o criminoso, ele retornou ao carro, abriu a porta e apanhou o rádio.

— Estou muito triste com você, Sadraque. — Nicolas mexeu na frequência do rádio para abrir o chamado. A mão direita empunhava a arma, firmemente apontada para o homem no chão. — Você e seu amigo tentaram me matar. Até aí tudo bem. Mas destruir meu carro? Ah, isso não tem perdão! Tem ideia de quanto custam esses vidros ou um pneu estourado?

— Você não vai escapar, idiota. Eles vão pegá-lo e terminar o serviço.

— Que feio ameaçar as pessoas! Sua mãe não lhe ensinou bons modos?

Nicolas sorriu ao ouvir o lote de obscenidades que Sadraque disparou. Assim que a voz de Elias surgiu do outro lado, ele explicou:

— Tentaram me matar a caminho de casa, mas estou bem. Meu carro foi alvejado e não consigo tirá-lo do lugar, a menos que eu troque o pneu, algo que não estou a fim de fazer agora. Nosso querido Sadraque, o sujeitinho repugnante que deu o uísque a José, está aqui comigo. Ele e um amigo, que acredito que seja o Abner, tentaram dar fim à minha vida. O comparsa conseguiu escapar, mas Sadraque está deitado no chão brincando de imitar animais. Como está rastejando, ele está fingindo ser uma cobra ou uma minhoca. Quanto mais ele se mexe, mais sangue perde. — E completou informando sua localização na estrada.

— Pelo amor de Deus, Bartole! — Nicolas não podia ver o quanto Elias estava pálido do outro lado do rádio. — Mike, Moira e eu estamos a caminho.

— Sejam rápidos, porque, se o comparsa dele voltar e trouxer amigos, eu estarei realmente encrencado.

Um carro surgiu da direção em que Nicolas viera. Imediatamente, ele afastou-se e recuou para trás do seu próprio carro. Uma senhora de cabelos brancos e imensos brincos de argola desceu do veículo e aproximou-se lentamente de Sadraque.

— Misericórdia! O que foi isso? Esse homem foi atropelado?

— Ele está aguardando a chegada da ambulância — Nicolas disse a ela. — Não podemos tocá-lo ou poderemos feri-lo ainda mais. Eu

194

cuido dele. — E mostrou a identificação policial. — A senhora pode seguir seu caminho.

Com olhar crítico e avaliador, a senhora encarou com desconfiança a credencial de Nicolas. Depois, decidiu cumprir a ordem e voltou para o carro. Deu partida devagar e olhou penalizada para Sadraque, jogando um olhar gélido para Nicolas.

— Se eu continuar perdendo sangue, morrerei aqui, seu cretino — berrou Sadraque. — Preciso de ajuda, ou você será responsabilizado por minha morte.

— Peça ajuda à luz que habita em você. A propósito, que tal me contar um pouco sobre a grande verdade? Do que se trata exatamente essa palhaçada?

— Rá, rá, rá! Acha mesmo que é digno de conhecer tamanha pureza? Você nunca seria aceito por nossa congregação.

— Talvez porque eu não tenha nenhum butim cheio de ouro e pedras preciosas para deixar como herança nem tenha passado por uma fase depressiva. Infelizmente, sou um investigador pobre. Além disso, depois de tentar me matar, você não é a pessoa mais indicada para falar de coisas puras, concorda?

— Você atirou em meu ombro e arranhou minha perna com outra bala! — praguejou Sadraque. — Isso não vai ficar assim!

— Continua ameaçando um policial em serviço? Realmente, sua mãezinha não o educou corretamente.

À distância, eles ouviram o som estridente da sirene indicando a aproximação de uma viatura. Mike estava ao volante e cantou os pneus ao brecar a viatura atrás do carro de Nicolas. Ele e Moira desceram com as armas em punho. Elias fez o mesmo e correu ao encontro de Nicolas, analisando o corpo do investigador à procura de ferimentos.

— Bartole, você está bem?

— Melhor que isso? Impossível. Ainda não foi desta vez que bati a caçoleta. Nosso amigo, representante do grupo da luz, estava acompanhado de outro que não identifiquei, mas acredito que seja o tal Abner, e tentou meter uma bala em minha cabeça. Veja só o que fizeram com meu carro. Mike e Moira, algemem esse cretino e o coloquem na viatura. Voltarei com vocês para a delegacia. No caminho, vou telefonar para a seguradora e pedir que removam meu carro daqui.

Sadraque voltou a gritar e a xingar, quando Moira o imobilizou para que Mike pudesse prendê-lo. Ele certamente necessitaria de cuidados médicos, mesmo que seus ferimentos não fossem graves nem tivessem atingido órgãos vitais. Logo após, Nicolas gostaria de ter um bate-papo agradável com ele.

***

195

Cleide tomou o último gole do uísque, fazendo caretas à medida que a bebida descia por sua garganta. Recebera instruções de que deveria aguardar o relógio marcar dezenove horas em ponto para iniciar seu ciclo de transferência para a luz. Ela seria uma mulher completa.

Não havia morte, de fato. Ninguém morria de verdade, foi o que lhe disseram certa vez. Ela apenas deixaria o invólucro material e ascenderia para outra dimensão, onde havia apenas calma, tranquilidade, virtude e bondade. A Cleide sofredora, que fora abandonada pelo noivo no dia do casamento, se tornaria uma mulher forte, poderosa e vencedora. O sofrimento e a dor pertenciam à carne, e ela estava prestes a se livrar disso.

Morava sozinha em um sobrado antigo, que ficava em uma esquina. Era uma casa valiosa, mas ela já transferira o imóvel e o carro para um representante da congregação. Os trinta mil reais que juntara por tantos anos também foram doados à conta bancária que lhe forneceram. Ela nunca teria feito isso se não tivesse descoberto o poder cativo que a grande verdade lhe revelara.

Faltava ainda meia hora para sua ascendência, mas Cleide decidiu abreviar. O que mudaria se sua passagem acontecesse meia hora mais cedo ou mais tarde? Sabia que não haveria volta, contudo, por medida de segurança, deixara a porta da sala aberta. Se houvesse alguma falha, poderiam resgatá-la com vida.

Abriu a caixinha de papelão, cujo rótulo anunciava veneno para ratos. "Tem de dar certo", pensou, esperando que a experiência não fosse dolorosa. Precisava se manter corajosa até o final. Daria certo.

Cleide rasgou a embalagem plástica e colocou os pequenos granulados na palma da mão. Mentalizou a luz e desejou poder fazer parte dela. O relógio marcava agora dezoito horas e trinta e dois minutos. Era o suficiente.

Ela colocou os pequenos grãos tóxicos sobre a língua e engoliu-os com a ajuda de um grande gole de água. Podia sentir a luz penetrando-a, tomando-a para si, transformando-a em um ser superior. Ela abriu um sorriso pleno, espirituoso, vitorioso. Chegara a sua hora.

Quando o corpo de Cleide foi encontrado pelos vizinhos, que estranharam ver sua porta tão escancarada, perceberam que, apesar da espuma esbranquiçada que escorria pelos cantos de seus lábios, ela ainda aparentava sorrir.

Capítulo 26

Nicolas não saberia dizer se o homem que estava sentado na sala de interrogatório era feio por natureza ou só estava fazendo caretas em virtude dos ferimentos que ainda o incomodavam, mesmo após terem sido tratados. Elias acariciava seu enorme nariz com uma expressão alegre nos olhos por ver o sofrimento do assassino.

Sadraque fora levado para atendimento no pronto-socorro mais próximo. Como os ferimentos não eram graves, não houve necessidade de internação, tendo sido dispensado assim que recebera os curativos no ombro e na perna. Ambas as balas o acertaram de raspão, facilitando os trabalhos da equipe médica.

Logo após receber alta, fora trazido à delegacia para prestar depoimento.

— Vou lhe perguntar mais uma vez e lhe garanto que será a última! — Nicolas espalmou as mãos sobre o tampo da mesa. — Para quem você trabalha e por que tentou me matar?

— Quando o conheci em minha lanchonete, imediatamente soube que você daria trabalho! — Sadraque tentou sorrir. — Minha perna e o meu ombro continuam doendo muito.

— É só uma questão de tempo para você melhorar, assim como é uma questão de tempo agilizarmos a nossa conversa — avisou Nicolas. — Agora quero que nos diga tudo o que sabe.

— Por que eu faria isso? — Furioso, Sadraque virou o rosto na direção de Nicolas e cuspiu com força, mandando-o, em seguida, para um lugar nada agradável.

— Seus pais não o ensinaram que cuspir nos outros e falar palavrões é muito feio? — retrucou Nicolas, que se afastara para não receber o disparo de saliva. — Assim como é feio tentar matar investigadores de polícia?

— Já estou preso mesmo, não estou? — Sadraque sacudiu os ombros. — Então, não direi mais nada até que meu advogado venha falar comigo.

— É um direito que lhe assiste, assim como é meu direito continuar a lhe fazer perguntas. — Mesmo se arriscando a ser atingido por uma nova saraivada de cuspe, Nicolas curvou o corpo sobre a mesa e aproximou seu rosto ao de Sadraque. — Assim como vocês devem ter um esconderijo, onde realizam os encontros do grupo, nós também temos um espaço aqui na delegacia, onde torturamos, queimamos e aleijamos idiotas como você, que tentam botar banca. Aqui não há espaço para rebeldia, meu bom amigo.

Ele olhou para Nicolas, certo de que estava ouvindo um blefe. Os olhos azuis escuros que o fitavam eram insondáveis, e ele ficou na dúvida se aquelas ameaças eram verdadeiras ou não.

— Por que só vocês podem ser os assassinos? — continuou Nicolas. — Aqui nós também temos armas e podemos fazê-lo conhecer a luz por outros meios. Ou, quem sabe, a mais completa escuridão. Quer saber como se faz?

— Sábado à noite... está tudo tão quieto... — disse Elias — Ninguém irá ouvi-lo.

— Eu não vou falar — repetiu Sadraque. — Podem fazer o que quiserem comigo, mas nunca saberão a verdade.

— Moira — pediu Nicolas —, por gentileza, traga-me uma chave de fenda.

— Pois não.

Sadraque empalideceu, quando viu Moira sair e ficou ainda mais branco quando a viu retornar com a ferramenta na mão. Nicolas segurou a chave de fenda pelo cabo.

— Sabe para quê isso aqui serve?

— O que vão fazer comigo? — quis saber Sadraque, começando a suar frio.

— Imagine que tenho de apertar um parafuso que está frouxo! — Nicolas balançou a chave de fenda. — Como não vejo nenhum por perto, fingirei que seu ouvido é o parafuso. Primeiro, tentarei no esquerdo e, se não der certo, tentarei no direito. Posso também começar pelo seu ombro ferido. O que acha?

Sadraque pensou em se levantar da cadeira, contudo, Mike segurava um revólver diante dele. Além disso, o policial era uma montanha de músculo e conseguiria massacrá-lo antes que ele tivesse tempo de piscar. Além dele, Elias estava com uma das mãos no bolso, onde certamente havia outro revólver.

Os olhos de Sadraque ficaram redondos como duas ameixas, quando Nicolas caminhou até parar ao seu lado. Sem pressa, ele segurou a cabeça do suspeito com uma mão, enquanto aproximava a ponta da chave de fenda do ouvido dele.

— Prometo que não vai doer... muito — enfatizou Nicolas.

Sadraque fechou os olhos e, quando sentiu o contato gelado da ferramenta em sua pele, gritou:

— Pelo amor de Deus, eu falo! Parem com essa tortura! Eu contarei tudo o que querem saber. Já estou encrencado mesmo, então, os outros que se danem.

Disposto a dar-lhe uma chance, Nicolas afastou-se e trocou um olhar com Elias. O delegado sabia o quanto ele detestava fazer aquele tipo de coisa e que, apesar de ameaçar, jamais seria realmente capaz de promover qualquer tipo de sofrimento físico a um prisioneiro. Aquela técnica, contudo, raramente falhava, e até o suspeito mais valentão acabava confessando seus crimes.

Quando o gravador foi ligado, e, após falar sobre a detenção do suspeito e listar seus direitos, Elias perguntou:

— Para quem você trabalha?

— As chefias nunca se mostraram como são realmente. Quando converso com uma delas, ouço vozes modificadas. Nas reuniões da congregação, as chefias raramente aparecem, exceto quando há um batismo, que é o momento em que convertemos um irmão para a luz. Quando aparecem, sempre estão com capuzes para encobrir seus rostos e modificam a voz. Nem sequer sabemos se são homens ou mulheres.

Nicolas estudou-o durante alguns segundos, o que fez Sadraque suar frio.

— Vocês acreditam realmente nisso ou apenas brincam com a fé das pessoas? — sondou Nicolas.

— Você diz isso, porque não foi tocado pela luz. Não há nada mais perfeito do que descobrir quem realmente somos, do que somos feitos e para onde vamos ao partirmos.

— Qual é o papel de Andréia e Frederico no grupo? — continuou Nicolas.

199

— Não sei — balbuciou Sadraque. Quando viu Nicolas pegar a chave de fenda outra vez, ele berrou apavorado: — Eles são os recrutadores.

— O que isso quer dizer exatamente? — atalhou Elias, impaciente.

— Eles coletam almas perdidas e as trazem até nossa sede. Fazem essas pessoas perceberem que são errantes na sociedade e que, somente após se unirem à luz, poderão ser realmente livres e felizes.

— Já sabemos que todas as vítimas eram pacientes deles. No entanto, uma em especial pareceu fugir à regra. Trata-se de José, o homem a quem você premiou com um uísque batizado com um alucinógeno.

— Até isso vocês já descobriram? — Sadraque fez outra careta.— Vocês são bons mesmo.

— Responda à minha pergunta sobre José.

— Ele fez amizade comigo, após ir algumas vezes à minha lanchonete para me ajudar com a remoção de entulho de uma reforma. Em uma dessas conversas, José me confidenciou dois segredos importantes: o primeiro é que, anos antes, ele estava trabalhando com carteira registrada. Nunca mais havia conseguido outro emprego após ser demitido do último por justa causa. Segundo José, armaram para que ele fosse flagrado roubando alguma coisa. Sem ter como se bancar sozinho, foi despejado do quartinho em que morava e logo foi para a rua. Ali permaneceu. Conheceu Nena, fez amigos e transformou a rua em sua nova morada.

Sadraque fez uma pausa, olhou para Mike, depois para Moira e, por fim, voltou a fitar Nicolas.

— Quando foi demitido desse emprego, entrou em uma depressão severa — continuou Sadraque. — Nena foi quem o ajudou a se recuperar. Tempos depois, um tio bem abonado, que mora numa cidadezinha no interior do Acre, deixou uma herança para José. Nem mesmo Nena sabia disso, pois ele pensava em lhe fazer uma surpresa em breve. Ambos sairiam das ruas e recuperariam seu lugar ao sol. Quando levei essa informação à congregação, as chefias decidiram que era o momento de encaminhá-lo para a luz. Andréia e Frederico conversaram com ele em algumas reuniões. O dinheiro da herança já estava em uma conta-corrente em nome de José, que naturalmente foi transferido para uma conta nossa. Feito isso, José ascendeu para outro plano melhor do que este.

— Claro. Da mesma forma que vocês agiram com Regiane. O que ela tinha de valor? — indagou Nicolas.

— Algumas joias que havia herdado da avó. Elivelton, o marido de Regiane, sabia da existência delas, mas não sabia de seu real valor no mercado. Eram colares, brincos e broches confeccionados com pedras preciosas raras. Rendeu um bom dinheiro.

— Houve um rapaz, meses atrás, chamado Henrique, que também se suicidou em circunstâncias suspeitas. Ele foi adotado e criado por duas mulheres. Vocês a ameaçaram para que não nos contassem nada? Quantos mais vocês mataram?

— Não sei do que está falando — Sadraque mordeu os lábios ao sentir uma pontada dolorida no ombro ferido. — Nós nunca matamos ninguém. Não somos assassinos.

— Ah, não? E o que você e seu amigo pretendiam fazer comigo há pouco? — Nicolas quase riu. — Não me diga que desejavam me transferir para a luz sem minha permissão.

Sadraque bufou e não respondeu. Elias não se deu por vencido.

— Sobre a grande verdade... nos explique o que isso significa.

O prisioneiro revirou os olhos, como se tivesse a árdua tarefa de explicar uma lição complexa para alunos com dificuldade de aprendizagem:

— Vocês ainda não estão preparados para discutir isso.

Novamente, Nicolas brandiu a chave de fenda, o que fez Sadraque acrescentar rapidamente:

— A grande verdade é a maravilhosa descoberta de nossa congregação sobre o nosso eu verdadeiro. É saber que somos todos luz. É sentir a força dessa claridade imaculada percorrendo nosso corpo por dentro. Trata-se de uma realidade que ainda não pode ser compartilhada com o mundo, porque o mundo ainda não está preparado para vivenciar essa experiência gloriosa. Apenas os escolhidos obtêm tal privilégio.

— É uma pena que os escolhidos não sobrevivam para contar história. — Nicolas colocou um dedo sob o queixo, pensativo. — Eu me pergunto se vocês são malucos que acreditam nessa baboseira toda ou se formam uma quadrilha de espertalhões, que persuade as pessoas que estão ou estiveram sob forte depressão a fazer o que vocês querem. Como a segunda hipótese me convence mais, devo lhe dizer que sua luz e sua grande verdade não o salvarão da cadeia.

Sadraque não respondeu. Em vez disso, baixou a cabeça e mirou o chão.

— O outro sujeito que estava com você e tentou encurtar minha nobre vida era Abner? — perguntou Nicolas.

— Era.

— Seu primo, certo?

— Vocês também descobriram isso? — Sadraque mostrou uma expressão irônica. — É... admito que vocês são muito bons mesmo.

— Estou gostando cada vez mais do nosso diálogo! — Sorriu Nicolas. — Em quantos vocês são?

— Em seis.

— Poucos — interveio Elias. — Achei que houvesse mais. Apesar de estarem em um pequeno número, vocês conseguiram fazer muito estrago. Quantas pessoas vocês... transferiram para a luz desde que você se tornou membro da congregação?

— Sete.

— Uau! — Nicolas soltou um assovio. — Vocês, indiretamente, mataram sete pessoas e ficaram com seus bens? Há quanto tempo estão fazendo isso?

— Cinco anos. Não sei como a congregação foi formada. Quando integrei a equipe, Frederico, Andréia e as chefias já estavam lá. Eu cheguei bem depois e, mais tarde, levei meu primo.

— Ou seja, é possível que o número de vítimas seja ainda maior. Você ainda não me respondeu sobre Henrique — pressionou Nicolas. — Vocês ameaçaram aquelas mulheres?

— Talvez...

— Nove pessoas mortas em cinco anos — Nicolas mostrou o número de vítimas nos dedos. — Pode haver ainda mais. Henrique está nessa contagem?

— Está, porém, a professora Cleide não está.

— Quem é Cleide? — Interessou-se Elias.

— Ela fez a transferência para a luz às dezenove horas. Tarde demais para vocês! — Sadraque mostrou um sorriso perverso.

Nicolas e Elias trocaram um olhar preocupado.

— Qual é sobrenome de Cleide?

— Sei lá, — Sadraque sacudiu os ombros, o que lhe arrancou um gemido de dor.

Nicolas voltou-se para Moira.

— Tente descobrir quem é essa mulher, Moira. Se ela é professora, talvez seu nome conste em uma das escolas de nossa cidade. Precisamos ir ao endereço dela...

— Tarde demais para vocês — repetiu Sadraque, desta vez rindo descaradamente.

— Quero que nos diga o endereço da sede da congregação — ordenou Elias, sentindo gana de estrangular o sujeito.

Sadraque hesitou, e, quando seus olhos pousaram na chave de fenda, decidiu que não tinha mais nada a perder.

— Fica na Rua das Camélias, número 77. É uma casa azul. Está alugada em um nome falso. As reuniões ocorrem no salão principal. A casa não tem móveis. Temos um acordo. Se um de nós fosse capturado pela polícia, a sede automaticamente mudaria de lugar. Como eles já sabem de minha prisão, se vocês baterem lá, não encontrarão nada nem ninguém. Absolutamente nenhuma prova.

— Impressões digitais — murmurou Nicolas. — Sabe do que estou falando, não é?

— Claro que sim. Elas estão por todos os lugares, a menos que alguém se lembre de limpá-las.

— Mas vocês não fizeram isso... — afirmou Elias.

— Não sei. Talvez as chefias tenham cuidado desses pequenos detalhes. São pessoas muito inteligentes. Vocês nunca conseguirão prendê-las.

— Isso é o que veremos — decretou Nicolas.

— É possível que vocês descubram pequenas pistas se forem lá. Nunca pensamos que seríamos descobertos com tanta rapidez, muito menos o local de nossas reuniões. — Sadraque desviou o olhar para o delegado. — Poderia me conseguir um copo com água? Minha boca está seca.

Elias trocou um olhar com Nicolas e assentiu, fazendo um rápido sinal para Mike, que saiu para trazer a água. Em seguida, comentou:

— Você alega não conhecer a identidade dos líderes do grupo. Diz que não sabe se são homens ou mulheres, pois, quando conversa com eles, a voz verdadeira de seus líderes sempre está modificada. Não sei se acredito nessa versão. O que me diz, Bartole?

— Talvez ele esteja sendo sincero, mas isso me traz outras perguntas. Vocês atuam em outras cidades? Franco morava em Ribeirão Preto e havia vindo para cá apenas porque inauguraria uma concessionária. Por que o mataram?

— Já lhes disse que nós não matamos ninguém, porque não somos assassinos — defendeu-se Sadraque, parecendo irritado. — De todas essas pessoas, Franco era o cara mais rico que já encontramos. O dinheiro não lhe serviria para mais nada, quando ele encontrasse a luz. Além disso, anos antes, ele foi paciente de Andréia. Bastou pesquisarmos um pouco sobre sua rotina, seu dia a dia, para que ele fosse novamente convencido por nós a fazer o que queríamos. Pelo bem dele. E não, não trabalhamos em outras cidades.

Nicolas concluiu:

— Então, seu primo o drogou com a tal substância que provoca alterações no sistema nervoso. Além disso, alterou as imagens das câmeras de segurança do corredor do hotel para que ele não aparecesse em nenhum momento.

— Cara, você é nota dez! — Sadraque ergueu a mão e fez um sinal de positivo com o dedão.

— Eu sei disso! — Nicolas sorriu de novo. — Eu e minha equipe somos tão competentes que pegaremos todos vocês. Tenha certeza disso. Vão arcar com o preço por terem tirado a vida de tantas pessoas.

— Pobrezinhas! — Provocou Sadraque, com uma gargalhada alta.

Aquilo deixou Nicolas ainda mais furioso:

— Por causa de dinheiro, reconhecimento e talvez até proteção, vocês seduzem, drogam e hipnotizam pessoas que nunca viram antes, as fazem transferir tudo o que têm de valor e depois as induzem ao suicídio. Essas pessoas tinham a esperança de que realmente se sentiriam felizes ao conhecer a tal luz! Diante disso, ainda se acha no direito de zombar? Regiane tinha dois filhos pequenos, que viverão sem a presença da mãe. José tinha a certeza de que melhoraria de vida com a herança do tio. Franco era um empresário próspero e justo com seus funcionários. Isso sem falar dos outros, cujas histórias sempre remeterão ao sonho de conquista da felicidade. Vidas foram ceifadas indiretamente por uma corja de sanguinários, de criaturas que não possuem nenhum escrúpulo, nenhuma compaixão. Vocês são seres desprezíveis e assustadores, que têm trevas dentro de si em vez de luz. É por isso que vou me empenhar ao máximo para colocar cada um de vocês na cadeia e ter a certeza de que terão um julgamento digno, que os condene.

— Antes de falar de nós, por que não cuida de sua esposa? Sabemos que ela também matou três homens, mesmo bancando a coitadinha. Engraçado... — Sadraque fechou a cara. — Você fala em nos prender, mas vai chegar em casa pronto para transar com sua assassina particular.

Sem hesitar, Nicolas fechou a mão e aplicou um soco certeiro na boca de Sadraque, derrubando-o no chão com cadeira e tudo. Mike entrou na sala nesse instante com o copo na mão e, ao ver o homem estirado no chão, voltou-se para Nicolas.

— Arre égua! A água que eu trouxe é para ele beber, ou devo jogar no rosto dele para que se recupere do desmaio?

— Ele não está desmaiado, é óbvio! — Sem muita paciência, Elias cutucou Sadraque com a ponta do sapato. — É melhor se levantar. Não temos curativos aqui.

Gemendo como no momento em que foi baleado por Nicolas, Sadraque conseguiu se pôr de joelhos para agarrar a cadeira com firmeza, levantá-la e sentar-se nela. Como se tivesse perdido toda a sede, ignorou o copo que o policial colocou a sua frente.

— Você é fortão só aqui dentro! — Rosnou Sadraque, fulminando Nicolas com os olhos. Seus lábios estavam cortado e sangravam. — Queria ver se fosse lá fora.

— Você teve a oportunidade, mas foi covarde o bastante para se esconder atrás de sua arma em vez de me enfrentar no "mano a mano".

— Acho melhor você continuar citando os nomes dos seus comparsas — disse Elias.

Sadraque encarou Elias e sorriu com raiva. Quando sentiu o gosto do próprio sangue na boca, ficou ainda mais nervoso.

— Não vou falar mais nada. E podem me ameaçar com essa droga de chave de fenda! No fundo, sei que não irão me ferir... — Ele tocou os lábios. — Mais do que já feriram. Saibam que direi tudo isso ao meu advogado, e vocês estarão encrencados, principalmente porque estão gravando tudo isso.

— Meu amigo, essa história é tão velha que já era ouvida em Sodoma e Gomorra. — Nicolas flexionou os dedos das mãos e movimentou os ombros para frente e para trás. — Pode permanecer calado. Acho que você já nos disse tudo o que queríamos saber. Sua confissão foi exemplar.

— Vocês não conseguirão prender mais ninguém — repetiu Sadraque. — Pessoas inteligentes demais integram nosso time.

— Não quero parecer convencido, amigão, mas eu me chamo Nicolas Bartole. Tenho certeza de que esse nome ainda lhe dirá muitas coisas. Com certeza, nos veremos por aí — Nicolas fez menção de deixar a sala, mas, antes de sair, olhou para Sadraque uma última vez e acrescentou: — Que a luz o ilumine até cegá-lo!

Capítulo 27

A noite caíra por completo, e Nicolas, mais uma vez, seguiu para casa. Estava dirigindo uma viatura, já que ficaria sem veículo próprio durante alguns dias. Evitou pegar o trecho deserto em que fora atacado, mesmo sabendo que eles não repetiriam o plano anterior. Com a notícia da prisão de Sadraque, o grupo da luz certamente estava ressabiado.

Apesar dos protestos de Nicolas, Elias destacou dois policiais para acompanhá-lo até seu edifício. Os dois homens o seguiram em outra viatura, mantendo poucos metros de distância do investigador. Ainda que tardia, segurança extra nunca era demais.

Ao contrário de Bartole, Elias estava longe de encerrar seu expediente naquele sábado. Ele reuniu-se com outros policiais que estavam de plantão para fazer uma batida no endereço fornecido por Sadraque. Muito provavelmente ele fornecera os dados genuínos, pois, se tivesse mentido, teria de dar novas explicações à polícia. Nicolas pedira a Elias que o avisasse em tempo real de cada movimento da tática de ação.

Quando destrancou a porta de seu apartamento, Nicolas estava completamente exausto. O cheiro delicioso de molho de tomate encontrou-o, enquanto ele fechava a porta por dentro. Seu estômago roncou, fazendo-o perceber que não comera mais nada após o almoço.

Nicolas tirou o coldre com a arma e guardou-os em uma gaveta. Seguiu devagar até a cozinha, encostando-se junto à soleira da porta apenas para apreciar a mulher que estava ali.

Miah estava de costas para ele, mexendo com uma colher de pau o conteúdo de uma panela sobre o fogão. Tinha um pano de prato jogado sobre o ombro, e sua outra mão estava apoiada na barriga estufada. No chão, enrolando-se por entre as pernas dela estava Érica, a enorme gata branca. Admirando Miah por trás, Nicolas soube que ali estava o maior objetivo pelo qual lutava diariamente: sua família. Amava aquela mulher mais do que amava a si mesmo.

— Psiu!

Ela deu um pulo assustada, ergueu a colher e espirrou um pouco do molho vermelho em seu próprio rosto, o que arrancou risadas de Nicolas.

— Sabia que você fica linda cozinhando?

— Você não pode assustar uma mulher grávida desse jeito! — Ela baixou a colher e riu também.

Nicolas foi até Miah e beijou-a nos lábios, limpando o molho de alguns pontos do rosto dela.

— Estava contemplando você cozinhando para receber seu marido. Foi uma cena linda, como um prêmio para mim após um dia muito pesado.

— Meu dia também não foi muito melhor. Precisamos conversar. — Miah olhou para o fogão. — Fiz macarrão, molho e carne cozida. É o ápice dos meus dotes culinários. Quer jantar primeiro?

— Quando você diz que quer conversar comigo, sempre me preocupo um pouco. Também preciso lhe contar uma coisa. Podemos conversar, enquanto jantamos?

— Meu assunto não é muito agradável para se tratar à mesa.

— Então, empatamos, pois o meu também não é.

Miah meneou a cabeça em concordância, pegou dois pratos e começou a servir a comida, enquanto Nicolas lavava as mãos. Ela pegou duas jarras de suco: um de caju para si e outro de melancia para ele. Quando se sentaram à mesa, Nicolas experimentou um pedaço da carne e revirou os olhos.

— Isso está muito bom! Você é praticamente uma *chef* de cozinha.

— Peguei a receita na internet — ela confessou sorrindo. — Acho que assisti a uns quatro tutoriais no YouTube para que não houvesse falhas. Lembre-se de que queimei a última carne que tentei cozinhar. Você achou que na panela havia pedaços de carvão.

— Sim, não me esqueci disso. Pelo menos avançamos e saímos da fase do ovo frito e do macarrão instantâneo.

Miah experimentou a própria comida e fez um gesto de aprovação.

— Realmente, até que isso ficou gostoso! — Ela ergueu o rosto para o marido. — Vendo todo esse molho, só consigo pensar no meu sangue no momento em que minha barriga estourou.

Antes que Nicolas fizesse perguntas, ela contou-lhe sobre a visão que tivera durante sua reportagem ao vivo. Contou que fora socorrida por Ed e que só recuperara os sentidos após o desmaio dentro da ambulância.

— Foi a coisa mais horrível que já me aconteceu, principalmente porque eu estava diante de milhares de pessoas que me assistiam naquele horário. Algo não está normal com esse bebê. Mulheres gestantes não costumam ter essas visões macabras, enquanto a criança está em formação em seu útero.

— Eu deveria lhe perguntar por que você não entrou em contato comigo imediatamente após recobrar a consciência.

— Não queria atrapalhar sua investigação. — Miah saboreou seu suco de caju, que ela mesma preparara e que ficara delicioso. — Além disso, eu estava bem. Não havia nenhum bebê cheio de dentes, sangue ou algo assim.

— Nenhuma investigação será prioridade em relação a você, meu amor. Você é tudo o que importa para mim. — Nicolas soltou os talheres para segurar as mãos da esposa. — Será que ainda não entendeu isso? Será que não faz ideia do quanto a amo e me preocupo com você?

Ela não respondeu. Em vez disso, apontou com o queixo para a própria barriga.

— Essa criança não é normal, Nicolas. Parece um daqueles bebês-monstros de filmes de terror. Desde que tive o primeiro sonho com Angelique naquela caverna, nunca mais me senti bem. Sei que é o espírito de um desafeto que está retornando para nos perturbar. Para me perturbar principalmente. A reencarnação tem dessas coisas. Nem todo mundo que renasce é um espírito amoroso.

— Como pais dessa criança, o que podemos fazer?

— Não quero esse bebê — determinou Miah, sabendo que estava prestes a comprar uma briga.

— Como assim, não quer? O que pretende fazer?

— Eu não o abortaria, porque já estou grávida de sete meses... e porque você nunca concordaria com isso. Eu mesma nunca fui a favor da liberação do aborto, pois sempre compreendi que isso era um crime contra uma vida inocente. Agora, mudei totalmente minha maneira de pensar. Essa criança está me fazendo mal antes mesmo de nascer. Não sinto nada de bom vindo dela. Não estou ansiosa para conhecer seu rosto, sentir seu cheiro, tocar seu corpo. Não quero saber de nada relacionado a ela. Não quero ser mãe, pelo menos não dessa criatura.

— Não temos outra saída a não ser aguardar. Precisamos conhecê-la. Quem sabe, ao vê-la pela primeira vez, essa criança não desperte em você algum sentimento materno?

— Duvido muito.

— Eu também entendo pouco dessa questão da reencarnação, mas parece que os objetivos de um espírito ao retornar à matéria têm a ver com progresso, com se desenvolver espiritualmente, praticar o perdão, manter a consciência sempre em equilíbrio... E, se as coisas não acontecem ao acaso, é porque têm de ser assim. Nós dois também deveremos aprender algo de importante e valioso com isso, Miah. Tenha mais um pouco de paciência. Em menos de dois meses, o parto acontecerá.

— O que mais acontecerá comigo até lá? Essa não foi a primeira vez que desmaiei devido a uma visão. Sem falar dos sonhos, que me assustam. O que posso fazer para impedir essas coisas? Estou realmente assustada.

— Não sei responder à sua pergunta. Orar deve ajudar. Não temos o hábito da oração, mas deveríamos adotá-lo.

Sem responder, Miah concordou. Notando que ela estava entristecida, Nicolas saiu de seu lugar, foi até ela e abraçou-a por trás, beijando o pescoço da esposa apenas para vê-la se arrepiar.

— Venha aqui. — Ele a fez levantar-se e tomou-a pela mão.

— Aonde vamos? A comida vai esfriar.

Nicolas sentou-se no sofá, colocou-a sentada sobre suas pernas e beijou-a repetidas vezes nos lábios. Érica pulou no braço do sofá e pôs-se a vigiar Nicolas, como se estivesse pronta para arranhá-lo se ele ousasse ferir Miah.

— Você não está sozinha. Estarei ao seu lado em todos os momentos. Sei que somente você está lidando com os revezes dessa gestação, mas gostaria que soubesse que eu a ajudarei em tudo o que puder. Não gosto de vê-la triste, assustada ou preocupada. Sei que essa fase está demorando a passar, já que ainda faltam dois meses, e, como você mesma disse, mais coisas podem acontecer até lá. Ainda assim, acredite que nosso amor é suficiente para vencer isso também. Já não lidamos com situações piores e sobrevivemos juntos?

— Bem piores.

— Então, Miah. Por que não superaríamos isso juntos? Ainda acho que nós teremos uma grande lição a aprender com o nascimento do nosso filho. Ele é nosso. Somos seus pais. — Nicolas beijou-a mais algumas vezes antes de completar: — A proximidade do nascimento dessa criança deveria ser aguardada com expectativa por nós, contudo, como isso não está acontecendo, não adiantará muito nos lamentarmos também. Não concordo com aborto, muito menos em colocar nosso filho para adoção. Penso que, se isso acontecesse, fugiríamos do nosso desafio. Parece escapar das nossas obrigações, não? Aliás, quem disse que a vida não nos prepararia outras situações até que enfrentássemos nossos medos e superássemos os obstáculos?

— O que seria de mim sem você? — Ela recostou a cabeça na dele.

— O que seria de um sem o outro? Por que acha que nos conhecemos, nos apaixonamos e nos casamos, mesmo depois que descobri coisas do seu passado? Por que estamos juntos após sua prisão? O que nos une é o amor, Miah. E o amor tem uma força avassaladora, capaz de vencer qualquer coisa. Não estamos juntos por acaso, ou eu não estaria aqui, comendo a carne que você preparou após assistir a vídeos na internet.

— Nunca diga isso à sua mãe — pediu Miah sorrindo.

— Ela viria lhe entregar pessoalmente sua demissão do cargo de minha esposa. Sei que você não conseguirá se tranquilizar, pois as visões e os sonhos a impressionaram muito, mas, ainda assim, faça um esforço, Miah. Pelo seu bem. Noto que, quando desmaiou, você não se machucou na queda, porém, poderia ter sido pior. Não fique pensando no bebê ou em sua relação com ele. Isso não ajudará muito.

— Está bem. Você me convenceu. Eu amo você, e apenas por isso vou aguardar.

— Quem sabe tenhamos uma surpresa boa com o nascimento do nosso filho? Não mentalizemos o pior. Marian não diz que pensar no negativo atrai coisas ruins?

— Por falar em coisas ruins, você disse que seu dia foi pesado e que também queria me contar algo. O que aconteceu?

— Ah, coisas simples. Só prepararam uma emboscada para me matar.

Assustada, Miah saiu do colo de Nicolas e sentou-se no sofá ao lado dele. Érica pulou sobre as pernas dela e acomodou-se ali.

— Eu deveria lhe perguntar por que você não entrou em contato comigo imediatamente, após estar em segurança, não? — ela perguntou, usando as palavras do marido.

— Não queria deixá-la preocupada. Sério, estou bem. Eles não foram bem-sucedidos nessa tentativa. A questão é que talvez eles tentem de novo.

— E ainda diz que não quer me ver preocupada? Contra quem exatamente você está lidando?

Nicolas atualizou-a sobre o andamento das investigações e sobre a prisão de Sadraque, finalizando:

— Eles não continuarão impunes, Miah. Não permitirei.

— Não tenho dúvidas. Há alguma maneira de eu ajudá-lo sem falar demais? Talvez abordar o assunto em alguma matéria, de forma a não espantar ainda mais os assassinos? Talvez eles tenham até fugido às pressas.

— Sim, há a remota possibilidade de que eles tenham deixado a cidade. E digo isso porque Sadraque comentou algo sobre um possível plano de fuga do grupo. Contudo, eu não acredito muito nessa hipótese. Eles permanecem em seus devidos lugares, primeiro porque o casal de psicólogos e Abner não sabem que já os identificamos como membros da congregação. Depois, fugir seria admitir a derrota e eles se julgam muito sábios e inteligentes. Tentarão contra-atacar, tenho certeza, só não sei como farão isso — Nicolas lançou um olhar repleto de amor para Miah. — Quero que você tome muito cuidado. Redobre a atenção quando estiver na rua. Eles são cruéis e não hesitarão em acabar com você. Sete pessoas já morreram por influência deles, e pode ainda haver uma oitava vítima. Quanto à sua reportagem, diga apenas que a polícia continua investigando o caso. Não mencione a prisão de Sadraque, senão outros repórteres aparecerão em peso diante da delegacia querendo uma entrevista coletiva.

— Quando eu puder divulgar que um grupo de criminosos foi capturado pelo meu maridinho lindo, será um furo jornalístico enorme!

Nicolas viu o brilho de empolgação surgir nos olhos dourados da esposa.

— A audiência chegará às nuvens! — exclamou Miah.

— Torço para que tenhamos sucesso. Vou trabalhar arduamente para isso.

— Bem... vamos terminar de jantar? Teremos de esquentar a comida.

— Tenho uma ideia melhor... — Ele piscou um olho, malicioso. — Algo que pode ser feito em nosso quarto.

— Começou a sem-vergonhice! — riu Miah.

— Para mim é a melhor parte.

Os planos sedutores de Nicolas, contudo, foram interrompidos pelo chamado de Elias via rádio.

— Bartole, terminamos de revistar a casa. Conforme Sadraque nos informou, o imóvel está quase totalmente vazio. Na cozinha, encontramos um refrigerador com alguns potes contendo um líquido transparente. Acreditamos que possa ser a substância que eles adicionam à bebida das vítimas. Encaminharemos as amostras ao laboratório na segunda-feira. Havia um armário com algumas garrafas de uísque, que, na pressa, eles não tiveram tempo de levar. Há uma sala grande, onde há um telão branco e um projetor. Não há cadeiras, o que nos leva a crer que as reuniões aconteciam com todos os membros de pé ou sentados no chão. Os peritos já chegaram e estão fazendo uma análise minuciosa de cada canto do local. Acredito que nós encontraremos impressões digitais de Andréia, Frederico e Abner espalhadas por aqui. Quanto às outras impressões digitais, se elas não baterem com os dados das vítimas, acredito que sejam das chefias.

— Perfeito, Elias. Mantenha-me informado e me chame a qualquer momento.

— O chefe dos peritos já nos adiantou que trabalharão com bastante afinco. Mesmo num sábado à noite, parece que o pessoal está empolgado. A equipe verificará se há a existência de partículas minúsculas, pequenas fibras, fios de cabelo... Eles não puderam limpar muita coisa. Talvez nem tenham retornado a essa casa, quando souberam que Sadraque foi capturado.

211

— Como a casa já estava desocupada, eles não tiveram trabalho — concordou Nicolas. — Também acho que não retornarão mais. Ainda assim, eles devem estar à espreita, vigiando nossos passos. Andréia e Frederico, como são referência em psicologia em nossa cidade, seguirão suas vidas com naturalidade, negando todas as acusações até o final. O consultório deles é uma fachada excelente para camuflar sua verdadeira atividade. Assim como Abner, que está trabalhando na cozinha do Hotel Star.

— Precisamos esquematizar muito bem o que faremos para fechar o cerco contra eles e também necessitamos de mais provas, tudo o que pudermos encontrar que conte a nosso favor — Elias fez uma pausa, murmurou algo para alguém que estava perto dele e voltou ao chamado: — Moira fez uma pesquisa sobre a nova vítima. Trata-se de Cleide Aparecida Prado, professora de Educação Infantil. Ela trabalha em uma creche particular no centro da cidade, mora sozinha e tem trinta e dois anos. Tentou se suicidar tomando veneno para rato e foi encontrada pelos vizinhos, que estranharam ao ver a porta da casa dela aberta. É como se ela quisesse ser encontrada por alguém.

— Você se refere a ela usando os verbos no tempo presente. Ela está viva?

— Sim, por enquanto. E sei que essa é a melhor notícia de hoje. Parece que ela não teve muito êxito em sua tentativa de ir para o plano da luz. Cleide está hospitalizada, internada na UTI e ainda inconsciente. Já apuramos que ela passou pelo procedimento de lavagem estomacal. Bartole, se ela puder conversar conosco e nos contar o que sabe, talvez consigamos a chave para trancafiar esses salafrários em uma linda cela.

— Deus o ouça, Elias. Vamos aguardar. Obrigado pela eficiência de sempre. Agradeça a Moira em meu nome. Somos uma equipe nota dez, como disse Sadraque.

Nicolas colocou o rádio no bolso da calça, olhou para Miah, que acompanhara toda a conversa, e mostrou um lindo sorriso para ela:

— Agora preciso realizar outra investigação pelo corpinho de minha esposa.

— Achei que você tivesse se esquecido disso.

— Ah, nunca me esqueço dos meus interesses — e, dizendo isso, ele guiou-a devagar para o quarto.

Capítulo 28

O domingo começou bastante movimentado. A pedido do delegado, Moira e Mike foram à residência de Elivelton para conversarem com o viúvo novamente. Os policiais tiveram a impressão de que finalmente a notícia da morte de Regiane fora absolvida por ele, que parecia ainda mais arrasado. Elivelton não se barbeara, seus olhos estavam mortiços e repousavam sobre duas olheiras escuras e fundas. Talvez nem tivesse se alimentado. Ele explicou que Kaíque e Patrick, os gêmeos, permaneceriam na casa da avó por tempo indeterminado, o que significava que ele mesmo não sabia quanto tempo levaria para se recuperar da perda repentina da esposa e reunir forças para criar duas crianças que necessitavam de seus cuidados.

Tentando imitar o modo como Nicolas conduziria a conversa, Mike perguntou sobre as joias que Regiane herdara. Não contou como descobrira essa informação, e Elivelton não se mostrou interessado em saber. Ele confirmou a versão de que ela realmente recebera algumas peças, que julgara ser meras bijuterias.

Ninguém tinha dúvidas de que Regiane fora drogada pelo tal sedativo, já que a substância fora encontrada em seu organismo, de acordo com as informações da doutora Ema Linhares. Como ela não tomava bebidas alcoólicas, Mike e Moira concluíram que ela mesma adicionara a droga em sua comida, já que ela estava jantando quando deixou a mesa subitamente para subir à laje da casa.

Os dois policiais estavam consternados quando deixaram a casa de Elivelton. Não compartilharam com ele informações do andamento das investigações nem abordaram o assunto da congregação, sugerindo que Regiane certamente fazia parte do grupo. O pobre homem não estava em condições de digerir tais informações por enquanto. O que ele diria quando descobrisse que sua mulher fora assassinada?

Não foi muito diferente o encontro deles com Nena. A esposa de José continuava chorosa, sem acreditar na fatalidade que envolvera seu marido. Conversando com Mike e Moira, ela repetiu diversas vezes que o marido jamais se mataria e que ainda não acreditava no relato de que ele simplesmente havia saído dali para se atirar na frente de um caminhão em plena rodovia. Reconhecia que ele estava estranho, mas chegar a esse extremo era algo que ela não conseguia conceber.

Perguntaram sobre o tio de José que morava no Acre, e ela disse que tinha poucas informações sobre esse homem. Confessou que, certa vez, José comentara que esse tio era rico, porém, ela não acreditou que o marido estivesse falando sério. Não sabia que ele falecera e que havia transferido todo o seu espólio ao sobrinho, que morava tão distante dele.

Isso ratificava a confissão de Sadraque de que todas as vítimas, incluindo um homem em situação de rua, haviam deixado algo valioso para o grupo da luz: dinheiro, joias, imóveis, veículos. Os criminosos matavam apenas por ambição e ganância, o que os tornavam ainda mais desprezíveis e desumanos.

Os policiais elaboraram um relatório verbal e o apresentaram a Elias e a Nicolas, que já aguardava por aquele resultado. Quando os familiares das vítimas fossem depor, poderiam utilizar a questão financeira como ponto forte para compor a acusação.

Nicolas começou a organizar seu plano de trabalho para o domingo. Ao seu lado, Miah ressonava baixinho. Felizmente, ela tivera uma noite tranquila, sem sonhos assustadores.

***

Naquela noite, Marian também dormiu sem sobressaltos, confortavelmente instalada no quarto que lembrava o fundo do mar, decorado carinhosamente por Thierry. A primeira coisa que fez ao abrir os olhos foi conferir o celular. Viu várias chamadas perdidas de Enzo feitas ao longo da noite anterior e durante toda a madrugada. A princípio, pensou em ignorá-las, mas depois decidiu ler as mensagens que ele lhe enviara querendo saber onde ela estava. Em algumas, Enzo mostrava-se agressivo, ofendendo-a com nomes pejorativos. Em outras, parecia mais calmo, mostrando-se arrependido pelo que fizera e pedindo que ela retornasse ao apartamento onde viviam juntos.

Por último, por volta das três da manhã, ele escrevera-lhe para contar que também sairia de casa e dormiria com "amigos". Por mais incrível que pudesse parecer, Marian não sentiu a habitual pontada dolorida em seu coração, que surgia a cada nova decepção causada pelo marido. Decidira que era hora de assumir o comando de sua vida e retomar seu poder. Sabia que os outros só tinham força para lhe causar mal quando ela o permitia e estava decidida a não deixar que Enzo a entristecesse nem a ferisse física ou emocionalmente.

Mesmo assim, precisava tomar algumas decisões rapidamente. O que faria a respeito de seu casamento? Conversaria com Enzo e tentaria convencê-lo a procurar orientação e tratamento espiritual? Em caso de negativa da parte dele, deveria radicalizar e pedir o divórcio, já que havia a possibilidade de ele tornar a agredi-la ou tentar violentá-la novamente? Ou o melhor seria lhe dar outra chance? Deveria compartilhar o ocorrido com sua mãe ou com seus irmãos? Deveria procurar Nicolas e lhe contar a verdade, assim como fizera com Miah?

Tentando encontrar as respostas para tais indagações, Marian ouviu um ruído na porta, que se abriu para dar passagem a Thierry. Trazendo uma bandeja nas mãos, ele entrou no quarto com um sorriso tão brilhante quanto a calça e a camiseta que vestia. O conjunto trazia uma estampa prateada repleta de pequenos pontos de strass, que cintilavam como pequenos diamantes. Um bracelete de prata, que ocupava boa parte do braço de Thierry, tinha as palavras amor à vida gravadas nele.

— Bom dia, minha diva! Adivinhe só quem vai tomar café da manhã na cama! — Ele aproximou-se de Marian, que ainda estava deitada, e armou as pernas da bandeja nas laterais do corpo da amiga. — Trouxe iogurte *light* natural, fatias finas de mamão, abacaxi e melancia, requeijão e manteiga para você escolher, suco de laranja sem açúcar, porque não queremos engordar, torradas, minipães franceses integrais, biscoitos ao leite zero lactose e essas deliciosas carolinas *diets*, que acabei de encomendar de uma padaria aqui perto. É tudo seu, querida.

— Como assim, Thierry? Desse jeito eu nunca mais irei embora.

— É o que eu desejo, pois assim você me fará companhia! Apesar de sempre ter desejado que um homem másculo, bonito e gostosão, como um dos seus irmãos ou seu próprio maridinho metido a louco, viesse morar comigo, adoro sua companhia.

— De louco ele não tem nada, meu amigo! — Ela ergueu o celular. — Ele me mandou várias mensagens e tentou me ligar algumas vezes. Não atendi às ligações. Por fim, às três da manhã, ele disse que estava saindo de casa. Ou foi diretamente para os braços de outra mulher ou foi

215

caçar algum bar para se abastecer de bebida. De verdade, acredito bem mais na segunda hipótese.

— Talvez ele tenha feito as duas coisas. Marian, meu docinho de jabuticaba, você não pode continuar com esse sujeito, mesmo que ele seja mais encantador que uma lua de mel em Veneza. — Thierry roubou uma fatia do mamão e colocou-a na boca. — Você pensa em dar uma chance a Enzo, caso ele diga: "Marian, minha esposa linda, aceito procurar ajuda em uma casa espírita para espantar os irmãozinhos invisíveis que estão me induzindo ao mau caminho"?

A forma como Thierry engrossou a voz para imitar Enzo arrancou uma gargalhada de Marian, que começou a passar requeijão nas torradas.

— Sinceramente, é o que mais quero, todavia, conheço o homem com quem me casei. Ele não aceitará nada disso tão facilmente, até porque não acredita na atuação do plano espiritual, seja ela benéfica ou não.

— Essa conversa sobre espíritos me dá um medinho... — Thierry olhou para os lados. — Morro de medo de ser observado por olhos maldosos. Olhos que não posso ver! E se alguém estiver me espiando, enquanto estou nuzinho, tomando meu banho de banheira?

— Sentiriam inveja de você, Thierry. Isso sim! — Ela tornou a rir, mas ficou séria logo em seguida. — Sempre fui uma pessoa prática e bem resolvida com minhas coisas, meu amigo... Acho que esta é a primeira vez em que me vejo indecisa quanto à minha vida. Preciso tomar algumas decisões difíceis e não sei por onde começar.

— Ontem, você me disse que conversaria com o pai dele, o major Lucena.

— Farei isso, mas não tenho tanta intimidade com ele... — Marian bebeu um gole do suco e mordeu uma torrada. — Gostaria de ouvir outras opiniões, mesmo sabendo que a escolha do que fazer sempre caberá a mim.

— Ainda acho que você deveria contar o que está acontecendo a Nicolas. Apenas sugiro que peça a ele para não sair à caça de Enzo como se ele fosse um dos assassinos que seu irmão gosta de prender.

— Você está certo. Vou conversar com ele ainda hoje. Só espero que Enzo não vá me procurar na casa de minha mãe. Se ela souber do que aconteceu, fará a cidade inteira parar. Acho que você ainda não conhece direito minha adorável mamãe. Quanto a esse farto café da manhã, você precisará dividi-lo comigo, porque não vou aguentar comer tudo isso sozinha.

Satisfeito com a aprovação do desjejum que preparou para a amiga, Thierry começou a comer com ela, enquanto conversavam.

***

Habitualmente, Miah não trabalhava aos domingos, exceto quando havia algum plantão importante para cobrir ou uma reportagem de última hora, que renderia bons índices de audiência para a emissora. Naquele dia, ela, contudo, resolveu suspender sua costumeira folga até porque seu atestado médico cobrira apenas o dia anterior. Além disso, achava que devia uma satisfação aos seus telespectadores, uma vez que desmaiara ao vivo e ninguém mais dera notícias sobre ela.

Nicolas não concordara com o fato de Miah trabalhar naquele dia, pois a cidade estava perigosa para eles. Pessoas capazes de chegar ao extremo em nome de uma ambição desmedida continuavam à solta, e eles precisavam se manter em estado de alerta. Nicolas achava que não tentariam nada contra sua família, por isso ainda não avisara a Lourdes, Willian e Ariadne sobre o que estava acontecendo. Quanto a Marian, ela estaria mais protegida em casa, ao lado de Enzo.

Considerando tudo isso, o provável alvo do grupo, além do próprio Nicolas e de todos os membros de sua equipe, seria Miah. A morte de que ente querido causaria uma dor insuportável a Nicolas, senão a da mulher que ele amava? Se eles queriam uma revanche, provavelmente já estavam articulando algum plano de retaliação contra Miah. Elias, Mike e Moira eram treinados para se defenderem sozinhos, além de andarem armados, mas Miah não. A discussão para convencê-la a ficar em casa foi intensa, e ela saiu vencedora. A repórter disse que não podia se manter trancada vinte e quatro horas por dia e que, se não fosse vista nas ruas, o grupo direcionaria seu foco para outras pessoas próximas a Nicolas. Não havia muito a ser feito, além de tomar todos os cuidados possíveis e se manter vigilante.

Durante todo o período da manhã, Miah gravou uma matéria sobre encontros familiares dominicais. Era um assunto sem graça, que fora proposto por um dos diretores da emissora. Sempre acompanhada por Ed, a repórter entrevistou pessoas nas lojas que estavam abertas e abordou um grupo de senhoras que estava saindo de uma igreja. Todas disseram que iriam direto para casa para preparar o almoço para suas famílias.

Ao término da reportagem, Miah explicou brevemente o que acontecera com ela no dia anterior, garantindo aos seus espectadores que estava bem. Sustentou a tese da queda de pressão, que, aliada à sua gestação avançada e ao calor de trinta e poucos graus, derrubaria qualquer pessoa. Sabia que, em sua condição, ninguém duvidaria de suas palavras.

Depois de finalizar seu trabalho, Miah retornou com Ed para a van da emissora. Ela sempre ficava orgulhosa quando via o logotipo da TV da Cidade, porque fora o local que a acolhera, quando ninguém mais

217

quisera lhe dar uma oportunidade de reingressar no mercado de trabalho. Como gratidão, Miah esforçava-se para dar seu melhor, e a prova disso era o visível aumento na audiência que ela conquistava quando exibia seu rostinho diante da câmera.

Ed assumiu o volante, e Miah sentou-se ao seu lado. A esposa dele acabara de telefonar dizendo que já estava finalizando o almoço e convidou Miah para se juntar a eles. Ela agradeceu, mas declinou do convite e brincou com seu operador de câmera citando a pauta que eles haviam apresentado havia pouco. Ao que parecia, o domingo continuava a ser tradicionalmente o dia de reunir as famílias.

Bastava agora deixar a van no estacionamento da emissora e finalizar seu dia de trabalho. A própria Miah estava pensando no que cozinharia naquele dia, mas, desta vez, chamaria Nicolas para ajudá-la. Como ambos eram péssimos em assuntos relacionados à culinária, seria divertido assistirem juntos a mais alguns tutoriais sobre receitas rápidas e práticas.

Era meio-dia em ponto, e a tarde que se iniciava estava quente e tranquila. Pela janela da van, Miah viu crianças brincando nas praças, casais passeando de mãos dadas, mulheres com seus cachorrinhos procurando uma sombra nas calçadas e vendedores de sorvete e água mineral.

Pelo retrovisor, a repórter também viu quando um motoqueiro começou a se aproximar da van pelo seu lado. Ed estava passando por outra praça, a maior de todas e que ficava bem no centro da cidade, onde estavam localizadas a catedral e a prefeitura da cidade. Ali o movimento era maior, e havia mais pessoas circulando na região. Aqueles que não optavam por encontros dominicais em casa o faziam nas ruas.

O motoqueiro aumentou a velocidade. Vestia-se inteiramente de preto, e seu traje parecia ser feito de couro. O capacete, também preto, estava com o visor abaixado, o que ocultava totalmente a cabeça do condutor da motocicleta. Ao que parecia, ele estava tentando ultrapassar a van pela direita, o que não era o correto. Miah estava se preparando para comentar algo com o parceiro, quando viu o desconhecido levar a mão atrás das costas e apanhar algo brilhante, que reluziu ao sol. Quando ela compreendeu o que estava acontecendo, gritou:

— Ed, cuidado!

Mesmo sem saber ao certo o que estava acontecendo, Ed agiu por instinto e pisou com tudo no freio. O motoqueiro, então, emparelhou-se com a van e pressionou o dedo no gatilho da pequena metralhadora que trazia consigo. Balas atravessaram a janela de Miah, fazendo milhares de cacos de vidro caírem sobre a repórter.

218

Alguém gritou, e logo outras pessoas fizeram o mesmo. Miah abaixara-se, e Ed parara a van. Outros tiros vieram pelo para-brisa, que também se partiu em vários pedacinhos. Ouviram o som de balas retinindo na lataria da van, e por um instante os dois amigos tiveram certeza de que iriam morrer.

Miah já estava com o celular na mão. Nicolas atendeu ao primeiro chamado, e ela foi logo dizendo:

— Amor, Ed e eu estamos sendo atacados. Há um cara em uma moto atirando contra nossa van. Estamos bem, por enquanto. Praça Central, depressa. E não me ligue de volta.

Miah não esperou por resposta e desligou o telefone. As pessoas continuavam gritando, e o ruído de suas vozes tornava-se cada vez mais distante, indicando que elas estavam fugindo. Houve outra rajada de balas, que se chocou contra os fundos do veículo. Miah percebeu que o atirador estava contornando a van e disparando em todas as partes da lataria. O que mais ele faria? Espreitaria pela janela e a mataria?

Desesperada, Miah abriu o porta-luvas, mas não encontrou nada que pudesse usar como arma. E o que esperava utilizar para se defender de um criminoso armado com uma metralhadora? Ela olhou para o lado e viu as lágrimas que escorriam pelos olhos de Ed, que murmurava algo baixinho, como se rezasse.

Seus equipamentos de trabalho estavam na parte traseira da van e não havia como chegar lá sem descer e dar a volta. Algo, no entanto, tinha de ser feito. Mas o quê, por Deus?

Mais tiros. O ruído das cápsulas vazias caindo no asfalto não cessava. Alguns balanços mais bruscos no veículo mostravam que ele também atirara nos pneus. Será que fora uma boa escolha pararem? E se Ed, em vez de estacionar, tivesse acelerado o veículo? Conseguiriam fugir de um motoqueiro armado? A resposta parecia óbvia demais.

Aquele seria seu fim? Simplesmente aguardaria encolhida na cabine de uma van à espera de ser alvejada?

— Ele vai nos matar de qualquer jeito, portanto...

Miah disse isso baixinho e ergueu o corpo. Ed abriu os olhos e olhou-a apavorado. O que ela pretendia fazer? A repórter ousou espiar pela janela quebrada, porém, não viu nada além de uma rua vazia. Havia cacos de vidro caídos sobre ambos, o que parecia irrelevante naquele momento. Miah sabia que estava sangrando superficialmente em algumas partes do corpo, mas isso era o de menos. Primeiramente, tinha de salvar sua vida e a de Ed.

Rezando para não receber uma bala na cabeça ou em outra região vital, Miah abriu a porta da van e desceu com dificuldade. Não fosse aquele barrigão, ela estaria bem mais ágil. Ouviu Ed sussurrar um "volte já aqui", mas o ignorou.

Miah andou alguns passos e viu a moto parada atrás da van. Arfando um pouco, colocou-se de joelhos e abaixou o corpo do jeito que foi possível. Olhou por baixo do veículo e viu as pernas do homem seguindo pelo outro lado. Ele estava se aproximando da cabine, onde encontraria Ed e certamente o mataria.

Tentando não gemer, Miah levantou-se e apoiou-se na lataria perfurada de balas. Ele provavelmente atirara mais de trinta vezes contra a van, apenas daquele lado. Quanta munição cabia em uma metralhadora? Quantas balas ele teria ainda? E, afinal, onde estava a ajuda que pedira a Nicolas?

Miah sentiu um golpe forte na barriga e gemeu de novo.

— Agora, não, bebê... — Miah sussurrou. — Por favor, não me faça desmaiar de novo, senão, nós dois morreremos.

Ela seguiu para a parte traseira da van, passou pela moto e notou uma arma encaixada no guidão. Certamente, o assassino trouxera uma pistola de reserva para ter certeza de que cumpriria sua missão. Além disso, nunca imaginaria que alguém, além dele mesmo, se aproximaria de sua moto. Miah agarrou o metal frio e sentiu outra pancada no útero. O que aquela criança maluca queria agora?

Passou para o lado direito da van e viu-o de costas, todo de preto, com o capacete ainda protegendo a cabeça. Ele estava a dois passos da janela do motorista. Ela começou a tremer, enquanto apontava a arma para as costas dele, e, imediatamente, viu-se de volta ao passado, enfrentando Lúcio e Renato, os homens que perderam a vida por causa dela, ainda que Miah não tivesse tido a intenção de matá-los. Viu também Ernani, o velho pedófilo, caído nas escadas após tentar alcançá-la. Se atirasse naquele sujeito, adicionaria um quarto nome à sua lista de crimes. Seria presa outra vez, ainda que alegasse legítima defesa. Sabia que, se voltasse para a cadeia novamente, nunca mais sairia de lá.

— Ei, cara! É melhor você parar com isso — Miah alertou-o, com a voz engrolada de nervosismo, medo e tensão.

Abruptamente, o atirador virou-se para ela, com a metralhadora em punho e pronta para disparar. O visor estava levantado, e Miah enxergou olhos cruéis e uma pele branca. Não reconheceu aquele olhar. Não fazia ideia de quem era aquela pessoa.

— Solte sua arma, ou vou atirar — garantiu Miah, tentando soar ameaçadora.

O bebê movimentou-se novamente, agora com mais força. Subitamente, o homem emitiu um gemido que não parecia humano. Arrancou o capacete e deixou-o cair aos seus pés. Miah, então, viu um homem de cerca de quarenta anos, de rosto comum e barba por fazer. Jamais o vira antes, tinha certeza disso. Os olhos dele estavam arregalados, ele apertava as têmporas, como se sentisse uma dor profunda e latejante na cabeça.

Miah sentiu a criança chutar novamente. O sujeito gritou e caiu ajoelhado no chão. Instintivamente, ela baixou o rosto para a própria barriga e tocou-a em seguida. Poderia jurar que a sentira quente, como se houvesse febre apenas naquela região.

— O que você está fazendo? — Ela murmurou para o bebê.

A cabeça de Ed assomou pela janela e, ao ver o homem ajoelhado e Miah com uma arma nas mãos, abriu a porta. Ele saltou da van, apanhou a metralhadora com as mãos vacilantes e apontou-a para o assassino.

Os dois ouviram sirenes à distância. O homem agora se contorcia, como se a dor fosse intensa demais para ele suportar. Miah pousou sua pistola no chão e olhou para trás. Uma viatura aproximava-se, e ela viu Nicolas na janela de trás.

O carro ainda estava praticamente em movimento, quando Nicolas saltou e se aproximou correndo, empunhando o revólver firmemente. Atrás dele vinham Elias, Mike e Moira. Nicolas estava pálido, e Miah viu pânico nos olhos dele.

— Como você está?! — ele notou que a esposa sangrava em alguns pontos. — Está ferida.

— Melhor do que aquele homem, pode ter certeza.

Mike já estava algemando o atirador, que parara de gritar, mas parecia atordoado demais para entender o que estava acontecendo.

— Como isso aconteceu? — Nicolas indicou-o com o queixo, olhando para Miah. — Como conseguiram rendê-lo?

— Acho que você não acreditará. Ainda bem que Ed é minha testemunha.

— Qual é o seu nome? — Elias perguntou ao assassino.

— Abner — ele respondeu com voz fraca. Parecia a ponto de perder os sentidos.

— É o cara que tentou me matar com Sadraque e que conseguiu fugir — lembrou Nicolas. — Parece que desta vez não obteve muito sucesso.

— Bartole, pode levar Miah para casa — sugeriu Elias. — Garanta que ela ficará bem. Como você está sem carro, peça um táxi. Vamos nos entendendo com esse espertalhão até você retornar.

— Minha cabeça está doendo muito. — Abner gemeu e desfaleceu no instante seguinte.

— Mais essa agora... — reclamou Mike, que teria de carregar o prisioneiro até a viatura.

Ed, com o pé encostado na van, não conseguia conter o pranto. Tremia como uma folha sacudida pelo vento. Antes de ir embora com Nicolas, Miah foi até seu parceiro de trabalho e envolveu-o em um abraço solidário. Ficaram assim durante alguns segundos até que ela notou que ele estava mais calmo.

— Vá para casa também — pediu Miah, acariciando com carinho o rosto do amigo. — Infelizmente, o trauma que essa situação lhe causou ainda vai perdurar em sua memória por um bom tempo, mas sei que você é mais forte que isso. Fique bem.

Ele só conseguiu menear a cabeça em consentimento. Miah beijou-o no rosto, olhou uma última vez para Abner, que jazia sem sentido nos braços de Mike, e se foi com Nicolas.

Capítulo 29

— Você está dizendo que nosso filho é bruxo? — Nicolas colocou o último curativo em um pequeno corte na parte de trás do pescoço de Miah. Todos os demais ferimentos da esposa já estavam desinfeccionados, medicados e protegidos de impurezas. — Que um bebê ainda em formação quase liquidou um homem que tem participação na morte de pelo menos sete pessoas, além de outra que está na UTI neste momento?

— Não vejo outra explicação — replicou Miah. — Enquanto o bebê se mexia em minha barriga, o homem sentia mais dor. Você já sabe que esse bebê não é comum. Cansado de atormentar minha vida, ele agora decidiu ferir outras pessoas. Sei que aquele tal Abner mataria a mim e a Ed, mas não é por isso que alguém que ainda não nasceu tenha tentado dar cabo dele. Como isso é possível? Qual é a explicação científica e espiritual para esse acontecimento?

— Acho que Abner teve um mal-estar, Miah. A situação, que também estava tensa para ele, pode ter lhe provocado uma forte enxaqueca ou algo do tipo.

Miah olhou-o com incredulidade.

— Você realmente acredita no que está me dizendo?

— Claro que não. Só tentei ser coerente. — Ele abaixou-se e colocou as mãos sobre a barriga dela. — Você que está aí dentro... tentou defender sua mãe? Às vezes, quer matá-la, às vezes quer defendê-la. Qual é a sua, meu camarada?

O bebê chutou em resposta.

— Minha barriga ficou quente no momento em que Abner caiu devido às dores. Muito quente. Pelo menos a temperatura está normal agora.

— Você deveria fazer alguns exames, Miah. Ultrassonografia, exames de sangue e todas essas coisas que são feitas no pré-natal.

— Verão uma criança normal. O que você espera? Que vai se deparar com chifrezinhos e com uma cauda brotando do bumbum do nosso filho?

Nicolas riu e percebeu que sua risada o preenchera de ânimo, afastando de vez as camadas de terror que experimentou quando recebeu o telefonema de Miah pedindo socorro. Ele não contaria a ela que seu medo de perdê-la fora tanto que lhe provocara uma dor de barriga.

— Miah, isso tudo aconteceu porque você não me obedeceu. Se tivesse ficado em casa, nada disso teria acontecido.

— Eles tentariam me pegar amanhã ou depois.

— Espero que até amanhã toda essa quadrilha esteja presa. Temos mais um membro agora sob nossa custódia. Se estivermos certos, faltam ainda Andréia, Frederico e as chefias, que, infelizmente, ainda não sabemos quem são. Você acha que tem condições de ficar aqui sozinha ou quer que eu a deixe na casa de alguém? Posso levá-la para a casa de minha mãe. Estou falando sério.

— Uma arma apontada para sua cabeça não é nem de longe tão amedrontador quanto permanecer algumas horas com sua amável mamãezinha. — Sorriu Miah. — Eu ficarei sozinha. Quer dizer... não tão sozinha assim — disse isso e colocou uma mão sobre a barriga. — Só não sei se isso é bom ou ruim.

— Nada disso me agrada.

— Nicolas, essas coisas só acabarão quando você prender essa gente. Vá fazer o que precisa ser feito. Prometo que ficarei bem. Não vou abrir a porta para ninguém, fique tranquilo. Qualquer coisa, eu lhe telefono.

Ainda relutante, ele concordou e beijou-a com força nos lábios antes de partir.

***

Nicolas e Elias conduziram o interrogatório com Abner, que foi muito mais rápido e direto do que a conversa que haviam tido com Sadraque. O criminoso ainda estava bastante zonzo, mas esforçou-se para colaborar com a polícia sem que precisasse ser pressionado. Explicou que recebera ordem direta das chefias, líderes do grupo cuja identidade nunca lhe fora revelada. A ordem expressa era de que ele tirasse de circulação Nicolas e os demais envolvidos na investigação. Uma segunda ordem, após a prisão de seu primo, era atacar Miah e que seu corpo sem vida fosse um aviso do grupo a Nicolas.

Abner confirmou as suspeitas de Elias e Nicolas. Falou sobre os pacientes de Andréia e Frederico que tinham histórico de depressão e que, graças a isso, haviam se tornado alvos mais fáceis para os planos do grupo. Confirmou que, antes de morrerem, as vítimas transferiam o que tinham de valor para a congregação e, ao final do depoimento, explicou que ele conseguira acesso à central de segurança do hotel, onde alterou as imagens que foram gravadas, de forma a não mostrá-lo indo ao quarto de Franco para levar a refeição e as bebidas dos hóspedes.

Abner ainda confessou que o grupo convencera Regiane a colocar o sedativo em seu prato de comida para que a substância começasse a agir em seu organismo durante o jantar. Naquela mesma tarde, ela teve um encontro às escondidas com Andréia, que utilizou a hipnose mais uma vez para lembrá-la da importância do momento em que Regiane ascenderia a outros planos às vinte e uma horas.

— Reconheço que a maior falha das chefias foi programar as três mortes para o mesmo dia e o mesmo horário — concluiu Abner falando com voz baixa e olhar fixo nos próprios pés. — Das vezes anteriores, em que os suicídios ocorreram em dias e horários diferentes, não houve qualquer desconfiança por parte da polícia. Agora, no entanto, chamaram a atenção de vocês. Não imaginávamos que a polícia chegaria tão depressa a essa conclusão. — Ele ergueu o rosto e fitou Nicolas. — Nem que você fosse tão esperto. Quanto à sua esposa, foi muita sorte eu ter aquela crise forte de enxaqueca ou sei lá que mal me acometeu.

Nicolas preferiu não responder, afinal, nem ele sabia ao certo o que realmente havia acontecido com Abner.

Enquanto Abner era fichado, Nicolas dirigiu-se ao hospital público em que Cleide estava internada para buscar informações. Não demorou muito para que ele conseguisse falar com um dos médicos que estava responsável pela professora naquele horário. Ele explicou que a paciente permanecia sedada, mas que seus sinais vitais estavam estáveis. Embora a lavagem estomacal tivesse sido realizada, o veneno que ela ingerira se espalhara pelo organismo da vítima. O médico acreditava que ela sobreviveria, e Nicolas pediu que o contatassem tão logo Cleide despertasse, pois as informações que ela poderia fornecer à polícia seriam decisivas para a conclusão do caso.

O próximo ponto de parada de Nicolas era a residência de Nair e Clotilde, as mães adotivas de Henrique. Desta vez, ele pretendia pressioná-las um pouco para que revelassem a verdade sobre a morte do filho, ou seja, de que haviam sofrido ameaças para não contarem à polícia suas suspeitas.

225

Nicolas foi recebido novamente por Nair, que tragava seu cigarro quase desesperadamente, enquanto se apoiava em sua bengala de cabo de prata. Mais uma vez, ela atirou a bituca no cesto de lixo, confirmando sua pontaria perfeita. Sorriu para Nicolas, mesmo que seu semblante não demonstrasse que estava feliz com a presença do investigador.

— Olá, senhor Bartole. Como podemos ajudá-lo?

— Se possível, gostaria de conversar outra vez com a senhora e com dona Clotilde. O assunto ainda tem a ver com Henrique.

— Tudo bem. Pode entrar.

Nicolas seguiu pelo caminho já conhecido, enquanto Clotilde saía pela porta da cozinha secando as mãos no avental. Ela olhou para a companheira e em seguida para o investigador, certamente se perguntando por que a polícia estava ali outra vez.

Quando todos se acomodaram, Nicolas foi direto ao ponto e sem rodeios:

— Após o suicídio de Henrique, as senhoras foram ameaçadas por alguém? Receberam cartas ou telefonemas, que a intimidaram a não dizer nada a polícia?

— Não — elas responderam juntas, sendo pouco convincentes.

— Não precisam ter medo de nada. Sei que já faz meses que Henrique, infelizmente, se foi, mas suas informações poderão nos ser de grande utilidade. Se preferirem, posso solicitar proteção policial para as duas até que a investigação seja finalizada e os assassinos, presos.

— Já lhe dissemos que nada disso aconteceu, senhor Bartole — explicou Clotilde. — A morte de Henrique não foi comum, mas também não foi motivada por criminosos. Acredite que teríamos sido as primeiras a procurar a polícia, caso estivéssemos com medo de alguma coisa.

Nicolas olhou para o teto.

— Quantos quartos há no andar de cima?

— Dois — disse Nair. — O nosso e o que era de Henrique.

— Há outros dormitórios aqui embaixo?

— Não. Aqui temos somente a cozinha, esta sala e um banheiro. — Clotilde lançou um olhar curioso para Nicolas. — Por que está nos perguntando isso?

— Porque estou tentando imaginar quais cômodos Henrique frequentava mais.

— Ultimamente, ele passava a maior parte do tempo trancado no quarto — continuou Clotilde. — Quer subir lá para conhecê-lo? Agora é apenas um depósito de coisas inúteis, pois doamos todos os móveis e

226

pertences de nosso filho. Como sabíamos que ele jamais retornaria, era bobagem manter suas coisas por aqui.

— Não será necessário. Se desejarem conversar fora daqui, em um ambiente em que se sintam mais seguras, podem me procurar na delegacia. — Nicolas levantou-se, caminhou até a escada em caracol que levava ao pavimento superior e apoiou-se nela. — O delegado Elias também está acompanhando a investigação. Não tenham medo de denunciar ninguém, ou essas pessoas permanecerão impunes por muito mais tempo.

As duas mulheres ficaram caladas. Elas não falariam, pelo menos não naquele momento. De qualquer forma, Nicolas tinha certeza de que elas sabiam mais do que diziam saber e que o medo das ameaças que provavelmente sofreram as paralisou.

Sem mais nada a acrescentar e com a tarde do domingo chegando ao fim, ele decidiu que o melhor a fazer, por ora, era voltar para casa.

***

Mike jurara para si mesmo que não procuraria Ariadne. Quando tiveram a acirrada discussão no restaurante, que colocou um final temporário no namoro entre os dois, ele fez diversas promessas para si que deveriam ser cumpridas. Não deveria telefonar para ela, mesmo que a ansiedade o estimulasse a isso. Não deveria mostrar sinais de tristeza, sofrimento ou arrependimento para que ela não achasse que estava com a faca e o queijo nas mãos. Em suma, seria orgulhoso o bastante para não correr atrás dela. Ariadne que lutasse para convencê-lo a perdoá-la e a dar-lhe outra chance.

Então, o que ele estava fazendo parado diante do portão da casa da ex-namorada, segurando uma caixa de bombons embrulhada em um papel florido e mais nervoso do que no dia da briga entre os dois? Por que simplesmente não honrava suas promessas e seus juramentos e saía dali? O que Bartole diria se o visse em situação tão humilhante? Certamente, tiraria sarro da cara dele por horas a fio.

Com um dedo que tremia mais do que o aceitável para um policial treinado, ele tocou a campainha e aguardou. Notou que seu coração batia dentro do peito como se alguém estivesse martelando um prego nele. Por que comprara duas entradas para o cinema, se nem sabia se ela aceitaria acompanhá-lo? E se Ariadne dissesse que não iria e que nem sequer desejava vê-lo? E se afirmasse que o namoro dos dois terminara definitivamente e que ela já estava se envolvendo com outra pessoa? Ele nem sequer pensara naquela possibilidade, o que o fez tremer ainda mais.

Mike escutou passos rápidos do outro lado do portão de madeira, depois um clique, e Lourdes apareceu. Ela sorriu ao vê-lo parado ali.

— Querido, aposto que veio ver minha filha. Ela está em casa. Entre.

— Na realidade, dona Lourdes, nós terminamos o namoro na quinta-feira. Não conversamos mais desde então.

— Entendo... — Lourdes fez um muxoxo. — Queria tanto ouvir isso de Nicolas. Ele dizer que terminou o casamento com aquela repórter magricela.

— Miah não está tão magrinha assim, já que está com sete meses de gestação.

— Imagine o quanto ficará fresca depois que meu neto nascer. Vai querer ser paparicada, como se fosse a rainha do Egito. E ela que não me impeça de ver meu neto quando eu tiver vontade, pois sou capaz de sequestrar o bebê!

Mike mordeu o lábio inferior, sentindo sua inquietação cada vez maior.

— Na verdade, não vim conversar sobre Miah. Queria saber se Ariadne quer falar comigo.

— Ah, ela quer sim, Mike! — Lourdes levou a mão à lateral da boca e berrou: — Ariadne, meu amor, venha ver quem está aqui à sua procura.

Mike percebeu uma movimentação na casa e descobriu que suas pernas estavam ficando moles. E se ela lhe dissesse um belo não ao ouvir seu convite para ir o cinema? E se ela recusasse o presente que ele lhe trouxera e reafirmasse que não desejava mais vê-lo?

Equilibrando-se em sapatos verdes com saltos finos de doze centímetros, Ariadne caminhava depressa, mas estacou de repente ao se deparar com Mike. Seus cabelos, tingidos da mesma cor dos sapatos, caíam sobre seus ombros em cachos vibrantes. A saia branca franjada, curta como um guardanapo rasgado, mal lhe escondia a virilha. A barriga estava de fora, e os seios estavam cobertos por um top brilhante, que parecia ter luz própria. Os lábios da moça também estavam pintados num tom esverdeado, que também combinava com os brincos enormes, que badalavam como sinos.

Mesmo que os trajes de Ariadne parecessem ridículos a qualquer pessoa, Mike amava aquela mulher.

— Vou deixá-los sozinhos — avisou Lourdes, piscando um olho para Mike. — E olhe que só faço isso por você, meu rapaz. Se fosse aquela varapau gestante que tivesse aparecido aqui, eu ficaria nas proximidades, grudada em Nicolas como um carrapato. Não confio naquela mulher nem mesmo quando ela está dormindo.

Mike agradeceu com um sorriso e viu Lourdes se afastar.

228

— O que está fazendo aqui? — perguntou Ariadne abrindo bem os olhos, cujas lentes de contato os deixavam cor-de-rosa.

— Eu... estava passando por aqui e resolvi... droga! — Ele parou de falar, percebendo que estava entregando todo o ouro à bandida. — Olhe... isto é seu.

Mike estendeu a caixa de bombons embrulhada, rezando para que Ariadne não o ignorasse. Para alegria dele, ela recebeu o presente e começou a rasgar o papel com o mesmo empenho de uma criança feliz.

— Espero que tenha gostado — murmurou Mike, sem graça.

— Você sabe que amo essa marca de chocolate. — Ela sorriu para ele.

— Bem... era isso. Acho que já vou... — Mike fez uma pausa, respirou fundo para tomar coragem e acrescentou: — Quer ir comigo ao cinema? Comprei dois ingressos para um filme que parece ser legal. Dá tempo de comermos algo antes de a sessão começar.

— E por que você acha que eu aceitaria? — Ariadne cruzou os braços sob os seios, empinando-os ainda mais.

— Porque pensei que sua raiva tivesse passado... Desculpe. Vou assistir ao filme sozinho ou talvez nem vá. Boa noite para você!

Mike virou as costas para que Ariadne não visse a palidez de decepção que tomara seu rosto. Ele estava colocando a mão no portão, quando ela o alcançou, revelando uma incrível agilidade em andar com aqueles saltos altíssimos.

— Aonde pensa que vai, Mike?

— Embora. Você não quer mais nada comigo...

— Como você é bobo e pouco romântico, Mike! Quando lhe perguntei por que você havia achado que eu aceitaria o convite, era para ter me respondido: "Porque sei que você me ama, mulher linda do meu coração".

— Sério?! — Mike mal podia acreditar.

— Seríssimo! Agora, cale a boca e me beije. Rápido.

Mike não perdeu tempo e atacou os lábios verdes da mulher que amava. Logo depois, ganharam a rua de mãos dadas a caminho do cinema.

Não perceberam que um veículo preto, com vidros escuros, os acompanhava lentamente. Ao volante, Frederico estava atento à movimentação do casal. Logo depois, fez uma ligação, informando às chefias que o outro policial envolvido na investigação estava em sua mira.

Capítulo 30

Miah e Nicolas haviam decidido dormir um pouco mais cedo naquela noite. O corpo de ambos já dava indícios de exaustão após duas noites maldormidas. Era preciso descansar para que a mente pudesse trabalhar melhor no dia seguinte.

Jantaram nhoque ao molho — massa novamente — e beberam suco de melancia. Logo depois, deitaram-se lado a lado na cama de casal, após Érica, beneficamente, conceder aos dois o privilégio da privacidade, deixando-os sozinhos. Nicolas guardava para si uma grande certeza: de que ele e aquela gata nunca entrariam num consenso.

Miah lembrava-se de ter beijado Nicolas logo após fazerem amor. Ele comentou brevemente sobre a prisão de Abner e que, no dia seguinte, pretendia retornar ao consultório de Andréia e Frederico disposto a pressionar o casal pra valer.

Ela também se lembrava de ter pensado em algumas pautas para suas próximas matérias e que, apesar da preocupação de Fagner e Serena consigo, após seu desmaio repentino, não pretendia parar de trabalhar. Só o faria se ao gestação do bebê a forçasse a ficar em casa.

Os próximos acontecimentos, dos quais sua mente só se recordaria na manhã seguinte, mostravam novamente a jovem Angelique na caverna iluminada por tochas segurando um pano branco, que, momentos antes, envolvera um bebê. Ela voltara-se ao perceber um movimento e deparara-se com o homem que a perseguira até ali. Naquele momento, descobriu que nunca poderia fugir dele.

Com uma habilidade que poucos teriam, ele encaixou uma flecha na aljava, mirou o peito de Angelique e disparou. Ela viu o dardo pontiagudo cruzar o pequeno lago localizado no centro da caverna e vir em sua direção com uma rapidez assustadora. Mais por instinto de defesa do que por agilidade, a jovem movimentou com força o braço direito para o lado, fazendo a flecha desviar para aquela direção, e viu-a chocar-se contra a parede de pedra e cair no chão.

— Eu sabia que você é uma das nossas, Angelique! — Ele sorria para ela do outro lado da água.

— Uma das suas? Do que está falando, Dipak?

— Sempre soube que há tanto poder dentro de você quanto há em mim. Nós, que lidamos com forças ocultas, conseguimos reconhecer com facilidade pessoas semelhantes a nós. É quase como farejar o ar e sentir um aroma natural. Você compreende?

Ele baixou a aljava e começou a caminhar, como se procurasse uma forma de contornar o círculo de água no centro da caverna. Atenta aos movimentos do homem, Angelique olhou para os lados em busca de outra saída oposta ao caminho de onde viera, enquanto tentava distraí-lo com algumas palavras:

— Você ameaçou matar meus pais, caso eles não concordassem com nosso casamento e praticamente me obrigou a deixar minha família! Você sempre soube que não o amo. Quero você longe de mim.

— Não é bem assim que funciona... — O sorriso de Dipak ampliou-se. — Você é bonita, arguta, ousada... Gosto de mulheres assim. Além disso, esconde um poder absolutamente intenso em seu interior, e quero compartilhar desse poder. Quero uni-lo ao meu.

— E o que você sabe fazer? Qual é sua habilidade? Se os inquisidores nos ouvirem, nós dois seremos levados à fogueira.

Dipak não respondeu de imediato. Chegou à extremidade daquela área e caminhou por uma faixa estreita de pedra, aproximando-se do ponto em que Angelique estava. Ela recuou, olhou para os lados, mas não havia para onde correr. Ou se atiraria na água ou teria de enfrentá-lo no corpo a corpo.

— Sinta uma pequena amostra do meu poder! — Dipak encarou-a nos olhos.

De repente, Angelique gritou e levou ambas as mãos à cabeça. Uma dor lancinante surgira do nada, tão abrupta e poderosa, que parecia prestes a destruí-la. Dipak permaneceu imóvel, sorrindo, e parecia apreciar a cena que se desenrolava diante dos seus olhos. Ele viu Angelique cair de joelhos e as lágrimas provocadas pela dor escorrerem dos olhos da jovem. Sabia que poderia matá-la daquela forma, que seria muito mais dolorosa e agressiva, do que simplesmente atingir um de seus órgãos vitais com uma de suas flechas.

— Esse é o meu poder, Angelique. — A voz dele estava carregada de orgulho e crueldade. — Posso invadir a mente das pessoas e provocar dores atrozes em meus inimigos. Basta eu me concentrar! Já tirei alguns do meu caminho apenas com essa força que habita em mim.

—E essa é a principal diferença entre nós dois — gemeu Angelique, esforçando-se para virar a cabeça e fitá-lo. — Eu jamais transformaria meu dom, minha verdadeira essência, em algo voltado para o mal. Sou do bem, Dipak. Acredito no amor e na pureza da natureza.

A dor era tão forte que certamente a mataria. Angelique precisava reagir ou morreria aos pés do homem com quem se casara à revelia.

Alimentando-se de uma força e de uma fé que nem ela mesma sabia que possuía, fechou os olhos e recitou algumas palavras:

"O que vem de fora e é cruel jamais me atingirá,
pois em mim habita o bem e o amor, você verá.
Ódio, revolta, amargura e dor passarão distantes de mim,
e eu clamo pela força, pela luz e pela paz neste instante.
Em minha cabeça entram apenas bons sentimentos
e afastados dela ficarão quaisquer tormentos.
Que o poder que nasceu em mim se revele agora,
movimentando ar, águas, terras e fogos mundo afora.
Invoco auxílio ao invisível para que o bem se fortifique,
porque neste momento nasce a bruxa Angelique".

A terra estremeceu e rugiu, como se um terremoto estivesse a caminho. Um vento forte e repentino pareceu surgir do nada, arrebatando a aljava e as flechas de Dipak. As chamas das tochas nas paredes elevaram-se em direção ao teto de pedra, chamuscando as estalactites. A água do pequeno lago agitou-se e levantou-se como uma onda furiosa. O feiticeiro tentou voltar correndo pelo caminho de onde viera, mas foi praticamente engolido pela força das águas.

E, da mesma forma que a agitação tivera início, tudo se acalmou em poucos segundos. Angelique estava de pé, sentindo a dor esvair-se de sua cabeça. Nenhuma gota d'água a atingira, porém, Dipak não estava mais ao alcance de suas vistas. A água serenara novamente, mas o homem desaparecera. Teria sido arrastado para o interior daquele lago, cuja profundidade ela desconhecia? Ou conseguira escapar em segurança?

Por incrível que parecesse, ela não estava preocupada, impressionada ou assustada com o que descobrira dentro de si. Era como se ela tivesse se reencontrado consigo mesma, como se tivesse enterrado a jovem inocente para dar espaço àquela mulher forte e poderosa, que futuramente auxiliaria muitas pessoas.

Miah acordou com um nome flutuando em sua memória: Dipak. Olhou para Nicolas e viu que ele estava adormecido com um braço sobre seu corpo. Ela sabia que o marido precisava dormir e descansar, que ainda havia muito a fazer para a resolução daquela estranha e complicada investigação e que ele precisaria de todas as suas habilidades funcionando perfeitamente. No entanto, precisava compartilhar aquele sonho com Nicolas e, se deixasse para a manhã seguinte, poderia se esquecer dos principais detalhes. Tinha certeza de que o marido não se irritaria em ser despertado no meio da madrugada apenas para ouvir o sonho que sua esposa tivera, pois provavelmente era outro fragmento de sua vida passada.

— Amor? — ela apenas tocou duas vezes no braço de Nicolas e viu-o remexer-se.

— Está tudo bem? — sussurrou Nicolas em resposta.

— Dipak.

— Quem? — ele girou o corpo para acender a lâmpada do abajur.

— Acho que encontrei algumas respostas. Sei quem está aqui dentro. — Miah apontou para a barriga. — E acredito que saiba por que Abner foi rendido por um bebê que ainda não nasceu. Me desculpe por acordá-lo, mas precisava compartilhar essa informação imediatamente.

Nicolas olhou para o visor do celular. Faltavam vinte minutos para as quatro da manhã. Haveria melhor horário para um bate-papo com sua esposa?

— Você sonhou com Angelique e o caçador outra vez?

— Concluí que eles eram casados ou pelo menos mantinham um casamento de aparência. Ela foi obrigada a se casar com ele, pois Dipak, que era o nome do sujeito, havia ameaçado acabar com toda a família dela se seu desejo não se realizasse. Como Angelique certamente era tão rebelde e impulsiva quanto eu sou agora, não concordou com a situação e, na primeira oportunidade que teve, fugiu dele. O cara, no entanto, era um feiticeiro dos mais poderosos e foi atrás dela. Ele não estava disposto a perder a galinha dos ovos de ouro.

— Como você chegou a essa conclusão?

— Se ela fugiu dele e chegou à floresta foi porque algo a assustou. Ela queria se esconder de Dipak, mas foi descoberta. Ele era um bruxo, um feiticeiro. Também tinha poderes, mas os utilizava para o mal. Além das habilidades com o arco e flecha, tente adivinhar o que mais ele sabia fazer.

— Invadir a mente das pessoas para lhes provocar uma dor explosiva, levando-as a um desmaio ou até à morte.

— É por isso que amo você — Miah riu.

233

— Você acha que, se ele escolheu Angelique para se casar, é porque sabia ou sentia o que estava adormecido dentro dela?

— Tenho plena convicção disso. Ele não a desejava apenas por ser bonita ou esperta, nem muito menos por amá-la. Dipak queria unir ambos os poderes, porque sabia que ela era mais forte que ele. Por isso acabei de dizer que ela era sua galinha dos ovos de ouro.

— E o que aconteceu depois?

— Eu me vi novamente naquela caverna como Angelique. A flecha que ele disparou contra ela foi desviada. Sabe aquele movimento que ela faz com a mão e joga tudo longe, como se fosse telecinesia? Foi exatamente isso o que aconteceu. Sem se dar por vencido, Dipak fez uso desse poder e quase acabou com a coitada da Angelique. Ela começou a sentir muitas dores na cabeça até que conseguiu reagir, conjurou aquelas palavras rimadas e movimentou tudo ao seu redor. A água do pequeno lago dentro da caverna subiu como uma onda do mar e o encobriu. Logo depois, Dipak sumiu. Acredito que ele tenha sido levado para o fundo do lago ou, na pior das hipóteses, pode ter simplesmente conseguido sair da caverna.

— E se ele morreu, que é a hipótese mais provável, o fez com ódio gigantesco da bondosa Angelique?

— Acho que sim. E agora está retornando à matéria na figura de um doce bebezinho. — Miah encostou-se mais no corpo de Nicolas, como se quisesse sentir-se protegida por ele. — Um poderoso feiticeiro do mal está a caminho, será membro de nossa família e quer se vingar de mim. Durma com essa, querido.

— As coisas podem ser bem diferentes quando ele nascer, sabia? Acho que estamos ansiosos e sofrendo por antecipação.

— E se ele tentar estourar nossos miolos com o poder da mente?

— Teremos de abandoná-lo no acostamento de uma estrada. Ou eu poderia prendê-lo por tentativa de homicídio.

Miah começou a rir e sabia que Nicolas estava tentando guiar a conversa de forma que a tornasse mais leve e descontraída. Também percebia que ele estava tão preocupado quanto ela. Por ora, não havia muito o que fazer, a não ser torcer para que Nicolas tivesse razão e que o filho deles fosse apenas uma criança comum.

Ela procurou dar por encerrado o assunto e tentou afastar da mente tudo o que estivesse relacionado a bebês, cavernas, poderes, bruxos e feiticeiros. Logo depois, o casal adormeceu outra vez.

Capítulo 31

Nicolas e Miah estavam tomando café da manhã, quando a campainha anunciou a chegada de algum visitante. Nicolas poupou a esposa de se levantar e foi até a porta. Sorriu ao ver o rosto de Marian pelo olho mágico. Abriu a porta e foi logo dizendo:

— A que devo a honra da visita de minha ilustre irmã...

Nicolas, no entanto, deteve-se ao notar um hematoma no pescoço de Marian, o que foi o suficiente para que os olhos do investigador ficassem gelados.

— O que aconteceu com você?

— Bom dia! Precisamos conversar.

Marian entrou, cumprimentou o irmão com um beijo, fez o mesmo com Miah e sentou-se à mesa ao lado da cunhada.

— Quer comer alguma coisa? — quis saber Nicolas, sondando os braços da irmã em busca de outros possíveis hematomas.

— Tomei café com Thierry — respondeu Marian com sua tranquilidade habitual. — Ele tem me tratado maravilhosamente bem.

— Você está morando com ele? — Nicolas sentou-se diante de Marian. — Desde quando? Por quê? E por qual razão eu não fui informado sobre o que está havendo?

— Esse é o ônus de ter um investigador na família. Ele sempre pergunta demais. — Miah deu de ombros, fitando a cunhada com um sorriso. — Não contei nada sobre a conversa que nós tivemos, pois decidi que você mesma deveria expor o assunto, pois, além de ser delicado, é estritamente pessoal.

— Ah, então a senhora também já estava sabendo? — Nicolas estreitou o olhar para Miah. — E eu, parecendo marido traído, sou o último a tomar conhecimento do ocorrido?

— Enzo e eu brigamos — revelou Marian, antes que o irmão começasse a criar polêmica. — Não foi uma discussão comum, típica de qualquer casal. Já faz algum tempo que ele adotou um comportamento muito estranho, que evoluiu para algo mais preocupante.

— Se ele bateu em você...

— Vou contar desde o início — interrompeu Marian. — Também explicarei o motivo de não ter exposto essa questão até agora para você.

Mantendo um tom de voz neutro, Marian começou a falar. Contou sobre a primeira noite em que Enzo não dormiu em casa e como ela o encontrou alcoolizado em um bar. Explicou as ausências do marido em outras noites e como as reações dele, após ela questioná-lo, foram se tornando mais agressivas gradativamente. Por fim, contou sobre a tentativa de estupro, que culminou no hematoma em seu pescoço e no pânico que ela sentira ao fugir seminua de seu próprio apartamento.

— Nem mesmo Miah sabia da agressão que sofri. Eu saí praticamente escondida de minha própria casa, até que procurei Thierry e fui bem recebida por ele.

— Marian, sua tranquilidade me surpreende — comentou Miah. — Nem mesmo sua voz se alterou ao contar algo tão delicado. Juro que, se fosse eu em seu lugar, teria ido para a cozinha em busca de algo com que pudesse me defender, em vez de sair do apartamento. E, neste momento, estaria tremendo ao relatar o ocorrido.

— Vou conversar com Enzo. — Nicolas fez menção de se levantar, mas Miah e Marian o detiveram ao mesmo tempo.

— Você não vai a lugar algum! — Miah encarou-o com firmeza. — Ir até lá, brigar com ele, talvez até agredi-lo, não resolverá o problema. E temos certeza de que não é isso que Marian deseja.

— Você vai pedir o divórcio, não vai? — quis saber Nicolas. — Você não pode continuar casada com esse sujeito, ou ele poderá fazer coisas ainda piores com você, Marian. Não vou compactuar com nada disso.

— Eu amo Enzo, Nicolas — admitiu Marian. — Eu me casei por amor e sei que ele também. Mesmo que vocês não acreditem muito no que vou dizer, sei que ele esteja passando por um forte processo de obsessão espiritual. Há espíritos inferiores o acompanhando, certamente atraídos pelo nível de seus pensamentos e de suas ações. Não cheguei a vê-los, porém, senti que são muitos e têm uma energia péssima. Enzo precisa de um tratamento espiritual sério e comprometido, mas precisa

236

querer essa mudança. Tenho refletido muito sobre nós, sobre nosso casamento e sobre o que pode ser feito para que nós dois consigamos sair bem de tudo isso. Não hesitaria em pedir o divórcio se fosse necessário, mas não creio que o momento seja esse. Ele é um bom homem e realmente me ama.

Marian reparou no olhar desconfiado de Nicolas, por isso acrescentou:

— Eu mesma quero conversar com ele, ainda que seja em um local público. Essa conversa ocorrerá em um momento em que Enzo não esteja embriagado. Quero ouvir o que ele está pensando de tudo isso. Ele tentou me telefonar várias vezes durante a noite, contudo, não o atendi. Não terei essa conversa por mensagens ou por telefone. Preciso olhá-lo diretamente nos olhos, sentir sua energia, tentar compreender o que ele deseja de verdade.

— Amiga, eu não teria essa paciência — interveio Miah, balançando a cabeça para os lados. — Se Nicolas tentasse me violentar aqui dentro, eu o acertaria com o primeiro objeto robusto que encontrasse pela frente e depois faria uma reportagem para que a cidade inteira soubesse o que ele fez comigo. E ainda compartilharia com todos os detalhes de sua anatomia íntima.

— Então o tiro sairia pela culatra, porque meu número de fãs do sexo feminino triplicaria! — Ele garantiu com um sorriso peralta.

— Vocês sabem que eu estudo a espiritualidade há muitos anos — prosseguiu Marian. — Que conheço várias correntes filosóficas, doutrinárias e religiosas de pensamentos e crenças. Bem... eu mesma tenho me questionado por que deveria vivenciar toda essa situação com Enzo. Qual é a experiência? Qual é o aprendizado para ambos? Que lição extraíremos disso? Qual sinal a vida está nos dando para que possamos amadurecer como casal? Há uma ligação pretérita de nós dois com os espíritos que o estão obsidiando? Pretendo compreender essas questões em breve para, então, decidir com Enzo como será nosso futuro.

Miah assentia com a cabeça, refletindo sobre o quanto ainda precisava aprender com Marian. Que mulher era aquela, que em nenhum momento criticou Enzo pelo que ele lhe fizera? A postura e a segurança da cunhada eram admiráveis. O conhecimento dela sobre a espiritualidade contribuía para torná-la aquele ser tão elevado, mas Miah sabia que havia mais que isso. Marian era uma pessoa iluminada, daquelas que fazem qualquer pessoa se sentir bem ao seu lado. A própria Marian não aceitaria esse rótulo, porque ela não se via como alguém mais evoluído, porém, Miah secretamente a via como uma espécie de anjo da guarda sem asas ou auréola.

237

E foi pensando nisso que ela desviou o assunto para outra questão que a atormentava havia meses: seu bebê. Segurando a mão de Nicolas, como se desejasse sentir sua proteção, Miah contou os sonhos que tivera com o feiticeiro Dipak e Angelique. Depois, narrou resumidamente a tentativa de homicídio e a maneira quase inacreditável como ela e Ed conseguiram se salvar:

— Sei que foi essa criança quem causou uma dor intensa na cabeça de Abner, o criminoso que quase me eliminou da face da Terra. — Miah deu de ombros. — O sonho que tive explicou um pouco a origem desse bebê, ou melhor, quem esse espírito foi em uma de minhas vidas passadas.

— Não seríamos Nicolas Bartole e Miah Fiorentino se não fôssemos os pais de um pequeno bruxinho — atalhou Nicolas mostrando um sorriso.

— Marian, você acha que é muita loucura visualizar as coisas dessa maneira? Dipak, o nome da criatura era esse, quer vingar-se de Angelique, ou seja, de mim. E qual seria a melhor maneira de isso acontecer, senão voltando como filho da mulher que ele odiou? Nicolas e eu estamos preocupados, ansiosos e aflitos, mas combinamos que aguardaremos o nascimento do bebê para avaliar o que faremos. Decidimos criá-lo da melhor forma que pudermos e torcer para que ele seja um homem de bem.

— Miah contou que o feiticeiro tinha o poder de invadir a mente das pessoas e lhes causar uma dor física muito grande. — Nicolas olhou para Miah, que assentiu. — Mesmo antes de nascer, ele quase acabou com um bandido. Você consegue nos explicar o que está acontecendo? Será que terei de prender meu próprio filho, mesmo que ele esteja de fraldas e com uma chupeta na boca?

— Ouvindo o relato de vocês, não tenho a menor dúvida de que o espírito do homem, que cruzou o caminho de Angelique em um passado distante, seja o bebê que nascerá daqui a dois meses — confirmou Marian. — Assim como é possível que, entre sua encarnação como Angelique e sua existência atual como Miah, você já tenha vestido outras roupagens e vivido outras vidas, nas quais pode ter se encontrado com Dipak. A reencarnação guarda muitos mistérios, que, aos poucos e à medida que nos é permitido, nos são revelados. Obviamente, não é comum ouvir relatos sobre a energia de uma criança que ainda está em formação ou sobre o que ela seja capaz de fazer, além do que é conhecido pela ciência. Acho que o importante é não se deixar levar pelos anseios, receios e pelas preocupações. O melhor é esperar que o bebê nasça. Muitas pessoas reencarnam com diferentes dons e nem sempre são positivos. Faça exames médicos e veja se está tudo bem com ele. Não há muito a ser feito por enquanto. Vocês precisam se tranquilizar

238

e aguardar os próximos acontecimentos. A inquietação é inimiga da tranquilidade, porque nos tira do foco e nos deixa com uma visão distorcida das coisas. Acredito que as respostas que vocês buscam só chegarão após o nascimento dessa criança.

— Imagine essa criança na escola, causando dores atrozes em qualquer coleguinha que provocá-lo? — Miah arregalou os olhos! — E o que as professoras me dirão nas reuniões de pais? "Senhora, hoje seu filho quase explodiu a cabeça do amiguinho que o empurrou na fila".

— Se ele realmente nascer com essa habilidade psíquica de infligir dor nos outros, será uma criança diferenciada, mas não deixará de ser o filho de vocês — esclareceu Marian. — Vocês terão de lidar com isso, além da abordagem espiritual e científica.

— Ou seja, se é para sermos pais, que seja com emoção em nível máximo! — concluiu Nicolas, fazendo a esposa e a irmã sorrirem.

Nicolas e Miah terminaram de tomar o café da manhã, enquanto Marian os acompanhava, refletindo sobre qual seria seu próximo passo em relação a Enzo.

✳✳✳

Não havia nada melhor do que começar a segunda-feira da forma mais intensa possível. Todas as informações possíveis seriam úteis para terminar de montar o quebra-cabeça que aquele caso se tornara. Para isso, tudo o que pudesse ser somado ao que Nicolas já obtivera seria de extrema valia.

E nada seria melhor do que conversar com quem já lidara com situações semelhantes envolvendo suicídios de outras pessoas. O próprio comandante Alain afirmara que tanto a capitã Rangel quanto o investigador Duarte deveriam se colocar à disposição de Nicolas, que obviamente não desperdiçaria aquela oportunidade de provocar o cara mais insuportável da cidade.

Após a conversa que tivera com Marian, Nicolas seguiu diretamente para a delegacia. Chegando lá, Elias colocou-o a par das novidades: Sadraque fora dispensado do hospital após receber alguns curativos e já estava recluso em uma cela. Abner também estava preso, porém, em uma cela diferente. Nicolas pretendia trazer os demais membros do grupo da luz para ocuparem as vagas restantes na cadeia local até que todos fossem transferidos para a penitenciária.

Por outro lado, Cleide permanecia na mesma situação. Ainda não recobrara a consciência, e o médico explicara a Elias que o organismo da paciente ainda estava muito fragilizado, tentando se recuperar dos efeitos tóxicos do veneno que ela ingerira. Policiais já haviam sido designados para fazer a segurança da professora, uma vez que os assassinos, caso soubessem que ela continuava viva, poderiam terminar o serviço.

Quando terminou de ouvir o relato do delegado, Nicolas lhe disse que gostaria de conversar com Duarte, pois ele participara das primeiras investigações e poderia contribuir com informações relevantes ao caso. Elias não discutiu, pois sabia que o que Bartole queria era insultar o colega em vez de interrogá-lo, e o caso requeria uma conclusão com urgência, antes que um novo corpo aparecesse. Sendo assim, picuinhas entre os dois investigadores não eram prioridade.

Ao saltar do veículo no endereço de Duarte, Nicolas olhou para seu parceiro de trabalho, que, ainda sem acreditar, não conteve sua dúvida:

— Bartole, você tem certeza de que foi uma boa ideia termos vindo ao ninho da cascavel?

— Eu sei que Duarte não vai querer nos ajudar... — Nicolas contemplou a fachada da residência, tão sisuda e sombria quanto seu proprietário. — De qualquer forma, na rara hipótese de que ele esteja disposto a colaborar, qualquer informação que obtivermos poderá ser muito importante.

— Pode confessar, Bartole! Você conseguiria dar sequência à sua investigação sem precisar mexer com o velho e intragável Duarte! Está aqui para provocá-lo e não para conseguir qualquer pista.

Como resposta, Nicolas apenas piscou um olho para Mike e tocou a campainha. Colocou o ouvido no portão de madeira escura e escutou passos se locomovendo do lado de dentro.

— Ele deve estar saindo do sarcófago — zombou Nicolas em tom sussurrado. — Vamos aguardar.

Momentos depois, ouviram um estalo do lado de dentro e uma voz cavernosa indagar:

— Quem está aí?

— A melhor visita que você receberá nesta semana — devolveu Nicolas, sorridente.

O portão foi destrancado com brutalidade, e o rosto irritado e mal-humorado de Evaristo Duarte surgiu no pequeno espaço que ele abriu, o que foi suficiente para mostrar seu corpo magro e flácido encimado por um rosto azedo como limão. Os cabelos brancos estavam revoltos como ondas de um maremoto, e os olhos escuros transmitiam tanto calor humano quanto um iglu. O nariz entortado para um lado empinou-se num gesto de superioridade, quando ele se deparou com os visitantes parados ali.

240

— Vejam quem está aqui! — Duarte abriu o portão completamente.
— O grandioso senhor Bartole acompanhado por seu fiel escudeiro! Se eu soubesse que seria presenteado com tão nobre e louvável visita, teria estendido meu tapete turco.

— Como não tenho muito tempo para ouvir suas frases de escárnio, irei direto ao motivo que me trouxe aqui. Há algum tempo você foi designado para investigar o suicídio de três pessoas: Benjamim, que ingeriu diversos comprimidos na sorveteria onde trabalhava; Sabrina, a jovem que se enforcou na garagem de casa; e Henrique, que cortou os pulsos. Lembra-se dessas pessoas?

Duarte estudou o rosto de Nicolas antes de abrir um sorriso que repuxou seus lábios descorados para as laterais.

— E por que eu deveria lhe responder qualquer coisa? Você não é o bonzão que sabe de tudo? Descubra por si mesmo.

— Começou — disse Nicolas a Mike. Tornando a encarar Duarte, ele enfatizou: — Eu sei que, enquanto eu estiver à frente de todas as ocorrências que você almeja para si, vai permanecer rilhando seus dentes amarelados. Dessa forma, quando não é possível mudar uma situação, o jeito é se conformar e adaptar-se a ela. Não pretendo ir embora desta cidade tão cedo, e você sabe que, enquanto eu estiver aqui, só sobrarão os restos para você.

— Depois disso tudo, ainda acha que vou ajudá-lo? Lamento, honorável Bartole, mas toda a sua simpatia ainda é pouca para me convencer de alguma coisa.

— Não vim aqui para convencê-lo de nada. Vim intimá-lo a responder a algumas questões, e isso pode ser feito dentro da sua casa, ou aqui mesmo, diante de seu portão... ou ainda na delegacia e na presença de Elias — e, para dar cabo de qualquer argumento que Duarte pudesse emitir, Nicolas acrescentou: — Gostaria ainda de refrescar sua memória, recordando-o das palavras do comandante Alain. Ele colocou seus serviços à minha disposição, enquanto perdurar essa investigação, portanto, honorável Duarte, ou você responde às minhas perguntas ou terá de nos acompanhar à delegacia com a acusação de cumplicidade nessas mortes.

— Você é pirado? — Duarte girou o dedo indicador diante da têmpora. — As coisas não funcionam assim. Acho que você precisa estudar a legislação vigente e principalmente as normas que nos são repassadas pela corregedoria. Eu tinha um melhor conceito sobre você, sabia?

— Sou tão pirado que não me custa nada algemá-lo aqui mesmo e colocá-lo no meu carro. Você está favorecendo a ação dos criminosos,

241

já que não quer revelar dados sobre a investigação das mortes que, até então, pareciam suicídios. Creio que eu não tenho de ensinar o vigário a rezar o terço, mas repetirei que o nome disso é cumplicidade. Ou você colabora por bem ou terá de explicar por que não quer me ajudar.

Duarte ficou ainda mais furioso.

— E se eu não me lembrar de mais nada? — provocou. — Afinal, alguns anos já se passaram, e eu não tenho memória de elefante.

— Então, vou conversar com o comandante e sugerir sua aposentadoria por invalidez. Se você está tão ruim da cabeça, precisa ser urgentemente substituído.

Duarte passou a palma das mãos pela calça, como se quisesse secar um suor invisível. Entretanto, aquele gesto foi uma forma que encontrou para tentar amenizar a raiva que sentia de Nicolas e do seu deboche.

— O que você quer saber?

— Agora estamos falando o mesmo idioma. Nosso papo será aqui mesmo, na porta da sua casa?

Contrariado, Duarte deu as costas para Nicolas e fez um sinal para que ele o acompanhasse. Assim que entraram, Mike aproximou os lábios do ouvido de Nicolas e murmurou:

— E se no chão da casa dele houver um alçapão secreto que nos jogue em um porão úmido e escuro, onde seremos seus prisioneiros? Nunca nos encontrarão aqui.

Apesar de achar que Mike estava sendo exagerado, Nicolas sabia que aquela sugestão não era totalmente maluca. Ele não sabia do que Duarte era capaz.

Por dentro, o imóvel era ainda mais soturno, formal e pouco acolhedor, como se uma atmosfera melancólica pairasse no ambiente. Os móveis eram antigos e bem conservados, como se tivessem sido comprados em algum antiquário. Pela primeira vez, Nicolas se perguntou se Duarte era casado ou se tinha filhos, pois não sabia absolutamente nada da vida particular daquele homem.

— Podem se sentar no sofá, mas não esperem que eu lhes sirva café ou água, pois aqui não é uma lanchonete — avisou Duarte.

— Não se preocupe — disse Nicolas. — Não queremos parar no alçapão secreto.

— Como é que é?

— Esqueça. É melhor encurtarmos nossa permanência em sua casa! Nos diga tudo de que se lembrar sobre aquela investigação. Três pessoas cometeram suicídio em períodos diferentes, e você se encarregou das investigações. Mesmo que os familiares das vítimas tenham sinalizado desconfiança e estranheza e tenham mencionado o desaparecimento de dinheiro da conta delas, você os ignorou. Não aventou a possibilidade de essas pessoas terem sido assassinadas, de forma que os responsáveis permaneceram impunes. Muitas mortes poderiam ter sido evitadas, se você tivesse encerrado com sucesso as investigações. Quem sabe Regiane, Franco e José ainda estivessem vivos se você tivesse tratado o caso com mais atenção.

Os olhos de Duarte brilharam, possivelmente de rancor ou de despeito por ser obrigado a confessar que realmente nunca lhe ocorrera que os óbitos fossem assassinatos camuflados de suicídios.

— Pessoas tiram a própria vida diariamente, Nicolas. — Duarte deu de ombros. — Não havia como imaginar que tais desdobramentos aconteceriam depois. Até mesmo você, que gosta de pagar de espertalhão, não teria desconfiado de nada se as atuais vítimas tivessem morrido com um espaço de tempo maior entre si.

— Certamente, eu faria muitas perguntas, Duarte, buscando conhecer um pouco mais sobre as razões pelas quais pessoas que amavam viver simplesmente saltaram de uma laje, pularam diante de um caminhão em movimento ou atiraram contra a própria cabeça. E, dessa forma, descobriria pontas soltas, que foi exatamente o que aconteceu.

Duarte não respondeu, e Nicolas insistiu:

— Você nunca tinha ouvido falar de Andréia e Frederico Assunção?

— Ouvi esses nomes pela primeira vez em nossa exaustiva reunião com o comandante, na qual você expôs o andamento de suas descobertas.

— Há uma quarta pessoa que permanece hospitalizada. A tentativa de suicídio da vítima não foi bem-sucedida. Vou protegê-la e mantê-la a salvo até que todo o grupo seja detido.

— Boa sorte! — desejou Duarte bocejando. — Posso ajudá-lo em mais alguma coisa?

— Se eu precisar de novas informações, voltarei a procurá-lo. Caso queira acrescentar algo em seu depoimento, me procure.

— Não precisa me dar essas orientações. Eu já sabia como as coisas funcionavam muito antes de você nascer.

— Fico feliz em saber disso. — Nicolas levantou-se do sofá e acompanhou Mike até a porta de saída.

— Mande saudações à sua esposa e ao bebê, que logo chegará para dar despesa à sociedade! — alfinetou Duarte. — Ela é muito sortuda, não é mesmo? Matou três homens e continua linda e querida, como se nunca tivesse tirado a vida de ninguém.

243

Nicolas respirou fundo e voltou-se devagar. Mike ficou a postos, caso precisasse segurar Bartole para impedi-lo de dar uns cascudos no velho Duarte.

— Pelo silêncio que predomina em sua casa, creio que você viva sozinho aqui. Onde estão sua mulher e seus filhos? Eles não o aguentaram e saíram fugidos ou você é feio o suficiente para jamais ter conseguido se aproximar de uma mulher?

As feições de Duarte contraíram-se, e Nicolas continuou:

— Já lhe disse que o passado de Miah foi acertado na justiça. Ela continua sendo minha esposa, independentemente do que tenha feito. Já você, que vive nesta casa escura e fria como uma tumba, provavelmente só se diverte com as mulheres que cobram para fazer aquilo que lhes for pedido. Imagino que as pobres coitadas tenham pesadelos após vê-lo pelado, porque eu, certamente, teria. Vamos embora, Mike.

Nicolas e Mike saíram rapidamente, deixando Duarte paralisado para trás, com todos os músculos do corpo rígidos de ódio.

244

Capítulo 32

Nicolas mal afastara-se duzentos metros da casa de Duarte, quando seu celular tocou. Não conhecia o número na tela, mas atendeu mesmo assim. Imediatamente, ele ouviu a voz chorosa de Branca Mendonça:

— Senhor Bartole, aconteceu uma tragédia...

Ela irrompeu em uma crise de soluços. Por um instante, Nicolas chegou a pensar que houvessem assassinado Humberto até que ela conseguiu completar:

— O dinheiro... todo o dinheiro sumiu!

Aquilo não era novidade. Nicolas estava surpreso por saber que demorara tanto para Branca descobrir.

— De que dinheiro está falando? — perguntou, apenas para ouvir o que já sabia.

— Franco e eu tínhamos uma conta bancária conjunta. Fui consultar o saldo pelo aplicativo do banco e descobri que a conta está zerada. Falei com meu gerente, e ele me explicou que foi o próprio Franco quem transferiu todo o valor para outra conta nominal de alguém que nunca ouvimos falar.

Ela chorava e parecia tão histérica ao telefone que Nicolas pensou que ali estava um bom e verdadeiro motivo para abalar aquela mulher: a pobreza e não a morte do marido. Branca não demonstrara nenhuma emoção quando Nicolas a visitara, mas agora, sabendo que estava sem dinheiro, o pânico alastrou-se em seu ser.

— Lamentavelmente, nós descobrimos que o mesmo aconteceu com as outras pessoas que se suicidaram no mesmo horário que seu marido. Garanto à senhora que fecharemos esse caso nas próximas horas ou, no máximo, amanhã de manhã. Os responsáveis serão presos, contudo, não posso lhe garantir que todo o montante que foi desviado será desviado.

— Por que isso aconteceu? — Branca fungou e soluçou. — Franco havia enlouquecido?

Nicolas, que estava sem paciência para explicar àquela mulher lamuriosa a maneira como o grupo da luz agia, decidiu atribuir a tarefa a Elias.

— Pedirei ao doutor Elias que entre em contato com a senhora. Ele poderá lhe esclarecer algumas coisas sobre a questão do sumiço do dinheiro.

Branca concordou, pois não lhe restava outra opção. Nicolas desligou e virou-se para Mike.

— Se ela almejava torrar toda a fortuna do marido com o amante, terá de tirar o cavalinho da chuva. A mim pareceu estar inconformada, o que justifica tanto choro.

— Enquanto há pessoas que sofrem somente por bens materiais, há outras que sentem o coração partir por causa de relacionamentos complicados — murmurou Mike, desviando o rosto para não fitar Nicolas.

— Não me diga que brigou com minha irmã de novo.

— Muito pelo contrário. Criei coragem e fui até a casa de sua mãe. Chegando lá, com uma caixa de bombons nas mãos, pedi para chamar Ariadne. Eu estava com um par de ingressos de cinema para a sessão de ontem à noite... e ela aceitou tanto o convite quanto os chocolates.

— Uau! — Nicolas deu uma cotovelada camarada no braço de Mike. — Então, vocês já se reconciliaram? Eu disse que a briga de vocês não duraria muito tempo.

— Bem... — Mike suspirou, mas seus olhos brilharam. — Nós assistimos ao filme *Vingadores*. Enquanto os super-heróis da Marvel tentavam defender o mundo, Ariadne e eu estávamos ocupados nos beijando. Depois que o filme terminou, comemos um lanche na praça de alimentação. Eu comi com moderação, para evitar confusão, entende?

— Sei.

— Saímos de lá e fomos... ah, você sabe, Bartole.

— Claro. Aposto que estavam ansiosos para um curtir o outro de forma mais reservada.

— Exatamente! — Mike mostrou um sorriso esplêndido. — Depois, eu a mandei de volta para casa de táxi, pois sou um policial pobre, que não possui carro próprio.

— E aí?

— Bartole, eu deveria estar pulando de felicidade porque nós reatamos, porém...

— Fale de uma vez, homem! — ordenou Nicolas, sem perder o foco da direção.

— Tive a impressão de que fomos seguidos.

Nicolas manteve a calma, mas Mike notou que a respiração do amigo se tornou diferente. O investigador permaneceu em silêncio até parar em um semáforo e só então olhou para Mike:

— Faz ideia de quem os seguiu?

— Não. Vi um carro preto, sedã, com os vidros escuros, movendo-se lentamente. Se eu estivesse fardado, teria abordado o carro e mandado o motorista descer.

— Se estivermos certos em nossas investigações, há quatro pessoas que podem ter feito isso: Andréia, Frederico ou os líderes da gangue.

— Não consegui enxergar a placa do carro... — Mike encolheu os ombros, como se pedisse desculpa. — Mas saberia identificá-lo se tornasse a vê-lo.

— E no cinema? Você teve a impressão de que continuava sendo espionado?

— Um pouco. O carro sumiu de vista, ou o motorista o estacionou em algum lugar e me seguiu a pé. Eu estava distraído com Ariadne, mesmo sem perder a atenção em meu entorno. Se fosse Frederico, ele poderia estar disfarçado, mas, se foi uma das chefias, não tenho como reconhecer alguém que nunca vi.

— Entre em contato com Moira e peça a ela para tentar descobrir quais veículos estão em nome de Frederico ou Andréia. Se era um deles ao volante, acredito que tenham utilizado um carro alugado. Por desencargo de consciência, peça a ela também que telefone para as locadoras de automóveis da cidade para descobrir algo. Se negarem a informação, Elias pode intervir e pressioná-los.

Enquanto Mike pegava o rádio para cumprir as ordens, Nicolas voltou a acelerar quando o semáforo ficou verde. Ele sabia que o imenso policial estava contente por ter se acertado com Ariadne, mas estava também preocupado e inseguro por ter tido a impressão de que fora seguido por alguém na noite anterior. Além disso, havia Ariadne em jogo, tão inocente naquela história quanto seria possível alguém ser. Embora fosse um homem pouco religioso, Nicolas fez uma rápida oração naquele instante, pedindo proteção para as pessoas que ele amava e auxílio para efetuar a prisão daqueles que permaneciam impunes.

***

247

No monitor de um computador, o rosto de Nicolas estava estampado, tão nítido quanto se ele realmente estivesse ali. Duas pessoas estudavam-no criticamente, analisando seu olhar, avaliando suas linhas de expressão, tentando enxergá-lo por dentro. Graças àquele homem, a congregação estava ameaçada. Sadraque e Abner estavam presos, e, se algo não fosse feito rapidamente, todos os demais também seriam detidos. A força do grupo fora minada, e eles nem sequer estavam conseguindo localizar as próximas pessoas que deveriam ser encaminhadas à luz. E essas duas pessoas, as chefias da organização, precisavam ditar ordens para que uma severa punição fosse aplicada ao homem cujo rosto bonito preenchia a tela.

— Ainda não entendo como a esposa dele conseguiu escapar de Abner ou por que ele se deixou ser preso antes de matá-la! — A voz estava impregnada de indignação e fúria.

— Ela não escapará desta vez. Já sabemos seu endereço. Andréia pode resolver esse problema pessoalmente.

— Acha que é seguro?

— Ninguém nunca conseguiu se livrar do processo de hipnose desenvolvido por Andréia e Frederico. Acredite que esta não será a primeira vez. Vamos telefonar para ela, que saberá o que fazer. E com a máxima urgência possível.

— É arriscado. Ela pode ser presa também.

— Pelo menos terá conseguido terminar o serviço iniciado por Abner.

— Então, vamos em frente! — Uma mão inquieta apanhou um celular e efetuou a ligação: — Saudações, Andréia! Que a luz esteja com você. Ouça com atenção. Temos uma tarefa importante, que precisa ser realizada imediatamente...

Enquanto a ordem funesta era transmitida, brilhavam nos olhos daquelas duas criaturas apenas ambição e loucura.

***

Marian aprendera a não acreditar no destino, pelo menos não da forma convencional, como se fosse uma espécie de desfecho de que ninguém, invariavelmente, conseguiria escapar. Ela não acreditava que as pessoas estavam predestinadas a nada, já que, a qualquer momento e dependendo da ação, tudo poderia mudar. Para ela, o destino poderia ser modificado, desafiado, questionado e planejado. Se ela quisesse que seu destino fosse viver em uma casa confortável e ter um emprego satisfatório, caberia a ela trabalhar para que tais metas fossem alcançadas.

Assim, Marian não aceitava a ideia de que o destino quis que ela e Enzo se separassem ou continuassem juntos mesmo sob tantas desavenças, ainda que houvesse uma forte interferência espiritual inferior que abalasse sobremaneira o relacionamento do casal. Na visão dela, o destino era moldado diariamente, de acordo com as escolhas cotidianas de cada um. Se a todo instante decidimos fazer algo, a todo instante geramos uma consequência sobre o que é realizado. O destino, para Marian, era algo como uma conclusão baseada no livre-arbítrio das pessoas.

Marian sabia que Enzo necessitava de apoio espiritual, e ela decidira que o ajudaria da maneira que pudesse. E não somente isso: ele precisaria de um tratamento para que não se tornasse um alcoolista inveterado. Mesmo após tudo o que ocorrera, ela o amava, e não havia como negar isso. E era em nome desse amor que tentaria salvar seu casamento.

Enquanto Miah preparava o almoço na cozinha, cantarolando uma música de Adele em um inglês péssimo, Marian telefonou para o marido usando seu celular. Enzo atendeu no terceiro toque:

— Marian, onde você está? Quer me matar de desespero e preocupação?

— Estive na casa de Thierry e agora estou no apartamento de Nicolas e Miah. Eles já sabem o que aconteceu entre nós.

Houve um longo momento de silêncio, e ela desejou ver a expressão do marido. Finalmente, ele recobrou a fala:

— Pedir desculpas talvez seja uma atitude infantil e impessoal de minha parte, ainda mais se fizer isso por telefone. Não sei o que aconteceu comigo naquele dia. Era como se eu não pudesse controlar meus instintos, como se eu apenas assistisse a mim mesmo agindo como um psicótico, sem que pudesse me conter. Você compreende?

— Acho que nossa conversa requer um tempo maior para que possamos alinhar essas pontas soltas. Tomei algumas decisões sobre nós e gostaria de lhe dizer quais são.

Enzo não respondeu. Marian poderia jurar que ele estava angustiado e até amedrontado ante a possibilidade de ela lhe pedir o divórcio. Antes que a esposa continuasse a falar, Enzo adiantou-se:

— Dentro de poucos minutos, estarei aí. Por coincidência, estou por perto, pois acabei de sair do hospital. Cobri o plantão da madrugada. Sei que, se seu irmão estiver com você, ele vai querer acabar comigo. Se ele quiser me dar um murro, vou aceitar o golpe sem reagir, pois reconheço que estou merecendo...

249

— Apenas Miah e eu estamos aqui. Nicolas pode chegar a qualquer momento, contudo, garanto a você que meu irmão não tocará em você. Pode vir sem receio.

— Até daqui a pouco... Marian?

— Diga.

— Eu te amo... pode acreditar nisso. — Enzo desligou antes que ela respondesse.

No fundo, Marian realmente acreditava que ele a amava. O amor era uma energia gostosa, pura e edificante, quase palpável pelos mais sensíveis. Fora essa energia positiva e iluminada que lhe fizera companhia nos primeiros meses após o casamento ou até a noite em que Enzo exagerou na bebida pela primeira vez.

Marian permaneceu sentada no sofá segurando o celular e fez uma prece sincera e rápida, na qual pedia pelo melhor para Enzo e para si mesma. Para ela, aquele papo de que o destino os queria juntos ou separados era pula balela.

Ela virou o rosto para a cozinha, onde Miah trocara Adele por um pagode, provando o quanto seu gosto musical era eclético, e imaginou que a cunhada estivesse dançando enquanto assumia o controle do fogão. Decidiu auxiliar Miah, quando a campainha tocou.

— Marian, veja quem é, por favor. — A voz de Miah surgiu em meio ao mais recente sucesso do Grupo Revelação.

Marian seguiu até a porta e sondou quem era pelo olho mágico. Seu coração bateu mais forte ao notar o buquê de flores cor-de-rosa que Enzo segurava. Ele viera mais depressa do que ela pudera imaginar. E, se estava ali, sem que o porteiro tivesse interfonado para autorizar sua entrada, era porque o conhecia bem o bastante para saber que ele era um visitante confiável.

Ela abriu a porta com um sorriso nos lábios, porque sabia que, naquele momento, já o perdoara. Sempre defendera o perdão em todas as ocasiões, como se fosse um poderoso medicamento capaz de curar as mais profundas feridas da alma.

Quando a pessoa do outro lado da porta baixou o buquê de flores, Marian parou de sorrir ao notar que não era Enzo quem estava ali. A mulher loira, cujos cabelos endurecidos por laquê emolduravam um rostinho miúdo e apático, baixou as flores ao mesmo tempo em que erguia o pequeno revólver e o apontava para o rosto de Marian.

— Se tentar qualquer bobagem, eu atiro em você. Decida o que é melhor — murmurou Andréia.

250

Marian ergueu ambas as mãos e as manteve na altura da cabeça. Andréia fê-la recuar e fechou a porta do apartamento ao entrar. Jogou as flores no chão e segurou a arma com ambas as mãos. Não fazia muito tempo que outro assassino também invadira aquele apartamento e fizera Marian de refém[5]. Aquela, porém, era uma situação bem menos perigosa do que agora, pois o criminoso de antes, embora a houvesse ameaçado, jamais tivera realmente a intenção de matá-la. Quanto àquela mulher, a quem ela nunca vira antes, não poderia dizer o mesmo.

— O que você quer? — Marian encarou o par de olhos verdes gélidos e sentiu um arrepio atravessar seu corpo.

— Onde está a mulher grávida? — indagou Andréia.

Não foi preciso Marian responder, pois a própria Miah saiu da cozinha para ver quem tocara a campainha. Trazia a mão esquerda apoiada sobre a barriga e a direita, oculta do campo de visão de Andréia, segurava uma colher de pau com a qual mexera as panelas até poucos segundos atrás. Manteve o objeto colado ao corpo ao ver a desconhecida armada e não disse nenhuma palavra.

— Você deve ser a tal repórter de quinta categoria que conseguiu escapar de Abner e sobreviveu para contar história — Andréia exibiu um sorriso sem humor.

— E você deve ser a psicóloga de sétima categoria que hipnotiza as pessoas para fazê-las encherem seu cofre e depois tirarem a própria vida — rebateu Miah.

Faíscas de ódio brilharam nos olhos de Andréia.

— Não me custa nada atirar nessa barriga e, em seguida, meter outra bala no meio da sua cara. Cale a boca e sente-se no sofá agora mesmo! E você também! — acrescentou, olhando feio para Marian.

Miah conseguiu encaixar discretamente a colher de pau no elástico da calça que envolvia sua cintura, agora muito larga. As duas mulheres obedeceram e sentaram-se lado a lado no sofá. Sentindo-se no controle da situação, Andréia mostrou outro sorriso.

— Agora está melhor. Vocês farão exatamente o que eu disser, caso não tenham a intenção de sofrer ou de ver uma parte dos seus corpos arrebentada por um tiro.

— Como você conseguiu passar pelo porteiro? Como ele autorizou sua subida sem nos comunicar? — Miah encostou o braço no ponto em que escondera a colher de pau para que o volume não despertasse a atenção de Andréia.

---

5   Ver *A beleza e seus mistérios* – volume 2, publicado pela Editora Vida & Consciência.

— Nada que uma sessão rápida de hipnose não resolvesse. Nem sempre dá certo quando é feita à revelia da pessoa envolvida, que, no caso do pobre sujeito lá embaixo, não fez ideia do que estava acontecendo.

— Mas deu certo com Regiane, José, Franco e com outras pessoas que vieram antes deles — murmurou Miah. — Por Deus, vocês mataram uma mãe de família! Nicolas me disse que, graças à loucura de vocês, uma criança de cinco anos viu o corpo da própria mãe estraçalhado na calçada de casa.

— E o que eu tenho a ver com isso? — Andréia deu de ombros. — Não fui eu quem colocou os filhos no mundo. E, pelo jeito, parece que seu maridinho a informa sobre tudo o que acontece em sua investigação.

— Vocês são doentes! — Miah contraiu os olhos, demonstrando sua fúria. — Pessoas inocentes foram induzidas ao suicídio por efeito de hipnose, porque vocês ambicionaram algo que elas tinham de valor! Você nem sequer sente remorso por ter participado de tudo isso?

— Não cabe a você me fazer perguntas, pois eu mando aqui! — Andréia mostrou um sorriso frio. — Entretanto, como me sinto boazinha e diante da iminente morte de vocês duas, posso lhe dizer que não. Não sinto arrependimento de nada do que fiz. Morre quem tem de morrer, nem que seja necessário um empurrãozinho. — Dessa vez, ela soltou uma risada. — É o caso de vocês. Vou concluir o serviço aqui e dar o fora com Frederico. As chefias que lutem para escapar de seu marido. Estaremos longe o bastante para jamais sermos pegos pela polícia.

— Nicolas não vai deixar vocês escaparem — garantiu Miah, corajosa o bastante para afrontar a assassina. — E, se matarem Marian e a mim também, saiba que ele vai persegui-los até o outro lado do mundo. Vai caçá-los como se vocês fossem duas ratazanas e esmagá-los com os sapatos mais engraxados que ele tiver!

Andréia tornou a sorrir, mas Miah percebeu que conseguira plantar nela as sementes da desconfiança e da inquietação.

— O que pretende fazer conosco? — Marian perguntou.

— Vocês saltarão da varanda. A polícia pode desconfiar de algo, até porque as câmeras de segurança registraram minha imagem chegando aqui. Entretanto, será tarde demais. A situação está bastante complicada. Frederico e eu já temos planos de deixar a cidade ainda hoje e nos refugiar em um país de primeiro mundo da Europa. Só não decidimos em qual. Não fomos ainda, porque queremos eliminar as arestas criadas pelo seu maldito marido.

— E quanto às chefias? — interessou-se Miah, pensando velozmente em alguma estratégia para tentar conter aquela louca.

252

— Que se danem! Fred e eu precisamos dar o fora daqui! A grana que temos na conta é suficiente para nos sustentarmos por uns dez anos na Europa.

— Dinheiro que vocês roubaram de pessoas inocentes. — Miah pousou ambas as mãos na barriga. — Pessoas que estão mortas, graças ao trabalho sórdido do seu grupo.

— Seu maridinho realmente conta tudo para você, hein? — Andréia baixou a arma por um breve instante, mas ergueu-a novamente e a manteve apontada para Miah e Marian. — Mas não cometerei o mesmo erro de Abner. Aliás, você poderia me contar como sobreviveu a um homem armado com uma metralhadora, não acha?

Miah baixou o olhar para sua barriga e, por uma fração de segundo, quase desejou: "Querido bebezinho, por que não experimenta fazer aquilo de novo?". Ela tornou a fitar Andréia e não teve medo de perguntar:

— Você realmente vai nos matar, caso não obedeçamos à sua ordem de pularmos da varanda?

— Vocês estão em um andar alto o bastante para chegarem sem vida ao chão. Não duvidem de mim. Sei usar esta arma e prometo acabar com as duas se não fizeram o que estou mandando. Agora que já ouviram o que eu tinha para contar, podem se levantar do sofá e se dirigirem à sacada.

Capítulo 33

Enzo chegou à portaria do edifício de Nicolas com um tremor fora do comum. Já estava preparado para o soco que levaria do cunhado. E se o outro irmão de Marian também estivesse no apartamento, receberia um golpe duplo. Talvez até fosse parar no hospital, afinal, às vezes um médico precisava dos cuidados de outro médico. Mesmo assim, tudo isso valeria a pena, desde que Marian o perdoasse e lhe desse outra oportunidade.

O que acontecera com ele quando tentara violentá-la? Além de agredi-la, ele subjugara a mulher que amava, humilhara-a, ameaçara-a e dissera-lhe coisas que jamais diria a alguém. Era como se ele tivesse perdido o domínio de suas ações. Passado aquele torpor, ao qual Marian se referiu como sendo fruto da influência de espíritos obsessores, viera o arrependimento e com ele a tristeza, o remorso e a desilusão. Embora soubesse o quanto Marian era evoluída em relação a muitas coisas, não esperava que a esposa o perdoasse, uma vez que nem ele mesmo estava se perdoando pelo ocorrido.

Ao chegar à portaria do prédio, imediatamente notou algo errado. O porteiro estava sentado atrás de um balcão sorrindo largamente, como se tivesse acabado de ouvir a mais divertida das piadas. Era um sorriso fixo, congelado no rosto. Já em seus olhos, vidrados e mortos, não havia o menor vestígio de humor.

— Olá, tudo bem? — cumprimentou Enzo. — Vou até o apartamento de Miah.

— Ela me falou sobre a luz... — A voz do porteiro surgiu enrolada e pastosa, como se sua língua estivesse adormecida. — Disse que eu posso ser melhor do que sou agora.

— Quem lhe disse isso?

— A mulher loira. Ela subiu e disse que, se eu quiser, me fará subir também.

— Você a conhecia?

O funcionário da portaria não respondeu mais, mergulhando novamente naquele sorriso infinito. Levando seu instinto em consideração e recordando-se de alguns boatos que ouvira no hospital sobre pessoas que se suicidaram numa mesma noite e que teriam sido induzidas a isso, Enzo sentiu que deveria agir.

Ele usou o celular para entrar em contato com Nicolas, que atendeu ao primeiro toque ao ver o número do cunhado no visor:

— Como sabia que eu estava doido para falar poucas e boas para você, camarada? — Começou Nicolas com voz pouco amigável.

— Bartole, por favor, me ouça sem me interromper. Estou na portaria do seu prédio, porque vim até aqui para ver Marian e me desculpar por tudo o que fiz. Quando cheguei aqui, encontrei o porteiro sorrindo como um bobo, falando algo sobre ter autorizado a subida de uma mulher loira, que lhe falou sobre a luz.

Nicolas sentiu o corpo todo congelar e ordenou a Enzo:

— Não suba enquanto eu não chegar. Estou por perto.

Provando que era um excelente motorista ao volante, Nicolas arrancou em disparada, enquanto relatava a Mike o que ouvira do cunhado. Ele cruzou semáforos com sinal vermelho, costurou no trânsito, ignorou as buzinas irritadas e ultrapassou o limite de velocidade em algumas avenidas. Mal acreditou quando cruzou a portaria do prédio em seis minutos após a ligação de Enzo, rezando para que não fosse tarde demais para Miah e Marian.

Chegando lá, viu Enzo aflito, andando de um lado a outro. Ao ver Nicolas entrar como um furacão, o médico preparou-se para receber um soco no rosto, que, no entanto, não veio. Nicolas passou direto por ele e, acompanhado de Mike, seguiu até o elevador.

— Você não poderá me impedir de subir — Enzo foi até eles. — É minha esposa lá em cima, e sei que ela está em perigo.

— Sim, é sua esposa com um hematoma no pescoço causado por você.

Enzo não respondeu. Mesmo assim, entrou no elevador junto com Nicolas e com o imenso policial, desejando que Marian e Miah não estivessem feridas. Ao mesmo tempo, enviou uma mensagem de texto para sua sogra.

Minutos antes, Andréia agitava o revólver que segurava, mantendo-o mais apontado para Miah do que para Marian.

— Por acaso não ouviram minha ordem? Eu mandei que se levantassem do sofá!

Miah foi a primeira a se erguer, emitindo um gemido, como se sua barriga estivesse mais pesada do que ela poderia suportar. Fingindo uma dor no quadril, levou a mão à região onde ocultara sua colher de pau por dentro da roupa. Andréia estava a uns três passos de distância, mas a arma carregada em sua mão indicava que qualquer pessoa deveria se manter longe dela.

Quando Marian ficou de pé, sentiu seu corpo inteiro ficar arrepiado. Era uma sensação bem parecida com a que sentira quando Enzo a atacara, influenciado por espíritos inferiores. Talvez outros obsessores estivessem acompanhando aquela psicóloga, atraídos por seu comportamento perverso e cruel. Cada pessoa era totalmente responsável pelo tipo de companhia que atraía, fosse encarnada ou desencarnada.

Ela não temia morrer, porque sabia que a vida tinha dois lados. A morte somente balizava qual dos lados cada pessoa estava, contudo, não queria que seu desencarne se desse daquela forma nem que aquela mulher e sua equipe escapassem ilesos da justiça humana.

Acabar com as duas seria mais fácil do que Andréia deduzira. Marian parecera-lhe inofensiva, e, quanto a Miah, a gestação certamente a impediria de tentar qualquer bobagem. Além disso, as duas não estavam armadas, o que facilitaria seus planos. Era como dar cabo de dois bebezinhos inocentes, e essa comparação a fez rir alto.

Andréia ouviu um rosnado baixo atrás de si e virou-se de repente. Uma gata com pelos brancos felpudos e dona de olhos azuis brilhantes mostrava os dentes entre rosnados furiosos. A posição de suas pernas traseiras indicava que ela estava pronta para saltar sobre a visitante.

— Ora, ora, veja se não temos aqui uma gata idiota querendo bancar o cão de guarda. — Ainda risonha, Andréia direcionou o revólver para Érica e, por alguns instantes, deixou de olhar para Miah e Marian a fim de se concentrar na ameaça felina. — Aproveite para dar seu último miado, antes que...

Andréia gritou quando foi atingida no pulso pelo golpe violento que Miah aplicara com a colher de pau. A arma escorregou da mão da assassina e foi chutada para longe por Marian. Quando Andréia virou o rosto, Miah a atingiu no nariz com a colher, e um jorro de sangue surgiu logo depois.

Cega de dor e pelas lágrimas que brotaram em virtude da dor, Andréia conseguiu acertar um murro no ombro esquerdo de Miah, que

256

revidou com uma terceira colherada, desta vez aplicada na testa da psicóloga. Marian segurou os braços de Andréia e puxou-os para trás, imobilizando-os, no instante em que Érica se atirava nas pernas da loira, presenteando-a com unhadas e mordidas.

Andréia tentou usar as pernas para afastar a gata e chutar as adversárias, contudo, isso a fez perder o equilíbrio e cair sentada no chão. Miah conseguiu agarrar seus cabelos loiros armados por laquê, e qual não foi sua surpresa quando a cabeleira dourada foi arrancada da cabeça da criminosa.

— Amiga, além de tudo, você usa peruca? — provocou Miah, rindo ao notar que a cabeça de Andréia contava com apenas alguns fios ralos castanhos, que praticamente a tornavam calva.

A porta abriu-se com um estrondo, e Nicolas e Mike, ambos de arma em punho, entraram no apartamento. Por dois breves segundos, a surpresa com a cena deixou Nicolas boquiaberto. Ele viu Andréia sentada no chão e quase careca, Marian posicionada atrás dela segurando-a pelos braços, Érica rosnando com os pelos eriçados e sua grávida tão amada brandindo uma colher de pau como se fosse um cassetete. Ele achou-a tão linda que seria capaz de se apaixonar novamente por ela, caso já não estivesse.

Enzo entrou logo depois, mas decidiu que o melhor seria ficar num canto da sala para não interferir na ação policial.

— Afastem-se da suspeita. — Nicolas ordenou, correndo até Andréia.

Quando Marian e Miah recuaram, Nicolas segurou a psicóloga por um dos braços e levantou-a como se ela fosse um manequim. Mike mantinha a arma apontada para ela.

— O revólver que ela trouxe para nos render está ali — indicou Marian. — Eu o chutei para longe.

Sem perder Andréia de vista, Mike recolheu a arma e colocou-a em um saco plástico próprio para coleta de evidências.

— Vocês todos vão pagar pelo que me fizeram! — garantiu Andréia, fazendo uma careta ao baixar a cabeça e fitar as próprias pernas ensanguentadas. Aquela gata infernal era pior que uma pantera! Tenham certeza de que o final de cada um de vocês será repleto de dor e sofrimento.

— Devo acrescentar ameaça à sua já imensa lista de crimes? — Nicolas perguntou e fez um sinal para Mike, que se aproximou e algemou a prisioneira. — Você está encrencada, Andréia, e não haverá luz radiante que possa salvá-la desta vez.

— Tem certeza? — Andréia ergueu o rosto de forma que seus olhos encarassem os de Nicolas. — Apenas olhe para mim e ouça o que tenho a lhe dizer.

— Puxa vida! — Nicolas ergueu as sobrancelhas. — Não me diga que você está tentando me hipnotizar assim, na cara de pau? Você e sua quadrilha realmente me julgam um completo imbecil, não é mesmo? — olhou ironicamente para Mike. — Leve essa palhaça até a viatura, pois a apresentação circense está encerrada por hoje.

— Bartole não se deixa enganar tão facilmente — murmurou Mike, forçando Andréia a caminhar na direção da saída. — Ou acha que eu já não o teria hipnotizado para que me pagasse o almoço todo santo dia?

Assim que Mike saiu com Andréia para juntar-se a outros policiais que brotaram do elevador como formigas, Nicolas foi até Miah e Marian.

— Pode largar a colher de pau — ele pediu, tentando não sorrir.

— Eu causei aqueles hematomas no nariz e na testa dela. Já estou confessando desde agora — admitiu Miah, sem esconder o orgulho. — A filha da mãe queria nos fazer pular pela varanda. Se Érica não a tivesse distraído, talvez ela tivesse conseguido.

Nicolas olhou para a gata, que o fitava com olhar estreito, como se quisesse mostrar que fizera algo que ele não seria capaz de fazer.

— Você merece uns petiscos como recompensa — Nicolas garantiu à gata.

Indiferente à promessa do prêmio, Érica virou a cabeça e pôs-se a lamber os pelos das costas.

— Vocês estão bem? — quando as viu assentir, Nicolas continuou: — Infelizmente, não posso ficar aqui, por enquanto. Preciso acompanhar Mike e Andréia até a delegacia, onde Elias e eu faremos novas perguntas à hipnotizadora sem cabelo. Ah, preciso levar a peruca dela. É uma prova importante.

— Obrigada por ter vindo tão depressa. — Miah beijou-o rapidamente nos lábios. — Aliás, como soube que ela estava aqui?

— Graças àquele senhor ali — murmurou Nicolas apontando para Enzo. — Nós ainda teremos uma conversa bem agradável, meu chapa.

Enzo concordou com a cabeça e empalideceu um pouco. Nicolas acenou para Miah e para Marian antes de sair correndo porta afora.

— Será que eu poderia simplesmente abraçá-la? — Enzo perguntou com voz baixa, enquanto fitava a esposa.

Marian hesitou por alguns instantes, antes de concordar com a cabeça.

Enzo andou devagar até ela, mas, antes de tocá-la, foi alertado por Miah:

— Se tentar qualquer bobagem contra minha cunhada, lembre-se de que eu sei como usar uma colher de pau para outras coisas além de mexer comida nas panelas.

Enzo não retrucou. Preferiu parar diante da esposa e olhá-la nos olhos e, em seguida, para o sinal arroxeado no pescoço dela. Observar aquilo tão de perto fez o coração dele apertar-se a ponto de doer.

— Não sei se adianta lhe pedir desculpas pelo que fiz...

— Apenas me abrace, por favor — ela pediu.

Enzo abraçou a esposa com força, e Marian deixou-se envolver pelos braços do homem amado. Tudo tinha conserto, saída, solução, tinha como ser resolvido. Ela amava Enzo e não podia negar isso. Sabia que ele precisava de um tratamento espiritual urgentemente e o levaria ao centro espírita que frequentava tão logo fosse possível.

Obviamente, precisavam conversar. Havia muitas coisas a serem alinhadas, muitos pontos a serem discutidos, mas, após ter sido ameaça-da de morte por uma assassina, Marian acreditava que aquele momento certamente não era o mais apropriado para algo tão delicado quanto os ajustes necessários para que o relacionamento deles desse certo.

Além disso, Miah não os deixou a sós. Permaneceu estacada no mes-mo lugar, olhando feio para Enzo, como se fosse a guarda-costas de Marian.

— Obrigado por isso... por me permitir tocá-la outra vez — Enzo sussurrou no ouvido de Marian. — Quero me tornar um homem melhor, eu juro. Preciso de ajuda, mesmo que venha de algo em que jamais acreditei: da espiritualidade.

— Não se acredita ou se deixa de acreditar na espiritualidade. As pessoas apenas constatam sua existência ou não, Enzo. — Marian tocou de leve o rosto do marido. — Quando você obtiver provas de que o mundo invisível é tão real quanto o nosso, mudará completamente sua maneira de pensar e agir.

Enzo anuiu com a cabeça. Ia responder algo, quando perceberam uma movimentação do lado de fora da porta. Ouviram vozes alteradas e uma mulher começar a gritar.

Quando Miah tornou a segurar a colher de pau pelo cabo por pre-caução, Enzo teve tempo de dizer, antes que os recém-chegados inva-dissem o apartamento:

— Marian, eu mandei uma mensagem para sua mãe e contei o que estava acontecendo aqui.

259

Lourdes entrou correndo, como se estivesse disputando uma maratona. Avistou Marian e abriu ambos os braços, acelerando ainda mais os passos com suas pernas curtas. Passou por Miah e resmungou entredentes:

— Saia da minha frente, arame seco buchudo!

Lourdes jogou-se sobre a filha, beijando-a e abraçando-a com força. Miah sacudiu a cabeça para os lados, observando Willian e Ariadne, que vinham logo atrás.

— Miah, como você está?! — Ariadne, altíssima sobre botas pretas, cujos canos chegavam até suas coxas, segurou a cunhada pelas mãos. — Assim que recebemos a mensagem de Enzo, viemos o mais rápido que pudemos.

— Estou bem, só não sei se meu coração de gestante aguenta tantos sustos. Primeiro, quase fui morta por um bandido armado com uma metralhadora. Depois, uma criminosa, parceira desse bandido, entrou aqui, nos fez reféns e apontou uma arma para nossa cara. E, agora, sua mãe invade o apartamento, correndo como um trem-bala de formato achatado, e me alfineta só porque me encontrou no caminho dela. Tudo isso é um teste para cardíacos, sabia?

— O importante é saber que vocês estão bem. — Willian rodeou Miah com seus braços musculosos e bronzeados, antes de fazer o mesmo com a irmã. — Graças a Deus, cunhada! Fico feliz por isso.

— Mãe, eu também estou ótima — prometeu Marian a Lourdes, que se mantinha agarrada à filha como hera venenosa. — Nicolas provou ser um investigador de alto padrão ao chegar a tempo de prender a mulher que entrou aqui. De qualquer forma, Miah, Érica e eu já tínhamos reagido.

— Isso mostra o quanto essa repórter prenhe é ensandecida! — Lourdes lançou um olhar repleto de rancor para Miah. — Onde já se viu reagir diante de alguém com um revólver? Colocou a vida da minha filha e do meu neto em risco!

— Fiz isso porque não tinha nas mãos uma foto sua, em alta resolução, para exibir diante dos olhos da assassina. — Miah sorriu divertida. — Ela certamente entraria em choque, seu coração aceleraria muito, e o infarto seria fulminante.

— Eu presenciei parte da cena — manifestou-se Enzo. — E pude ver o quanto minha esposa e Miah foram corajosas.

— E o que é esse hematoma em seu pescoço, Marian? — reparou Lourdes. — Quem fez isso com você? Se foi a tal mulher quem fez isso, sou capaz de ir atrás dela na cadeia e sufocá-la usando minhas próprias mãos.

— Lembre-se de que sua cara consegue, sozinha, fazer qualquer ser vivo desencarnar — retrucou Miah sorridente.

— Não quero falar sobre isso agora. — Marian olhou para Enzo. — Apenas quero que saibam que estamos salvas e que o perigo já passou.

— Não posso ficar aqui, descansando à toa, enquanto toda a ação está acontecendo lá fora — atalhou Miah. — Preciso levar as últimas notícias aos nossos telespectadores, ou algum concorrente de outra emissora o fará.

— Está mais preocupada com a audiência do seu jornal do que com a saúde e o bem-estar do meu netinho? — Lourdes fez uma careta reprovadora para a nora.

Miah ignorou-a e pediu para Marian terminar o almoço, enquanto caminhou até o quarto para se trocar. Enquanto não entrasse na licença-maternidade, trabalharia até o último minuto. E mesmo que restassem à solta alguns membros da quadrilha da luz ou que Nicolas a tivesse proibido de sair até que tudo se acalmasse novamente, nada disso a inibia. Amava o que fazia e pretendia realizar o seu papel com a qualidade e o empenho de sempre.

Instantes depois, sob os protestos dos cunhados e as reclamações vigorosas da sogra, Miah ganhou a rua a caminho da TV da Cidade.

Capítulo 34

Sua mente era um turbilhão de confusão e emoções, pensamentos conflitantes, recordações indistintas e a sensação de que algo dera bem errado. Ou muito certo.

Quando recuperou a consciência e abriu os olhos, Cleide logo compreendeu que estava em uma cama de hospital, sendo monitorada por diversos aparelhos ligados ao seu corpo. Não era para ter despertado ali. Ela fizera exatamente o que fora instruída a fazer. Seguira as regras da congregação corretamente, exceto pelo fato de que tentara antecipar o momento de ir para a luz. Sua ascensão não fora realizada da maneira como lhe disseram, e agora ela acordava ali, em um leito hospitalar, cercada por outros três leitos semelhantes, todos ocupados por pacientes.

O médico dissera-lhe que ela tentara se suicidar e que, felizmente, sua tentativa não fora bem-sucedida. Encontraram substâncias altamente tóxicas em seu organismo, já que ela ingerira veneno para rato como quem engole balas de frutas. O doutor explicara-lhe ainda que fora necessária uma lavagem estomacal para que o quadro clínico da paciente se estabilizasse. Ela não fora para a luz e já estava ciente disso.

Algum tempo depois de Cleide despertar, o mesmo médico voltou acompanhado de um homem muito bonito, dono de impressionantes olhos azuis-escuros. Lembrava-se de já ter visto aquele rosto em algum lugar, mas sua memória ainda não estava funcionando com perfeição. O médico disse a Cleide que o visitante gostaria de conversar com ela, porém, a paciente deveria respeitar seus limites e falar apenas o que pudesse, sem esforços desnecessários.

Nicolas fitava a professora com curiosidade, porque sabia que a oportunidade de conversar com aquela sobrevivente seria a peça--chave para o encerramento da investigação. Ainda havia três membros em liberdade, embora não por muito tempo. Andréia não dissera muita coisa que eles já não soubessem, mas sua confissão de que fazia parte do grupo foi o suficiente para Elias expedir uma ordem de prisão contra Frederico Baldo Assunção. Moira confirmou que o veículo preto que seguira Mike fora alugado recentemente em nome de um tal de Fred Baldino. Ao que parecia, o psicólogo criminoso não fora muito inteligente ao utilizar um nome falso adaptado do seu verdadeiro, concedendo à polícia uma razão a mais para prendê-lo.

Porém, assim que os policiais enviados por Elias chegaram ao endereço oficial do psicólogo, encontraram a casa vazia. Tudo estava muito arrumado, contudo, notaram que algumas roupas estavam faltando no guarda-roupa meticulosamente organizado. Certamente, ele fugira levando apenas algumas poucas peças de roupa.

Elias lamentou ter perdido a oportunidade de prender um dos últimos componentes da quadrilha, mas, intimamente, Nicolas tinha a impressão de que Frederico ainda estava na cidade. Mesmo que já soubesse da prisão da companheira, ele não abandonaria o barco antes de tentar fazer algo em nome do grupo. Algum plano que o promovesse a herói aos olhos das chefias e que, se possível, ainda salvasse Andréia de alguma forma. A menos que ele fosse um completo covarde, Nicolas tinha certeza de que Frederico estava por perto, embora foragido. Assim como as duas pessoas desconhecidas apelidadas de chefias.

Sobre a identidade dos chefes da quadrilha, Nicolas tinha uma leve desconfiança de quem poderiam ser. Era uma ideia quase absurda, pois ele não tinha nenhuma prova concreta. Contava apenas com suas observações, seu instinto que raramente o traía e com sua experiência como investigador policial. Poderia errar se seguisse pelo caminho que tinha traçado na mente, e, se o erro acontecesse, seria o maior fracasso de sua carreira.

Para Nicolas, se milagres realmente existiam, o fato de Cleide estar viva era um deles, por isso, assim que soube pela equipe médica que a paciente despertara, ele foi até ela.

— Meu nome é Nicolas Bartole. — Ele apresentou-se e sentou-se diante da cama da paciente. — Sou investigador de polícia.

Cleide piscou os olhos em sinal de cumprimento.

— Você consegue me compreender, Cleide?

— Sim. — A voz da mulher mal passou de um sussurro.

— Tentarei ser o mais breve possível, respeitando sua condição e priorizando sua recuperação. Aviso também que essa conversa está sendo gravada. Tudo bem? — Nicolas aguardou que ela assentisse levemente com a cabeça. — Você conheceu Andréia e Frederico, dois psicólogos que a levaram a fazer parte da congregação?

— Sim. Eles me ajudaram muito, principalmente quando souberam da minha história. — Ela fez uma pausa, como se o ato de falar lhe cobrasse um esforço muito alto. — Meu noivo me deixou no dia do nosso casamento. Parece que ele aguardou de propósito esse momento somente para destruir meu coração... Justo no dia que seria o mais feliz da minha vida, ele fez isso.

Cleide arfou, e os aparelhos de monitoramento começaram a apitar. Nicolas aguardou que ela se tranquilizasse novamente antes de perguntar:

— Eles prometeram levá-la para a luz? Você tem ciência do que isso significa?

— Eu morreria para transcender para outros planos. Minha vida aqui já não tem mais significado.

— Você se suicidaria a troco de nada, porque não veria luz alguma ao acordar do outro lado. Aposto que você tinha algo de valor, que entregou a eles.

— Minha casa, meu carro e trinta mil reais. Nada disso me seria útil quando eu estivesse na luz.

— Pois vou lhe contar uma historinha triste e assustadora. Andréia, Frederico e os outros que você deve ter visto durante as reuniões da congregação formam, na verdade, uma quadrilha de assassinos perigosos, que usam as fraquezas das pessoas para tirarem tudo o que elas possuem de valor, ludibriá-las com a hipnose e fazê-las tirarem a própria vida. Eles já assassinaram outras pessoas antes de tentarem o mesmo com você.

Os olhos de Cleide permaneceram fixos em Nicolas, como se ela estivesse refletindo sobre cada palavra que ouvia. De repente, seus olhos encheram-se de lágrimas, que não demoraram a escorrer por seu rosto muito pálido.

— Eles me enganaram, assim como meu noivo fez comigo. Por que as pessoas gostam de me fazer de idiota? Por quê?

— Infelizmente, não consigo responder a essa pergunta, entretanto, tenho outra para a qual você talvez tenha a resposta. Esse grupo conta com duas pessoas chamadas de chefias. Saberia me dizer como elas são?

— Eles apareceram com o rosto oculto, e suas vozes eram estranhas, roucas, como se arranhassem alguma coisa. Nem sequer consigo dizer se eram homens ou mulheres.

— Você suspeitou de alguma coisa? Poderia arriscar um palpite?

— Pela altura mediana e pelos quadris largos, eu poderia dizer que eram mulheres, o que não significa coisa alguma — lentamente, Cleide esticou o braço direito para o lado, e Nicolas viu a agulha do soro fincada em sua veia. — Nem todos os homens são altos, mas acho que observei algo...

— Diga. — Nicolas inclinou-se para frente, atento a cada palavra de Cleide.

— Me desculpe. Minha mente está muito confusa. — Ela fechou os olhos, permaneceu com eles fechados por alguns instantes e, ao reabri-los, completou: — notei um detalhe em uma das chefias que talvez possa lhe ser útil.

Nicolas ouviu o breve relato de Cleide, que fortaleceu ainda mais suas suspeitas sobre quem liderava a quadrilha. A cada minuto mais, tinha certeza de que não erraria. Cleide realmente o ajudara muito, e ele desejou sinceramente que ela se recuperasse, não somente para receber alta hospitalar, mas para, acima de tudo, recuperar sua alegria de viver.

***

Miah e Ed estavam parados diante da delegacia à espera de alguma informação. A van anterior, cravejada de balas, já estava em poder da perícia, o que não mudaria o fato de que ambos poderiam ter morrido dentro dela. A cada vez que Miah pensava no acontecimento, automaticamente, lembrava-se de seus sonhos com Dipak, o feiticeiro, e o associava à imagem de seu filho.

Nicolas enviara-lhe uma mensagem avisando que Andréia já estava presa, porém, os outros membros ainda estavam livres. Só o que lhe restava era permanecer por ali, tão ávida por notícias quanto um andarilho do sertão estaria por água fresca. Pelo menos, não acreditava que fossem atentar pela terceira vez contra sua vida. Além disso, ela estava em frente a uma delegacia de polícia, o que deveria ser o suficiente para intimidar qualquer criminoso do grupo.

Miah notara que seu companheiro de trabalho ainda não se recuperara totalmente do susto pelo qual passara:

— Tem certeza de que quer continuar trabalhando, Ed? Sinto que você continua nervoso e assustado.

— Vou ficar bem, Miah. — No assento do motorista, ele recostou a cabeça no volante. — Na verdade, acho que só vou me tranquilizar quando seu marido anunciar publicamente que todo o grupo de matadores está fora de circulação.

— Isso deve acontecer em breve. Regiane, Franco, José e os outros terão justiça, mesmo que sua vida física não exista mais.

Ed não respondeu e permaneceu de olhos fechados, com a testa encostada no volante. Ao contrário dele, Miah olhava pela janela da nova van, atenta a qualquer alteração do lado de fora. Pretendia filmar e informar tudo em primeira mão aos seus telespectadores, que, assim como ela, também estavam sedentos por novidades.

***

Eles haviam prendido Andréia, a sua Andréia. Ela fora cumprir uma ordem direta das chefias, não conseguira eliminar a mulher grávida e agora estava presa. Que raios a esposa de Bartole fizera para sobreviver às duas tentativas de assassinato quase seguidas?

Frederico estava espumando de raiva. Quando tentou entrar em contato com a esposa, e ela não lhe respondeu, soube que mais uma vez algo dera errado. Era preciso fugir, mas ele não sairia do país sem Andréia. Um havia jurado isso ao outro, e ele pretendia cumprir sua parte do juramento. Deixara sua residência às pressas e agora vagava de um lado a outro da cidade, dentro do carro que alugara com um nome falso, esperando pelo momento certo de contra-atacar. Até agora, apenas os policiais levaram vantagem. Sadraque e Abner estavam presos e agora também a sua amada Andréia. Se não tomasse todos os cuidados possíveis, o próximo da lista seria ele.

As chefias que fossem para o inferno! Ele não entregaria Andréia aos ratos. Se o plano que elaborara às pressas desse certo, salvaria sua esposa e ainda cobraria caro das chefias por limpar a honra da congregação.

Frederico estacionou o carro preto a dois quarteirões da delegacia e fez o trajeto a pé. A peruca e o bigode postiços, ambos escuros, concediam a ele uma aparência bem diferente da sua. Além disso, raspara sua rala barba alourada. Usava roupas comuns, que não chamavam a atenção de ninguém. Os óculos escuros, na opinião dele, eram a cereja do bolo. Não seria reconhecido tão facilmente assim.

Arrumou o bigode, só para ter certeza de que ele estava bem fixo, respirou fundo para não perder a coragem e continuou caminhando. Foi com tranquilidade que ele entrou na delegacia. Manteve o rosto erguido e a postura serena. Havia um jovem policial atrás do balcão da recepção.

266

— Boa tarde! Gostaria de registrar um Boletim de Ocorrência. Se possível, queria também falar com o delegado.

— O que aconteceu? — perguntou o policial.

— Dois moleques acabaram de furtar minha carteira e o celular de minha filha. Moro nesta cidade há anos e posso dizer que o índice de violência aqui só tem aumentado. Se eu não tivesse um emprego fixo, já teria me mudado daqui.

— O escrivão encaminhará sua necessidade.

— Tudo bem, mas, ainda assim, gostaria de dar uma palavra com o delegado. Nossa cidade não é nenhuma metrópole para que ele não possa se dignar a me atender por cinco minutos.

— Certo. Vou avisá-lo de que o senhor está aqui. Qual é seu nome?

Era hora de fornecer um nome qualquer para dificultar as coisas para aquelas pessoas.

— Gelson Vieira. — Frederico mostrou um sorriso sob o bigode preto. — Eu poderia lhe mostrar meus documentos, se aqueles idiotas não tivessem levado minha carteira.

— Compreendo. Um momento, por favor. — O policial afastou-se, murmurou algo pelo interfone e logo depois voltou: — O doutor Elias poderá atendê-lo. Ele está na terceira porta, à direita, seguindo por esse corredor.

— Muito obrigado.

Mantendo a coluna ereta, Frederico continuou andando com passos controlados. Sabia que um único movimento em falso seria o bastante para denunciá-lo. Não era porque estava na delegacia que pretendia permanecer nela.

***

Na van, Miah viu quando um homem loiro se aproximou da delegacia e entrou. O sujeito nem sequer teria lhe chamado a atenção, não fosse por um pequeno detalhe: ele ajustara o bigode, que estava um pouco torto no rosto. Nicolas mostrara-lhe rapidamente a foto de Frederico, mas ela não memorizou os pormenores de seu rosto. Sabia, com toda a certeza, que aquele sujeito moreno não era o psicólogo. No entanto, por que ela cismara com ele? Somente porque notara que o bigode do homem não parecia verdadeiro?

Miah sentiu uma contração na barriga e olhou para baixo. A cada vez que isso acontecia, era como se o bebê se comunicasse com ela. Não lhe restaram dúvidas, então, apenas por desencargo de consciência, telefonou para Nicolas:

—Estou saindo do hospital. Acabei de conversar com a sobrevivente.

— E eu estou acampada em frente à delegacia, aguardando algo que talvez nem aconteça nas próximas horas.

— E quem disse que você deveria estar aí?

— Eu mesma, porque ninguém dá ordens a uma mulher grávida — Miah riu. — Escute! Vi um homem agora que me despertou o interesse.

— Isso é motivo para que eu sinta ciúme?

Ela riu novamente e piscou um olho para Ed, que prestava atenção na conversa.

— Não me atraem homens altos, morenos, com o bigode meio frouxo, do tipo que está torto, mas que, após um leve ajuste, retorna à posição correta.

— Como assim? Onde você viu esse homem? Ele é branco?

— Sim, quase translúcido. Estava usando óculos de sol e acabou de entrar na delegacia.

— Pode ser Frederico tentando encontrar alguma maneira de resgatar Andréia. Mike está me esperando no carro. Chegaremos em poucos minutos aí. Fique dentro da van e lembre-se de que eu te amo.

Nicolas desligou. Miah olhou para o celular em sua mão e virou-se para Ed:

— Primeiro, Nicolas quer que eu fique em casa. Agora, me mandou ficar na van. Por mim está ótimo, porque não pretendia mesmo sair daqui.

268

Capítulo 35

Dentro da delegacia, Frederico bateu na porta indicada e aguardou a autorização para entrar. Elias olhou-o com curiosidade, coçou seu nariz incrivelmente grande e pediu para que o homem se sentasse diante dele:

— Peço desculpas, mas estamos em horário de almoço. Meu escrivão está almoçando, assim como a policial Moira, que deveria estar na recepção.

— Está tudo certo — com cautela, Frederico retirou os óculos escuros e encarou Elias. — Quando o senhor observar melhor meu olhar, poderá perceber o medo que senti ao ser assaltado. Consegue perceber?

Elias fixou o olhar no homem à sua frente e imediatamente um estranho torpor o envolveu. Mantendo a voz em uma modulação treinada e o olhar preso ao de Elias, Frederico deu continuidade ao processo de indução ao transe hipnótico. A indução instantânea, ou de choque, é aquela em que a imersão ao subconsciente ocorre de maneira imediata, abrupta e autoritária, geralmente após um gesto rápido e inesperado do hipnólogo, processo semelhante ao que Andréia utilizara com o porteiro do edifício de Miah.

— Você seria capaz de fazer o que eu lhe pedir? — sondou Frederico, percebendo que seria mais fácil do que ele previra. — Fique de pé.

Como um robô, Elias levantou-se da cadeira.

— Agora, afaste-se três passos para trás.

Mal piscando, Elias obedeceu sem deixar de olhar para Frederico.

— Diga-me onde posso encontrar Andréia Assunção.

— Ela está em uma cela provisória, a de número 3. Será transferida amanhã para o presídio feminino.

— Você, como chefe deste lugar, pode ordenar a soltura dela, não é mesmo?

Elias não respondeu. Permaneceu parado, olhando atentamente para Frederico. Após vários segundos de silêncio, assentiu com a cabeça.

— Sim, posso mandar soltá-la.

— Você fará isso. Eu...

Alguém bateu na porta, e em seguida Moira entrou. Ela olhou para o delegado de pé, com o olhar vidrado como se estivesse perdido no nada. Em seguida, encarou o homem à sua frente, que permanecia sentado na cadeira, e soube imediatamente o que estava acontecendo ali.

— Doutor Elias, o senhor está bem? — ela indagou, atenta aos movimentos de Frederico.

— Preciso ordenar a soltura de Andréia — disse Elias, sem fitar Moira.

Frederico agiu com rapidez. Enfiou a mão sob a camisa e sacou um revólver prateado bem pequeno, com silenciador embutido.

Moira foi ainda mais rápida e jogou-se contra Frederico, empurrando-o para trás e fazendo-o cair com a cadeira no chão. Ele disparou, mas a bala atingiu uma das paredes da sala.

Rápida, Moira apanhou um peso para papéis feito de vidro e lançou-o com força contra o nariz de Frederico. Ela ouviu o som de algo estalando, no mesmo instante em que o falso bigode ficou pendurado por apenas uma das pontas.

Cego de dor, Frederico mirou a arma para a policial, e Moira desarmou-o com um pontapé certeiro no pulso armado. Novamente, algo estalou, como um graveto seco ao ser pisoteado. Aproveitando-se de que ele estava caído, ela chutou-o nas costelas, antes de se abaixar e desferir um soco certeiro no rosto do psicólogo, o que o colocou desmaiado na hora.

Moira abriu a porta da sala de Elias e gritou no corredor:

— Preciso de reforços. O doutor Elias foi atacado.

O que os outros policiais encontraram, no entanto, foi algo bem diferente disso. Viram o delegado de pé, piscando muito, como alguém que estivesse com os olhos ardendo, e um homem caído no chão, com o rosto inchado e sangrando, com um bigode grudado no queixo e os cabelos pretos saindo da cabeça.

Quando Nicolas e Mike chegaram, Frederico já estava algemado, mas ainda permanecia desacordado. Elias já se recuperara do transe, embora não soubesse explicar exatamente o que havia lhe acontecido.

— Ele estava me falando sobre um furto e de repente...

270

— Frederico tentou hipnotizá-lo, Elias — Nicolas anunciou o óbvio. — Miah, que está de tocaia lá fora, me ligou para informar sobre algo estranho que ela havia notado. Mike e eu viemos correndo para cá.

— Eu havia acabado de retornar do meu horário de almoço e decidi passar na sala do doutor Elias para lhe dizer que a prisioneira Andréia estava dando trabalho na cela, clamando a presença de seu advogado e dizendo que processaria toda a corporação policial porque sua peruca não lhe foi devolvida — explicou Moira, com sua fisionomia sisuda como a de um jagunço. — Foi quando percebi que algo esquisito estava acontecendo e, assim que "a ficha caiu", tomei uma atitude.

— A mulher colabora com o assassinato de várias pessoas e parece apenas preocupada com seus cabelos artificiais. — Nicolas sacudiu a cabeça para os lados. — Bom trabalho, Moira. Mais uma vez, você provou sua eficiência.

— Estou envergonhado de mim mesmo. — Elias esfregou com força a palma da mão no rosto. — Como pude me deixar enganar desse jeito? Sou um delegado, droga!

— Já descobrimos que a hipnose é algo real e que deveria ser utilizada apenas para fins terapêuticos. — Nicolas deu um tapinha amistoso no ombro do delegado. — Mesmo assim, criaturas de mentalidade distorcida utilizaram tudo o que aprenderam para matar seus semelhantes ou para fazê-los tirarem a própria vida. Agora, infelizmente, não temos tempo a perder. Vamos prender as chefias agora mesmo.

— Como assim? — Elias olhou para Nicolas com mais atenção. — Você já descobriu quem são as chefias? Deus do céu, por quantos dias permaneci em transe?

— Não tenho provas. Apenas tenho algumas impressões aliadas ao breve depoimento de Cleide. Será um tiro no escuro.

— Você possui visão noturna, Bartole! — atalhou Mike.

— Vamos acabar logo com isso. Restam apenas os líderes da quadrilha para serem trancafiados em uma cela, e o caso poderá ser concluído com sucesso.

— Como montaremos essa operação? — indagou Moira.

— Começaremos interrogando Frederico, que não dirá muito mais do que Andréia. Em seguida, iremos à residência das cabeças pensantes do grupo. Quero entrar sozinho. Vocês permanecerão a postos para invadirem a casa ao meu comando ou caso ouçam sons diferentes, como tiros.

— Não permitirei que entre sozinho em um lugar onde dois bandidos perigosos estão escondidos! — declarou Elias furioso.

O delegado olhou para o rosto sereno de Nicolas e soube que, mesmo se o proibisse com uma ordem por escrito, ele o faria da mesma maneira.

— Vamos acabar logo com tudo isso, Elias? — repetiu Nicolas e olhou para os demais. — Se todos seguirem meu plano e minhas estratégias à risca, prenderemos essas pessoas sem grande dificuldade.

E antes de começar a explicar sua ideia aos colegas, mandou uma mensagem rápida para Miah com o endereço onde toda a ação aconteceria.

***

Estar de volta ao apartamento onde fora atacada pelo próprio marido foi um tanto estranho para Marian, principalmente porque o causador de tudo aquilo a estava acompanhando. Enzo estava calado, imerso em seus próprios pensamentos. No trajeto entre o apartamento de Miah e o deles, o casal quase não havia conversado. Ele sabia que tinha muito a dizer, mas as palavras lhe faltavam.

Marian olhou para o sofá, no qual a tentativa de estupro acontecera. O controle remoto que usara para tentar se defender continuava caído em um canto da sala. Ela sabia que seu irmão diria que era como retornar à cena de um crime, onde tudo permanecia do mesmo jeito, só que desta vez sem o corpo no local.

Ela fez uma prece rápida, pedindo auxílio aos amigos espirituais para que aquele momento transcorresse com tranquilidade. Não havia sentido as vibrações inferiores dos espíritos que estiveram presentes nas ocasiões em que Enzo esteve embriagado.

Sentaram-se nas cadeiras da mesa. Marian preferiu evitar o sofá e aguardou Enzo começar a falar.

— Primeiramente, gostaria de lhe agradecer por me ouvir e por me receber em seu apartamento...

— Nosso apartamento — ela corrigiu-o.

— Nós ainda temos chance de continuarmos juntos? — Os olhos verdes de Enzo tornaram-se mais brilhantes. — Você me dará outra oportunidade?

Marian ergueu o rosto e fitou-o longamente.

— Só você pode responder a ambas as perguntas. Sei de sua desconfiança em relação a assuntos que envolvam o mundo dos espíritos, assim como você sabe que eu me dedico a estudos relacionados a esse tema há muitos anos. Quando me conheceu e se apaixonou por mim, eu já me interessava por tudo isso. Cada um sempre respeitou a crença e a fé do outro.

— Eu sei.

— Você precisa de ajuda, Enzo, e necessita aceitar esse auxílio. Seu constante estado de embriaguez pode levá-lo a se tornar um alcoolista inveterado. Você precisa de orientação quanto a isso. Sabe que atraiu espíritos infelizes, que se uniram a você graças à sua mudança de comportamento. E sabe que eles o incitaram a fazer tudo o que fez, embora a responsabilidade por seus atos seja exclusivamente sua. Portanto, você também precisa de orientação espiritual, mesmo que não concorde em frequentar um centro...

— Eu irei aonde você desejar e julgar necessário para o meu melhor. O que aconteceu jamais voltará a se repetir e posso lhe dar minha palavra.

Ela tentava enxergar no olhar dele um pouco da convicção que ele deixava transparecer por suas palavras.

— É o que você quer, Enzo? Tem certeza? Ou está fazendo isso apenas para que as coisas fiquem bem entre nós?

— Quero seu perdão e uma nova oportunidade de fazer tudo diferente. Prometo! Eu amo você, Marian, e peço humildemente a sua ajuda.

Marian concordou com a cabeça. Também o amava e não poderia negar nem tentar ocultar seu sentimento. Sabia que teria uma tarefa árdua pela frente. Buscaria auxílio com o major Lucena, o pai biológico de Enzo, que descobrira havia pouco tempo que o médico era seu filho há muito perdido, bem como Aracy, sua mãe verdadeira. Enzo tinha uma família agora, além da própria Marian. E, se ele estava realmente disposto a provar que mudaria, ela lhe daria uma nova chance.

Eles beijaram-se, e foi tão doce quanto o primeiro beijo entre eles. Fizeram amor e mais uma vez houve ternura, suavidade, desejo e paixão. Naquela mesma noite, Marian disse a Enzo que ele a acompanharia a uma edificante palestra que aconteceria no centro, cujo tema seria justamente o casamento. Ele concordou esperançoso de que as coisas mudariam para melhor e que o casamento deles ainda duraria muitos anos.

Capítulo 36

Como já estivera naquele endereço antes, Nicolas tocou a campainha e aguardou. Sabia quem abriria o portão, por qual caminho percorreria até adentrar a residência e sabia como se desenrolaria parte da conversa.

Desta vez, o portão foi aberto pelas duas moradoras da casa: Nair e Clotilde. Ao reconhecerem Nicolas, ambas sorriram ao mesmo tempo.

Ele também sorriu, porque sabia que estava cara a cara com as chefias do grupo.

— O senhor novamente, investigador Bartole? — perguntou Clotilde soando amável.

— Pois é. Ainda tenho algumas perguntas a lhes fazer, mas prometo que serão as últimas. Desta vez, estou sozinho. Posso entrar?

— Claro que pode.

Nair cedeu espaço para Nicolas passar, enquanto Clotilde já o guiava para o interior da casa.

— Prometo que minha visita será breve. — Ele parou na sala e olhou por cima do ombro para observar Nair, que vinha devagar se apoiando em sua bengala com cabo de prata. — Na última vez em que estive aqui, perguntei quantos quartos havia no andar de cima, e vocês me responderam que havia dois, sendo um de vocês e outro que pertencia a Henrique. Disseram também que aqui embaixo não há nenhum outro dormitório.

— Mas é isso mesmo. — Clotilde colocou ambas as mãos na cintura. — Não entendo por que nossa explicação lhe soou estranha.

— Percebo que Nair apresenta certa dificuldade de locomoção, uma vez que caminha com o auxílio de uma bengala. — Nicolas moveu-se de lugar, de forma que não desse as costas para nenhuma das duas. — E, mesmo com essa dificuldade, ela desce e sobe uma escada em caracol quantas vezes forem necessárias?

— Meu jovem, já estou acostumada com ela. — Nair sorriu. — Nunca caí e não será agora que sofrerei um acidente.

— A senhora poderia, por favor, subir até o andar de cima para que eu possa vê-la fazendo isso? — pediu Nicolas.

— Continuo sem compreender o propósito de sua visita, senhor Bartole. — Clotilde encarou-o. — Devo chamar nosso advogado?

— É um direito seu. Digam-me uma coisa: como é chefiar um grupo de criminosos, que já deixou de existir, uma vez que todos os membros foram presos?

Nicolas percebeu que elas mantiveram uma expressão neutra no rosto, como se a pergunta que ele fizera não as tivesse impactado. Porém, não passou despercebido aos olhos atentos do investigador quando os lábios de Clotilde se apertaram nem quando um brilho estranho surgiu no olhar de Nair.

— O senhor só pode estar ficando louco. — Clotilde caminhou até o telefone fixo posicionado sobre uma mesinha de madeira. — Vou ligar para nosso advogado e também para a polícia.

— Eu sou a polícia, senhora Clotilde — cortou Nicolas. — Aliás, vamos solicitar um mandado de busca e apreensão nesta residência, pois tenho certeza de que encontraremos um cantinho onde deveria funcionar o quartel-general de vocês, local de onde ditavam suas ordens criminosas, quando não estavam reunidas com os demais na tal congregação.

Clotilde tirou o fone do gancho, mas não chegou a discar. Em vez disso, perguntou:

— O senhor quer ser processado por todos esses desvarios que está dizendo dentro da nossa casa?

— Admito que estranhei quando imaginei como Nair acessava o piso inferior por uma escada estreita e perigosa como essa. Depois, conversando com Cleide, a professora cuja vida vocês quase tiraram, notei que a descrição física das chefias batia com a de vocês, principalmente porque ela me disse que percebeu que uma das cabeças da congregação manquitolava um pouco. E a única pessoa que conheci recentemente e que está envolvida indiretamente com o caso, já que supostamente teve um filho que foi vítima do grupo e que fica coxeando, é você, Nair. Embora ela não tenha visto o rosto de vocês, a descrição do corpo fornecida por Cleide se encaixa como uma luva com a anatomia

275

de ambas. — Nicolas abriu um sorriso tão brilhante quanto uma constelação. — E então, senhoras, como me explicam isso?

— Volto a lhe dizer que não sabemos do que está falando. — Parecendo ter desistido de contatar o tal advogado, Clotilde recolocou o fone no gancho. — Além de não respeitar o luto por nosso filho, ainda está nos acusando injustamente por algo que não fizemos.

— Vocês me disseram que Henrique se suicidou, talvez por ter sofrido uma grande pressão por parte dos colegas, principalmente quando descobriram que ele tinha duas mães. — Nicolas respirou fundo, como se aquela conversa o enfadasse sobremaneira. — Antes de vir à casa de vocês, estive com outros familiares de outras duas vítimas. Naquela pobre esposa e naqueles pais infelizes eu vi a dor pela morte do ente querido, o que não aconteceu com vocês duas, que diziam amar tanto o jovem Henrique. Seria no mínimo estranho ele nunca ter comentado nada sobre a tal congregação e ainda é mais esquisito o fato de nada de valor ter desaparecido, já que essa é a forma de atuação do grupo iluminado. Assim, concluí duas coisas: ou Henrique descobriu o que vocês faziam e prometeu denunciá-las, ou ele também integrava o time e começou a discordar dos seus projetos, o que o tornou um peso desnecessário. Dar cabo dele e fazer tudo parecer suicídio foi uma jogada de mestre. Talvez vocês nunca o tenham amado de verdade. Além disso, agindo dessa maneira, a polícia jamais desconfiaria de algo.

Tanto Clotilde quanto Nair permaneceram caladas. Nicolas sabia que elas estavam raciocinando e procurando uma saída.

— Vão continuar negando? Pois lhes direi mais uma coisa: como sabem, tanto Frederico quanto Andréia estão presos. Isso sem falar em Sadraque e Abner, os bandidos pés-de-chinelo. Sabem o que nós aprontamos? Colocamos Andréia e Frederico juntos e oferecemos a liberdade a apenas um deles. Quem fosse mais inteligente, retornaria às ruas. A princípio, os dois recusaram a oferta, mas, após algum tempo, decidiram que valeria a pena tentar. Andréia foi mais rápida e entregou o nome de vocês duas de bandeja. Como temos tudo gravado, é inútil continuarem bancando as egípcias.

— Aquela vigarista! — furiosa, Nair bateu a bengala no chão. — Parecia ser tão racional e, no fim de tudo, revelou-se uma completa imbecil! Nem ao menos conseguiu matar sua esposa!

— Estou gostando. — O sorriso de Nicolas ainda era largo. — Continuem.

— Tudo vinha dando certo nos últimos anos até você se meter em nossos assuntos. — Nair tornou a batucar o piso com a bengala. — Mas você nos disse que veio até aqui sozinho! Acha mesmo que conseguirá provar alguma coisa?

— E se eu estiver gravando tudo isso?

— Mortos não mostram provas. — Clotilde tirou um revólver da parte traseira da calça. — Sente-se no sofá, seu babaca, e jogue sua arma no chão!

Nicolas obedeceu, lançou sua arma no piso e sentou-se. Sabia que poderia levar um tiro a qualquer momento, mas, ainda assim, decidiu fazer o jogo delas.

— Nós mesmas acabaremos com sua raça por ter interferido em nossos esquemas! — Prometeu Nair. — Arrumaremos outros especialistas em hipnose e outros brutamontes que façam trabalhos externos melhor do que Sadraque e Abner faziam. Nosso grupo se fortalecerá outra vez, e poderemos sapatear em cima do seu túmulo quando tivermos êxito outra vez.

Ela apertou um minúsculo botão em sua bengala, o que fez o cabo de prata sair do lugar e abrir espaço para uma lâmina tão afiada quanto um punhal.

— Será rápido — garantiu Nair. — Um corte em sua garganta, e tudo estará resolvido. Em seguida, sairemos daqui com tranquilidade e nos acomodaremos em outra cidade bem distante desta, onde reiniciaremos nossos planos. Sabe o que nós somos?

— Duas criminosas idiotas — reagiu Nicolas.

Ainda sentado, ele ergueu a perna direita e desferiu um pontapé violento no braço de Nair, fazendo tanto ela quanto a bengala caírem no chão. Nair disparou sua arma, mas errou o tiro por uns dois metros. Nicolas mergulhou na direção do piso em busca de sua arma, rolou para o lado para escapar de um segundo tiro, mirou na oponente e disparou.

Elias, Mike, Moira e vários outros policiais invadiram a casa após escutarem o som dos tiros e viram Clotilde se mexendo, com a mão coberta de sangue posicionada sobre o ombro, local onde Nicolas a atingira para desarmá-la. Viram também Nair avançar como um foguete contra Nicolas, segurando firmemente a bengala com a lâmina na ponta.

Nicolas conseguiu desviar-se a ponto de evitar que a lâmina perfurasse sua barriga, contudo, não conseguiu proteger a perna direita. A lâmina cortou a calça jeans e rasgou a pele do investigador sem dificuldade. Furioso pelo ataque e pela dor, ele revidou com um murro tão forte que colocou Nair desmaiada.

— Nós voltaremos! — prometeu Clotilde, enquanto Mike a algemava. — Você ainda terá notícias nossas, seu idiota.

277

— Só se voltarem do cemitério, porque da cadeia não sairão tão cedo. — Nicolas olhou-a com frieza, ignorando a ardência forte que sentia na coxa e o sangue que escorria pela perna, tingindo a calça de vermelho-escuro.

— Se Bartole diz, ninguém é doido de contrariá-lo! — garantiu Mike.

— Vocês estão acabadas — acrescentou Moira, algemando Nair, que permanecia inconsciente.

Depois que as duas foram levadas para as viaturas, Elias acercou--se de Nicolas:

— Mais uma vez, você estava certo, Bartole. Ainda não consigo acreditar que pessoas aparentemente tão comuns se revelaram verdadeiros monstros. Quem desconfiaria dessas pobres mulheres? E o que o levou a desconfiar das duas?

— Trabalho já há alguns anos na polícia como investigador de homicídios, Elias, e conheço a dor que as pessoas sentem quando descobrem que um familiar ou amigo foi assassinado. Elas jamais expressaram essa dor, desde quando as vi pela primeira vez. Ser um bom investigador, meu caro Elias, requer mais do que apenas reunir provas concretas. Requer instinto e sensibilidade. Agora, quero ver qual luz salvará essas criaturas de muitos anos de reclusão. — Ele sorriu para Elias. — Miah está aí fora e com certeza já está fazendo uma excelente reportagem e levando à população a informação que todos desejavam saber. Trabalho encerrado, meu amigo.

Epílogo

Regressar para casa após a conclusão de um caso criava uma atmosfera mais leve em torno de Nicolas. Fosse pela sensação de dever cumprido, fosse por voltar vivo ao seu lar, fosse por rever sua esposa, o que ele sabia era que chegar em casa ao terminar uma investigação o deixava muito melhor.

Enquanto destrancava a porta de casa, Nicolas pensava que todo o grupo da luz estava preso agora e que seus membros arcariam com o peso de suas escolhas. Não haviam provocado a morte das vítimas diretamente, mas isso não os tornava menos assassinos. Além disso, se tivessem aproveitado melhor a oportunidade, teriam matado Cleide, Miah, Marian, Elias e até o próprio Nicolas. As pessoas colhiam tudo o que plantavam, fossem coisas boas ou ruins. Permanecer atrás das grades era o melhor lugar para todos eles. O grupo ficaria preso na cadeia por muito tempo.

Muitas vezes, Marian mencionava duas leis: a de Ação e Reação e a de Causa e Efeito. Dizia sempre que somos os responsáveis por nossas decisões e por nossas escolhas. Nicolas não escolhera ser pai de um antigo feiticeiro maléfico, e, por enquanto, ninguém poderia provar que ele concordara com isso antes de reencarnar.

Ao abrir a porta, Nicolas avistou Miah sentada no sofá, com as mãos sobre a barriga e sorrindo para ele. A cena foi tão linda que compensou a tensão e todo o estresse vivenciados naquele dia. Aquela era a sua pequena família. Aquela era a mulher que ele amava e pela qual lutara tanto, mesmo após as descobertas que fizera sobre ela.

Nicolas sorria, mesmo que estivesse mancando levemente. Trocara de calça na delegacia e recebera um curativo improvisado feito por

Moira. Mais tarde, pediria para a própria Miah cuidar do ferimento com mais amor e carinho.

Miah chegara minutos antes que o marido, retornando da TV da Cidade. A repórter, que fora informada de que a cobertura da prisão das líderes do grupo levantara ainda mais a audiência da emissora, teve a mesma sensação ao ver Nicolas caminhando devagar até ela. Amava aquele homem com todas as forças. Vê-lo chegar ferido em casa era para ela quase como estar à espera de um soldado sobrevivente de uma guerra.

— O que aconteceu com sua perna?

— Um corte comprido e dolorido, mas nada que suas mãos de fada não possam resolver.

— As mãos de fada se recusaram a ir para o fogão fazer nosso jantar. — Brincou Miah. — Pediremos algo fora.

— Se pedirmos massa novamente, terminaremos gigantescos. — Nicolas aproximou-se de Miah. — Os criminosos conseguirão fugir de mim facilmente durante as perseguições, porque estarei parecendo a Dona Redonda antes de explodir em Saramandaia.

— Não seja exagerado! Vamos pedir comida chinesa. Sei que você não é muito fã, mas fará um esforço por mim! Afinal, é o desejo de uma mulher grávida.

— Só porque não sei comer com aqueles palitinhos ridículos?

— Não faltam colheres, garfos e facas em nossas gavetas na cozinha. Rindo, Nicolas fez um sinal para que ela se levantasse.

— Eu me pergunto como vivi mais de trinta anos da minha vida sem você, Miah.

— Agora nos encontramos ou nos reencontramos mais uma vez, já que nós dois andávamos bordejando juntos por aí em outras encarnações.

Ele conduziu-a pela mão em direção à sacada, e juntos foram para a varanda para admirar a beleza do pôr do sol no horizonte, que tingia o céu com salpicos laranjas, rosas, vermelhos e violetas.

— Quando eu era pequena, meu padrasto me dizia que o sol só ia embora depois de terminar seu serviço naquele dia. — Miah virou-se para Nicolas. — É como você, que está aqui agora porque concluiu mais uma investigação com sucesso.

— Sabe que nunca me sinto plenamente satisfeito, porque, infelizmente, não conseguimos mudar algumas situações. Kaíque e Patrick viverão para sempre sem a mãe, Regiane. Nena nunca poderá desfrutar da herança que José recebeu do tio. Os funcionários das concessionárias de Franco talvez não tenham outro patrão tão justo quanto ele por muito tempo. Cleide, a única sobrevivente, certamente jamais será a mesma pessoa. Isso sem falar em Sabrina, em Benjamim e, de certa forma, em Henrique, que perderam a vida por causa daquela gangue.

— Você não pode trazer a vida dessas pessoas de volta, meu amor, mas pode lhes fazer justiça, revelar a verdade que os assassinos tentaram encobrir de todos os jeitos e, principalmente, trazer algum consolo aos familiares. Isso é o que o torna tão especial, tão diferente da frieza de Duarte ou da dureza da capitã Rangel. Você nasceu para fazer isso! Para honrar seu distintivo e trazer luz onde há escuridão.

Nicolas viu o pôr do sol refletido nos olhos cor de ouro de Miah.

— E você me ajuda nessa empreitada. Miah, eu simplesmente te amo.

Eles beijaram-se durante quase um minuto e, quando se afastaram, viram Érica olhando feio para Nicolas. Após encará-lo brevemente, a gata voltou para dentro do apartamento como se tivesse visto a cena mais ofensiva do mundo.

— Para que servem os inimigos, quando minha maior adversária mora comigo?

— Isso é amor! — Miah riu alto, quando Nicolas estreitou o olhar. — Assim como eu, um dia, também quero amar muito nosso filho. Mas...

— Não a culpo, Miah. Nem eu mesmo sei o que pensar de tudo isso. Que tipo de pais nós seremos? Que tipo de criança esse bebê será? Quais dificuldades, surpresas e desafios nos esperam?

Ela deu de ombros, porque também não tinha respostas para aquelas perguntas. Faltavam cerca de dois meses para o parto acontecer. Até lá, muita água ainda correria debaixo da ponte.

— E quanto a Marian e Enzo? — quis saber Nicolas. — Acha que eles se acertaram?

— Espero que tenham se entendido. Ela o ama, e ele também a ama muito. Creio que boa parte da situação possa ser resolvida se ele fizer um tratamento espiritual sério, com dedicação e comprometimento. Quanto às constantes crises de embriaguez de Enzo, há vários lugares especializados nesse tipo de atendimento. Ele, como médico, deve saber disso melhor do que ninguém.

— Talvez eles precisem...

Nicolas calou-se bruscamente, quando viu Miah empalidecer com tanta intensidade que seu rosto se tornou da cor de açúcar. Ela apoiou-se no beiral da sacada antes de Nicolas conseguir ampará-la para que não caísse.

Ele conseguiu colocá-la sentada em uma cadeira e deu graças a Deus por estarem na varanda, o local mais arejado do apartamento. Aos poucos, ele viu a coloração habitual retornar às bochechas da esposa, enquanto Miah piscava como se tentasse concatenar os pensamentos.

— O que aconteceu?! — Ele estava muito preocupado. — Teve outra visão com nosso filho?

Miah concordou com a cabeça. O que ela vira fora tão horrível quanto um cenário dantesco de um filme de terror.

— Consegue me contar? Ou quer deixar para falar sobre isso depois?

— Eu vi um menino nascendo. Era meu parto, e vi nosso filho vir ao mundo. Havia sangue espalhado por todos os lados, até sobre a maca sobre a qual eu estava deitada. Ao mesmo tempo em que o felicitava, sabia que minha vida estava se esvaindo. Logo depois disso, eu morri. Estou muito assustada, Nicolas.

— Você não vai morrer durante o parto, Miah. E nem depois dele.

— Mas há algo pior do que tudo isso. Eu vi o rosto dele.

— Outra vez aquela cabeça de homem adulto? — Para Nicolas, só podia ser isso.

Miah negou, balançando a cabeça para os lados.

— É algo ainda mais horrível que isso. Venha comigo. Vamos nos sentar no sofá. A história que vou lhe contar agora a respeito do que vi nessa breve visão não vai agradá-lo nem um pouco.

Miah puxou Nicolas pela mão e levou-o para o interior do apartamento, enquanto o sol, lá fora, parecia sangrar em silêncio.

FIM DO QUINTO VOLUME...

GRANDES SUCESSOS DE
ZIBIA GASPARETTO

Com 20 milhões de títulos vendidos, a autora
tem contribuído para o fortalecimento da literatura
espiritualista no mercado editorial e para a popularização da
espiritualidade. Conheça os sucessos da escritora.

Romances
pelo espírito Lucius

A força da vida

A verdade de cada um

A vida sabe o que faz

Ela confiou na vida

Entre o amor e a guerra

Esmeralda

Espinhos do tempo

Laços eternos

Nada é por acaso

Ninguém é de ninguém

O advogado de Deus

O amanhã a Deus pertence

O amor venceu

O encontro inesperado

O fio do destino

O poder da escolha

O matuto

O morro das ilusões

Onde está Teresa?

Pelas portas do coração

Quando a vida escolhe

Quando chega a hora

Quando é preciso voltar

Se abrindo pra vida

Sem medo de viver

Só o amor consegue

Somos todos inocentes

Tudo tem seu preço

Tudo valeu a pena

Um amor de verdade

Vencendo o passado

Sucessos
Editora Vida & Consciência

Amadeu Ribeiro

A herança
A visita da verdade
Juntos na eternidade
Laços de amor
O amor não tem limites
O amor nunca diz adeus

O preço da conquista
Reencontros
Segredos que a vida oculta vol.1
A beleza e seus mistérios vol.2
Amores escondidos vol. 3
Seguindo em frente vol. 4
Mãe Além da vida

Amarilis de Oliveira

Além da razão (pelo espírito Maria Amélia)
Do outro lado da porta (pelo espírito Elizabeth)
Nem tudo que reluz é ouro (pelo espírito Carlos Augusto dos Anjos)
Nunca é pra sempre (pelo espírito Carlos Alberto Guerreiro)

Ana Cristina Vargas
pelos espíritos Layla e José Antônio

A morte é uma farsa
Almas de aço
Código vermelho
Em busca de uma nova vida
Em tempos de liberdade
Encontrando a paz
Escravo da ilusão

Ídolos de barro
Intensa como o mar
Loucuras da alma
O bispo
O quarto crescente
Sinfonia da alma

Carlos Torres

A mão amiga
Passageiros da eternidade
Querido Joseph (pelos espírito Jon)
Uma razão para viver

Cristina Cimminiello
A voz do coração (pelo espírito Lauro)
As joias de Rovena (pelo espírito Amira)
O segredo do anjo de pedra (pelo espírito Amadeu)

Eduardo França
A escolha
A força do perdão
Do fundo do coração
Enfim, a felicidade
Um canto de liberdade
Vestindo a verdade
Vidas entrelaçadas

Floriano Serra
A grande mudança
A outra face
Amar é para sempre
A menina do lago
Almas gêmeas
Ninguém tira o que é seu
Nunca é tarde
O mistério do reencontro
Quando menos se espera...

Gilvanize Balbino
De volta pra vida (pelo espírito Saul)
Horizonte das cotovias (pelo espírito Ferdinando)
O homem que viveu demais (pelo espírito Pedro)
O símbolo da vida (pelos espíritos Ferdinando e Bernard)
Salmos de redenção (pelo espírito Ferdinando)

Jeaney Calabria
Uma nova chance (pelo espírito Benedito)

Juliano Fagundes

Nos bastidores da alma (pelo espírito Célia)
O símbolo da felicidade (pelo espírito Aires)

Lucimara Gallicia
pelo espírito Moacyr

Ao encontro do destino
Sem medo do amanhã

Márcio Fiorillo
pelo espírito Madalena

Lições do coração
Nas esquinas da vida

Maurício de Castro

Caminhos cruzados (pelo espírito Hermes)
O jogo da vida (pelo espírito Saulo)
Sangue do meu sangue (pelo espírito Hermes)

Meire Campezzi Marques
pelo espírito Thomas

A felicidade é uma escolha
Cada um é o que é
Na vida ninguém perde
Uma promessa além da vida

Rose Elizabeth Mello
Como esquecer
Desafiando o destino
Livres para recomeçar
Os amores de uma vida
Verdadeiros Laços

Sâmada Hesse
pelo espírito Margot

Revelando o passado

Sérgio Chimatti
pelo espírito Anele

Lado a lado
Os protegidos
Um amor de quatro patas

Thiago Trindade
pelo espírito Joaquim

As portas do tempo
Com os olhos da alma
Maria do Rosário

**Conheça mais sobre espiritualidade
com outros sucessos.**

Rua das Oiticicas, 75 — SP
55 11 2613-4777

contato@vidaeconsciencia.com.br
www.vidaeconsciencia.com.br